Hamlet and Oedipus

햄릿과 오이디푸스

Hamlet and Oedipus

햄릿과
오이디푸스

어니스트 존스 지음 ｜ **최정훈** 옮김

황금사자

일러두기

■ 단행본과 희곡은「 」, 영화와 연극은〈 〉, 논문은「 」, 잡지는《 》으로 그 표기를 통일했다.

■ 지은이가 본문 중에 이탤릭체로 표기한 것은 볼드체로 강조해 두었다.

■ 지은이의 각주는 본문 하단에 아라비아 숫자로, 옮긴이의 각주는 본문 하단에 ●, ●●, ●●●의 약물을 사용하고 덧붙여서 고딕체로 표기했다.

■ 한글 맞춤법과 띄어쓰기, 외래어 표기, 인명과 지명 등은 국립국어원의 표기 원칙을 따랐다.

■「햄릿」의 원문 해석은 주로 최종철 교수가 번역한「햄릿」(민음사, 1998)을 따랐으나, 옮긴이가 문맥상 수정이 필요하다고 판단한 경우에는 부분적으로 표현을 바꾸거나 수정하였다.

■ 셰익스피어의 글을 인용한 경우에는 원문을 병기하였다.

햄릿과 오이디푸스 차례

옮긴이의 말

프로이트는 의학으로서의 정신분석학(비록 지금의 평가는 이와 다르지만)을 설명하는 것에 머물지 않았다. 『문명과 그 불만』은 개개인을 설명하는 자신의 이론을 바탕 삼아, 적용 대상을 문명 사회 전반으로 확장한 명저이다. 또, 『토템과 금기』는 이론적으로는 쉽게 논박되는 글이지만 인류학과 종교학에서 자주 인용되는 중요한 저서이다. 『레오나르도 다 빈치의 유년기의 기억』이나 『모세와 일신교』, 그리고 그의 저작 전반에 이따금 나타나는 시나 소설, 희곡 등의 해석 역시 예술사를 읽는 그만의 세계관을 잘 드러낸다. 그 가운데 『햄릿』 해석은 문학 비평사에서 대단히 큰 명성을 얻었다.

프로이트는 『꿈의 해석』에서 남자 아이에게는 자신의 어머니를 육체적으로도 사랑하며, 자기 아버지를 경쟁자로 인식하여 그를 살해하고 싶어 하는 무의식적인 욕망이 있다고 주장하였다. 그는 이 때 소포클레스의 비극 『오이디푸스 왕』을 인용한다. 이 작품에서 주인공 오이디푸스는 자신이 아버지를 죽이고 어머니와 동침할 것이라는 신탁을 받는다. 그는 양친을 피해 떠났으나, 오히려 그 때문에 자신의 친아버지인 라이오스를 죽이고 친어머니인 이오카스테와 동침하게 된다. 프로이트에 따르면, 『오이디푸스 왕』은 이 숨겨진 욕망이 자신도 모르는 사이에 실현되는 상황을 문학적으로 형상화한 것이다. 따라서 옛 오이디푸스 이야기와 그것을 토대로 한 명(名)비극 『오이디푸스 왕』은 우리의 무의식적인 욕망이 투사된 것으로 볼 수 있다. 그는 이어서 이 소원이 반대로 표현되는 다른 비극, 즉 『햄릿』에 대해 이야기한다.

또 다른 위대한 비극, 셰익스피어의 『햄릿』은 『오이디푸스 왕』과 같은 토대에 뿌리를 두고 있다. 그러나 동일한 재료를 다르게 취급하고 있다는 사실은 시간적으로 동떨어진 두 문화 시대의 정신생활에서 일어난 완연한 큰 차이, 즉 오랜 세월에 걸쳐 인류의 내면에서 일어난 세속적 억압의 진보를 여실히 보여준다. 『오이디푸스 왕』에서는 토대가 되는 어린이의 소원 공상이 꿈에서처럼 폭로되고 현실화되는 데 반해 『햄릿』에서는 억압된다. 우리는—신경증 환자처럼—어린이의 소원 공상이 비롯된 장애 작용을 통해서만 그것이 존재한다는 것을 안다. 이 근대 희곡의 압도적인 효과는 특이하게도 주인공의 성격이 끝까지 불분명하게 남아 있다는 사실과 양립할 수 있는 것으로 드러났다. 이 작품은 자신에게 주어진 복수의 임무를 자꾸만 지연시키는 햄릿의 망설임에 토대를 두고 있다. 원전은 망설임의 원인이나 동기가 무엇인지 말하지 않는다. 작품을 해석하려는 많은 시도 역시 그 점은 밝힐 수 없었다. 지금까지 널리 퍼져 있는 괴테의 견해에 따르면, 햄릿은 사고 활동의 지나친 발달 때문에 활발한 행동력이 마비된("무미건조한 사고 때문에 유약해진") 인간 유형이다. 시인이 신경 쇠약증의 범주에 드는 병적일 정도로 우유부단한 성격을 묘사하려 했다고 생각하는 사람들도 있다. 그러나 작품의 줄거리를 보면 햄릿이 전혀 행위할 수 없는 인물이 아니라는 것을 알 수 있다. 그가 행동하는 장면이 작품에 두 번 나온다. 한 번은 분노에 휩싸여 벽 뒤에서 엿듣는 염탐꾼을 칼로 찌를 때이고, 다른 한 번은 그를 죽이려 하는 두 명의 신하를 르네상스 시대 왕자들 특유의 단호함으로 저 세상에 보낼 때이다. 이때의 그는 계획적이고 교활하기까지 하다. 그렇다면 부왕(父王)의 혼백이 맡긴 임무를 실행하지 못하도록 그를 가로막는 것은 도대체 무엇일까? 다시 한 번 이 임무가 가진 특수한 성격이 그 답이라고 할 수 있다. 햄릿은 무엇이든지 다 할 수 있다. 다만 자신의 아버지를 제거하고 아버지 대신 어머니를 차지한 남자에게 복수하는 일만은 하지 못한다. 이 남자는 어린 시절 억압된 자신의 소원을 성취시킨 사람이다. 햄릿에게 복수할 것을 촉구하는 혐오심은 자기 비난, 즉 문자 그대로 징벌해야 하는 죄인보다 자신이 더 나을 것이 전혀 없다고 꾸짖는 양심의 가책과 뒤바뀐다. 이것은 내가, 주인공의 정신이 의식하지 못하는 것을 의식으로 옮겨놓은 것이다. 햄릿을 히스테리 환자라고 부르고 싶은 사람이 있다면, 나는 내 해석의 추론 결과로서만 그것을 인정할 수 있다. 햄릿이 오필리아와의 대화에서 표현하는 성적 혐오감이 그것과 잘 부합한다. 이 성적 혐오감은 그 후 몇 년 간 셰익스피어의 영혼에서 점점 많은 부분을 차지하게 되고, 결국 『아테네의 타이몬』에서 절정에 이른다. 햄릿을 통해 우리에게 드러나는 것은 물론 시인 자신의 정신생활이다. 브란데스는 셰익스피어에 대한 글에서 『햄릿』이 셰익스피어의 부친이 죽은 직후(1601년), 즉 아버지에 대한 슬픔이 절실한 무렵에 쓰였다고 말한다. 따라서 우리는 아버지와 관계된 어린 시절의 감정이 새삼 새로워졌을 때라고 추정할 수 있다. 어려서 죽은 셰익스피어의 아들 이름이 햄닛(햄릿과 같다)이었다는 것은 다 알려진 사실이다. 『햄릿』이 부모와 아들의 관계를 다루듯, 비슷한 시기에 쓰인 『맥베스』는 자식 없는 경우를 주제로 하고 있다. 모든 신경증적 증상과 대부분의 꿈이 중층 해석될 수 있는 것처럼, 더 나아가 완벽한 이해를 위해서는 그렇게 할 필요가 있는 것처럼, 모든 진정한 문학적 창조물은 시인의 정신 안에 들어 있는 하나 이상의 자극과 동기에서 비롯된 것으로, 또한 하나 이상의 해석에 열려 있다. 여기에서 나는 창조하는 시인의 정신 안에서 일어나는 움직임의 심층을 해석하고자 시도했을 뿐이다.[1]

프로이트의 설명은 주(註)라기엔 긴 편이지만 한 작품에 대한 평으로서는 그 분량이 대단히 짧다. 그럼에도 간결한 해설 안에 자기 주장과 연관된 근거가 훌륭하게 집약되어 있다. 비록 여기에는 자신의 오이디푸스 콤플렉스 이론이 전제되어 있지만 말이다.

서문에서 저자인 어니스트 존스 자신이 밝혔다시피, 『햄릿과 오이디푸스』는 바로 이 주석에 대한 보충 설명이다. 그런데 앞에서 말한 대로 위의 주석이 그토록 간결하고 명료하게 쓰였다면 이 글이

---

1 지그문트 프로이드, 『꿈의 해석』, 김인순 옮김, 열린책들, 1997, 321~333쪽.

퍽 지루하게 느껴질 사족에 불과한 것은 아닐지, 또 주석에 대한 해설로서 부가할 정보가 과연 많을지 의아해할 수도 있을 것이다. 그런데 실상 이 책에는 프로이트의 주석만으로는 알지 못했을 내용들이 상당히 많이 담겨 있다.

우선 제1장에서 존스는 두 가지를 주장한다. 첫째는 문학 작품이 그 창작자와 불가분의 관계이므로 글을 심도 있게 비평하려면 작가를 살펴보아야 한다는 것이고, 둘째는 문학 작품 속 허구의 인물도 실제의 인물인 것처럼 간주하고 분석해야 한다는 것이다. 이 주장은 너무나도 당연해 보여서, 제1장이 겉보기엔 불필요하면서 가벼운 대목이라고 느껴질 수도 있지만, 글을 유심히 살펴보면 저자가 살던 시대에 일부 사람들이 문학 비평에 대해 어떤 관점을 지녔는지 어렴풋이 읽을 수 있다. 어떤 평론가들은 작품을 작가 자신과 관련지어 비평하는 것을 결코 당연시하지만은 않았다. 이것은 어떤 독자에게는 놀라울 수도 있다. 그런데 작품의 연원을 예술가 자신조차 의식하지 못할 뿐이지, 실제로 광범한 무의식적 영역이 창작의 근원으로서 활동한다고 함으로써, 존스는 표현론을 수용하는 것에서 그치지 않고 프로이트의 정신분석학적인 세계관으로 희곡 『햄릿』을 비평할 것을 밝힌다. 이러한 분석 방법의 천명은 실제 인물이 아닌 극중 인물을 정신분석하는 것이 과연 타당한가의 문제 제기와 필연적으로 닿게 된다. 이에 대한 해명인 두 번째 주장은 1949년 단행본에서 새로이 추가된 것으로, 이를 보면 존스의 햄릿 해석에 대해 일어났던 당시 평론가들의 반발을 짐작하게 된다. 제1장은 짧지만 프로이트적인 문학 비평의 본질과 근본적인 한계를 암시한다는 점에서 중요하다.

제2장은 상당히 흥미롭다. 희곡 『햄릿』에 대한 평가와 극 중에서 햄릿이 임무를 곧바로 수행하지 않는 까닭을 풀이한 온갖 주장이 소개되는데, 영문학, 특히 셰익스피어 연구의 대가인 브래들리, 윌슨, 콜리지의 평, 그리고 괴테, 엘리엇, 브란데스 등의 명문이 한 자리에 모인다. 모두 『햄릿』 비평사에서 자주 거론되는 글이다. 『꿈의 해석』의 주석에서 프로이트가 언급한 것은 괴테의 해석뿐이었는데, 존스는 그 외의 권위적인 평론들까지 하나하나 거론하며 기존의 해설을 논박해나간다. 그는 유약하거나 우유부단한 성격 때문에 복수를 지연한다는 기존의 관점을 프로이트보다 더욱 많은 근거를 들어 반박할 뿐 아니라, 햄릿이 객관적 정황 때문에 단호한 행동을 미루었다는 설 역시 희곡 내에서 근거를 찾아내어 물리친다.

제3, 4, 5장은 『꿈의 해석』의 골자를 좀 더 깊고 자세하게 부연한 것이다. 여기에서는 제2장에서 논박한 두 주장을 제외하고 남는 유일한 해석, 즉 햄릿의 갈등이 임무의 특정한 속성에 기인한다는 점을 상세하게 고찰한다. 구체적인 내용까지 재론할 필요는 없을 것 같지만, 한가지 지적하고 넘어가고 싶은 것이 있다. 존스가 햄릿의 어머니인 거트루드의 역할을 대단히 강조했다는 점이다. 프로이트는 주석에서 오필리아를 대하는 햄릿의 태도에 성적 혐오가 담겨 있다고 잠깐 언급했을 뿐인데, 존스는 프레드릭 워덤의 해석을 참고하여, 왕비가 선왕에 대해 지조 없이 굴자 아들이 여성을 혐오하게 되어 자신의 어머니와 애인에게 그토록 큰 반감을 품게 되었다고 해석한다. 숙부와의 결혼으로 햄릿은 어머니를 향한 강한 애정이 배반당했다고 믿게 되었기 때문이다. 특히 저자가 살모(殺母)에 대해 논의하기 위해 제5장을 따로 썼다는 점은, 셰익스피어가 이 희곡에서 부자 간의 대립보다도 모자 간의 관계에 초점을 맞추었다는 사실에 존스가 얼마나 주목했는지를 상징적으로 보여준다. 햄릿이 오필리아에게 분노를 퍼붓는 장면은 햄릿의 망설임만큼이나 그 동기가 수수께끼로 남아 있는데, 존스는 그것을 어머니에 대한 적대감과 연관지어 탁월하게 풀이하며, 이것이 오레스테스 이야기로 대표되는 모친 살해의 모티프와 동일한 근원을 지닌다고 주장한다. 이 장은 1949년에 단행본이 간행될 때 새로 삽입된 것이다.

제6장은 『햄릿』을 셰익스피어의 개인사와 관련해 분석한 것으로, 여기에 활용된 자료들은 셰익스피어 연구에서 특히나 유명하기 때문에 영미권에서 셰익스피어를 공부하는 독자들에겐 크게 낯설지만은 않은 것이다. 'W. H. 씨'의 수수께끼나 '검은 여인'에 관한 논란, 메리 피턴 이야기, 『햄릿』의 본문에 나온 몇 가지 단어를 근거로 창작 연대를 추론하는 방식 등이 특히 그러하다. 프로이트가 소략하게 언급한 셰익스피어의 부친 상이나 아들 '햄닛'과의 연관성을 훨씬 상세하게 논의한 것뿐만 아니라, 셰익스피어의 개인사와 이를 둘러싼 추측과 논쟁의 역사도 간접적으로 음미해 볼 수 있을 것이다.

제7, 8장에서는 논의를 심화하여 『햄릿』을 이본(異本)과 여타의 신화·전설 등과 비교하여 고찰한다. 주인공이 처한 오이디푸스적인 상황이 다른 설화에서는 어떻게 표현되었으며, 셰익스피어 이전에 쓰인 햄릿 이야기가 대문호의 손을 거치면서 어떤 고유한 특징을 다시 지니게 되었는지가 드러나게 된다. 이를 근거로 존스는 자기 주장을 더욱 명징하게 한다. 여타의 비평가들과는 구별되는 세계관 내에서 새롭게 햄릿의 수수께끼가 풀리는 것을 보고 지적인 즐거움을 누리기에 충분할 것으로 본다.

짤막한 부기(제9장)도 눈길을 끈다. 저자는 여기에서 희곡 「햄릿」을 무대 위에서 표현할 때 유의해야 할 점을 몇 가지 밝혀놓았다. 프로이트적인 해석을 받아들이지 않더라도 수용할 지적도 있지만, 특히 존스 등의 관점에서 보았을 때 너무나도 터무니없는 연출을 비판하고 바람직한 표현 방법을 제시하는 글이다. 비평이 창작에 개입하는 순간이다. 영화사에서 관련된 사례를 찾아보자. 「햄릿」을 영화화한 것 가운데 로렌스 올리비에의 작품은 어니스트 존스의 프로이트적인 해석을 수용하여 제작된 것으로 유명하다. 햄릿과 그 어머니 사이의 키스가 에로틱하다는 것이 이 점을 암시하는 근거로 자주 거론된다.(물론 이것은 근친상간 충동을 무의식적인 영역의 것으로만 두지 않고, 그것을 외부에 좀 더 분명하게 가시화하기 때문에 존스가 읽어낸 셰익스피어 희곡의 모습과는 많이 다르다고 지적할 여지는 있겠다.) 또, 포틴브라스군(軍)의 등장과 같은 중요한 사건을 생략한 것이나, 길든스턴과 로젠크란츠 등의 인물을 뺀 것도 마찬가지로 볼 수 있다. 존스의 비평에서 포틴브라스 왕자나 레어티즈의 두 친구는 개성보다 기능이 강조되는 측면이 강해 극에 꼭 필요한 인물은 아닌 것으로 판단했기 때문인 것 같다. 감독은 「햄릿」의 정치적인 색채를 다 지워버리고 가족 관계에 집중함으로써

작품에 반영된 정신분석학적인 관점을 선명하게 하였다.[2] 작품을 읽

---

2 장이모(張藝謨) 감독의 〈황후화(滿城盡帶黃金甲)〉와 비교해 보자. 이 영화에서
는 큰 규모의 살상이 자행되지만, 그 배경에는 어떠한 정치적인 노선의 갈등이나
당파적인 대립도 존재하지 않는다. 오로지 가족 간의 애욕과 암투가 나타날 뿐이
다. 근친상간 충동(어머니에 대한 둘째아들의 순수한 효심과 분리되었다)과 살부
소망, 형제 질시, 오누이 콤플렉스 등의 이야기만이 알몸처럼 등장하는 것을 보
면, 꿈이나 동화 등에서 황제(왕)와 황후(왕비)가 부모를 상징하며 황궁(왕궁)은 가
족을 의미한다는 정신분석학의 틀이 여기에 꼭 맞는다는 것을 알 수 있다. 황실의
가족과 연결 고리가 없는 이 가운데, 서사의 인과를 지탱하는 대사를 읊는 인물도
거의 없다. 특히 거사의 순간이 다가오자 모든 신하들이 물러가고, 온 가족이 그
들끼리만 한자리에 모이는 장면은 이 영화의 가족사적 특징을 가장 극명하게 드
러낸다. 중국의 문호 차오위(曹禺)가 쓴 희곡으로 이 영화의 바탕이 된 『뇌우(雷
雨)』도 마찬가지이다. 〈황후화〉가 개봉했을 때 이 영화가 중국 근현대 봉건제적인
모순 상태의 묘사 등을 다 무시하였다고 비판한 이들도 있지만, 차오위의 글에서
는 사건의 흐름이 계급 갈등보다는 '가족 연애사' 때문에 진행되는 측면이 많다.
가령 하인 식구가 주인집에서 쫓겨나는 것은 그 집 청년 노대해가 주인집 광산에
대항해 격렬하게 노동 투쟁을 했기 때문이 아니라 주인집의 주복원이 자신의 숨
겨진 가족 관계가 드러날까 염려했기 때문이었고, 가난한 처녀 노사봉의 갈등도
시대적·계급적 측면보다도 (사실은 오누이 관계인) 주인집 아들 주평과의 사랑
때문에 생겨난다. 자본가 주씨 집안과 노동자 노씨 집안이 빚는 참극도 계급 모순
이 아니라 주복원의 아내 주번의와 주평 간의 근친상간과 주복원의 숨은 전처 노
시평의 등장으로 인한 것이었다. 신홍철 교수는 저자가 "당시(1923년 전후—옮긴
이 주)의 중국사회와 가정의 폐해를 폭로하고, 그 희생자들의 비참한 운명을 표현
해 내기 위해서는 문제의 근원을 역사와 사회의 관계 속에서 찾아야 한다고 생각
하였다."라고 했지만, 작가의 의도는 어떤지 몰라도 결과적으로 이 작품은 '가족
연애사'를 그려내기 위해 자기 시대를 빌려온 것처럼 보이게 되었다고 할 것이다.
시대적 특수성이 서사의 '기본 상황'을 '설정'은 해 주지만, 이야기를 '진행'하도
록 하는 것은 역사가 아니라 초역사적인 '가족 연애사' 이기 때문이다. 근친에 대
한 애욕과 적대 때문에 파멸하는 가족사를 두고서 "반(半)봉건·반식민지적 상태
에 놓인 당시 중국의 기형적 사회제도의 **필연적인 붕괴과정**을 엿보게 하고 있다."
(강조는 옮긴이)라고 하기에는 지나친 감이 있다.(차오위/라오서, 『뇌우/찻집』, 김
종현/오수경 옮김, 중앙일보사, 1989.) 존스는, 비록 약간은 허구적이더라도 『햄
릿』에 표현된 시대적·정치적 특수성을 비평 속에서 대수롭지 않게 보거나 작품
의 창작 시기를 추론하기 위한 수단 정도로 볼 뿐이지만, 두 중국인은 처음부터
역사성에 큰 관심을 보이지 않은 것 같다. 특히 장이모 감독이 극의 시작에 못박
듯이 적어놓은 '928년'이나 '당조(唐朝)'라는 말은 차라리 역사성에 대한 비웃음
처럼 느껴진다. 첫째로, 그것은 당조가 멸망한 뒤의 시기이며, 둘째로 영화 분위

는 기초가 된 이론은 작품의 창작 원리로 적용되면서, 단순한 해석이 기를 그치고 원작을 그에 맞게 변용하기에 이른 것이다. 이렇듯 위대한 평론은 비평 대상 자체가 불변할지라도 행간을 나름대로 메움으로써 원작자가 충분히 드러내지 않은 측면을 강조하거나 새 의미를 발견·산출하는 기능을 한다. 일전에 누군가는 평론가란 생산하는 이가 아니라 생산물에 기생하는 이라면서 "생산과 관련한 현상들을 얼마나 그럴싸한 글로 꾸며대는가"에 재능이 있다면서 존재 의의를 비웃는 동시에 자학까지 하는 안타까운 모습을 보였는데, 그와 같이 상식이 부재하는 조소는 이렇듯 위대한 사례 앞에서는 (똑같이 조소된다기보다도) 조용히 소외될 뿐인 것이 아닌가 한다.

그럼에도 불구하고 프로이트와 존스의 『햄릿』 해석은 명성과 타당성에 비해 심도 있게 거론·논의되는 비중이 적다. 이미 여러 차례 반박된 바 있음에도, 괴테나 엘리엇의 해석은 그들의 이름 때문에라도 반드시 언급되는 반면, 프로이트의 평은 때론 그저 그런 해석도 있다는 식으로 넘어가는 경우도 있다. 그래서인지 프로이트의 해석은 그 존재가 널리 알려진 것에 비하여 내용에 관해 많은 오해를 낳게 되었다. 제대로 독해되지 못했기 때문이리라. 이를테면 나는 번역 작업 중 『햄릿』에 관련된 자료를 조사하다가 아주 황당한 글을 발견했는데, 얼

기를 지배하는 황궁의 모습이나 의상은 당과 관계가 없으며, 셋째로 시대를 막론하고 정부 안팎에 상존하는 특수한 정치적 상황은 거의 묘사되지 않기 때문이다. 이 때 '당조'가 후당을 의미한다고 보아도 크게 달라질 것은 없다.

마 전에 한국어판이 나온 가와이 쇼이치로(河合祥一朗) 교수의 『햄릿의 수수께끼를 풀다』의 한 부분이었다. 이 책의 한 대목을 비판적으로 읽는 것을 원전 독해의 중요성을 잘 보여주는 예로 삼고 싶다.

그는 "'햄릿=마마보이'설은 정신분석의 창시자인 프로이트에서부터 시작된다."[3]면서 『꿈의 해석』에 나오는 문제의 각주를 인용하고, "프로이트의 제자인 어니스트 존스는 이 설을 발전시켜서 『햄릿과 오이디푸스』라는 제목의 책으로 정리했다."[4]고 썼다. 그는 두 사람의 해석을 소개하면서 그 한계에 대해 이렇게 적는다.

이 설은 상당한 영향력을 가지지만 치명적인 문제점이 있다. 햄릿은 자기 아버지를 사나이 중의 사나이라고 칭송하며 끊임없이 경외하는 마음을 나타낸다. 그렇게도 아버지를 존경하는 사람이 한편으로 아버지를 증오하는 잠재적인 감정을 가지고 있으리라고는 도저히 생각되지 않는다. 아니면 똑같은 마마보이라도 오레스테스 콤플렉스라는 것도 있어서 어머니에 대한 과도한 애착 때문에 어머니에게 배신당했다는 생각이 살의로 바뀐다는 설도 있으나 이런 식으로 햄릿에게 근친상간적 욕망이나 살의 따위가 있었으리라고는 도무지 믿어지지 않는다.[5]

일단 그가 지적한 첫째 '문제점'에 대한 반론은 프로이트나 존스,

---

3 가와이 쇼이치로, 『햄릿의 수수께끼를 풀다』, 임희선 역, 시그마북스, 2009, 26쪽.
4 앞의 책, 27쪽.
5 앞의 책, 28쪽.

랑크 등의 유명한 책을 가볍게 훑어보기만 하여도 찾을 수 있다. 가와이 교수는 주석에서 일본인 독자를 위해 『햄릿과 오이디푸스』의 일역본까지 소개해 놓고 정작 본인은 읽지도 않은 것인지 궁금하다. 반론에 대한 재반론을 이미 죽은 사람의 글, 그것도 잘 알려진 글, 자신이 독자에게 소개한 글에서 찾아볼 수 있다는 것은 무슨 뜻인가? 반론하는 이가 원전을 제대로 읽지 않았다는 뜻이다. 그는 정신분석학자들이 꿈 해석에서 '응축' 개념을 사용하듯이 신화를 분석할 때 '대리'나 '분해'와 같은 개념을 적용한다는 것도 알지 못하는 것일까? 또, 그들이 인간은 사랑하는 가족이나 친구조차도 죽었으면 하고 무의식적으로 바라는 경우도 있다고 생각하는 것을 모르는 것일까? 프로이트의 이론에 따르면 아버지를 살해하거나 그것을 소망한 것 때문에 아들이 죄의식을 느껴, 속죄로서 아버지를 귀인으로 추앙하거나 과대평가하는 경우가 있다는 것도 모르는 것일까? 프로이트도 일찍이 이렇게 말했다.

우리는 같은 아이가 동시에 다른 상황에서는 아버지에 대해서도 깊은 애정을 보이는 것을 관찰할 수 있으며, 이런 정황에 의해서 종종 관점이 흐려지기도 합니다. 바로 그런 상호 대립적인 감정, 좀 더 정확하게 말하면 '양가 감정(Ambivalenz)'이 성인들에게는 심리적 갈등으로 이어질 수 있지만, 어린아이에게서는 오랜 기간 동안 충돌하지 않고 잘 병존합니다. 이는 상반된 감정들이 나중에 무의식 속에서 지속적으로 함께 존재하는 것과 마찬가지입니다.[6]

가와이 교수는 비판할 이론을 내적으로도 철저히 고찰하지 않은 것 같다. 비판할 주장의 기본적인 내용도 숙지하지 못한 채 그 한계를 파악할 수 있었다는 것이 놀랍기만 하다. 심지어 그가 저 대목에 단 주석에서 소개한 미학자 모리스 위츠(Morris Weitz)의 반론도 똑같은 불성실함의 산물이다. 위츠는 "자신의 아버지, 그리고 아버지의 혼령과 햄릿의 관계에 대한 존스의 **완전한** 침묵"에 대해 의아해하며, "존스는 어떻게 자신의 가설을 근거로 아버지에 대한 햄릿의 사랑과 과도한 칭찬을 설명하는가?"라면서 "나는 존스가 본문에 나타난 이 사실, 즉 자기 아버지에 관한 햄릿 자신의 말을 존스가 **언급조차** 하지 않는다는 점이 놀랍다."라고, 그리고 "그렇다면 왜 존스는 이 문제에 관해 침묵하는 것일까?"[7]라고 하였다. 제4장과 제5장의 논의를 전개하면서 존스가 그 대목을 분명히 다룬 점은 전혀 고려하지 않은 것이다. 위츠는 이어서 존스가 할 법한 프로이트적인 해석을 나름대로 전개하면서, 아버지에 대한 사랑을 자기 기만이나 은폐로 볼 수 있다고 지적한다. 그러나 그렇게 판단할 만한 단서가 본문에는 전혀 없기 때문에(그 감정이 지니는 양가성의 암시조차 볼 수 없기 때문에) 존스의 글을 좋은 비평으로 인정할 수 없다고 결론짓는다. 존스의 해석이 지니는 문제를 적절히 지적했다는 점에서는 훌륭하지만 마찬가지로 원전을 제대로 읽지 않은 점이 아쉽다.

---

6 지그문트 프로이트, 『정신분석강의』, 임홍빈 · 홍혜경 옮김, 열린책들, 2005, 449쪽.
7 Morris Weitz, *Hamlet and the Philosophy of Literary Criticism*, Faber, 1965, p. 23.

가와이 교수의 두 번째 지적이 지니는 문제점은 그런 측면에서 볼 때 지극히 심각하다. 객관적인 근거가 전혀 없기 때문이다. 물론 문학 비평에는 필연적으로 비평가의 주관이 많이 개입되고 직관적인 주장이 다수 나타나기 마련인 것은 사실이다. 그렇기 때문에 가와이 교수가

> 오필리아. 그 이름의 첫 글자인 O는 영, 제로를 뜻한다. 공백의 제로. 그
> 것은 부권제 사회에 존재하는 공백이기에 오빠나 아버지 등 다른 사람들
> 이 마음대로 채워서 오필리아의 '바람직한 모습'을 정해 버린다.[8]

라는 식으로 주장하는 것을 어떤 독자는 억지스럽다고 생각하여 "도무지 믿어지지 않는다"라고 할지라도 교수의 글이 주관적이라는 사실 자체만으로는 그를 비난할 수 없을 것이다. 그러나 자기의 주장이 아니라 타인이 이미 많은 근거를 들어 제기하였으며 "상당한 영향력을 가지"는 주장을 소개하고 반박할 때만큼은 가능한 한 객관적인 시각을 견지하여 제3자가 제대로 납득하도록 해야 함은 말할 나위도 없다. 그런데 그의 문제는 프로이트의 분석을 순전히 개인적으로 납득하지 못하겠다는 이유만으로 기각한다는 것에 있다. 정신분석학에서는 오이디푸스 콤플렉스의 존재를 선제하고 있기 때문에, 그 이론의 틀 자체가 사유의 영역을 제한하는 방식을 지적하여 외적 비판을 하거나 그 주장이 지니는 자기 모순을 폭로하는 등의 사유 구조의 내적 관계

---

8 가와이 쇼이치로, 앞의 책, 202~203쪽.

를 비판함도 없이, "도무지 믿어지지 않는다"라는 식의 어설픈 표현으로 모든 논박이 끝났다고 생각하는 것은 결코 학자다운 자세가 아니다.("햄릿이 헤라클레스를 행위의 준거로 삼았다는 것은 도저히 믿어지지 않는다."라는 말만으로 그의 책 한 권을 반박하면 그는 뭐라고 할 것인가?) 여기에서도 그가 워덤의 저서를 주석에서 소개하고 있긴 하지만, 제대로 된 인용도 한 차례 없이 주관적인 거부감을 수동태로 은폐하며 객관적인 반박인 것처럼 표현하는 것을 보니, 가와이 교수가 오레스테스 콤플렉스에 대해 충분히 고찰해 보았으리라고는 "도무지 믿어지지 않는다."

어떤 이론을 심적으로 지지하고 거부하는 것은 궁극적으로 수용자 자신의 믿음의 문제이지만, 새로운 주장을 펼치고 설득하기 위해 객관적으로 포석을 깔아놓아야 할 시점에 어린아이가 "난 이 책의 내용이 그냥 마음에 안 든다."는 식으로 억지로 쓴 수준의 감상문과 학술적인 주장을 담은 책조차 구분하지 못한다는 것은 더없이 안타까운 일이다. 이것은 전문가가 아닌 일반 독자를 위해 쓴 책의 경우도 마찬가지이다. 그는 책의 말미에서 "지금까지 「햄릿」의 수수께끼」를 푼다고 하면서 그럴 듯한 글로 말도 안 되는 엉터리 해석을 늘어놓은 책들도 존재했는데, 이 책도 그런 엉터리 책과 같은지, 아니면 셰익스피어에 대한 연구 성과를 모두 쏟아 부은 본격적인 '해석'을 전개하는 글인지는 이 책을 마지막까지 읽어주신 독자라면 굳이 설명하지 않아도 판단할 수 있을 것"[9]이라고 했는데, 마지막까지 읽지 않더라도 "연

---

9 앞의 책, 270쪽.

구 성과를 모두 쏟아 부은" 책이 아니라는 것은 "굳이 설명하지 않아도 판단할 수 있을 것" 같다. 가와이 교수의 말대로 "텍스트를 꼼꼼하게 읽으면서 자료를 토대로 분석해야만 올바른 이해가 가능함은 굳이 말할 필요도 없다."[10]

그 밖에도 이 책에는 신과 종교를 주제로 한 다섯 편의 짧은 논문을 수록하였는데, 모두 존스의 『응용 정신분석 논문집』의 제1권과 제2권에서 뽑아 역자가 수록한 것이다. 포이어바흐와 마르크스를 제외하면 신의 문제가 결국 인간의 문제의 투사라는 것을 프로이트만큼 큰 소리로 주장한 사람은 드물 것이다. 어니스트 존스는 끝까지 프로이트와 결렬하지 않고 그 사후에 전기를 저술하는 경력을 남긴 만큼, 자기 스승과 대립되는 주장을 펼친 이력은 거의 없는 편이다. 따라서 이책에 실린 논문 가운데 다른 제자들의 글처럼 스승과의 특정한 견해차이에 유의해서 읽어야 하는 대목은 거의 없다고 해도 좋다. 이 책에 수록된 종교에 관한 글들도 『햄릿』 비평만큼이나 프로이트의 사상을 보완적으로 이해하는 데 도움이 되기를 바란다.

본서는 어니스트 존스의 탄생 130주년, 그리고 1949년 단행본이 출간된 지 60주년이 되는 해를 기념하기 위한 것이며, 한국어 번역서로서는 역자가 처음 소개하게 되었다. 처음이라는 수식 때문에 부담

---

10 앞의 책, 같은 쪽.

을 느껴 잘 하려고 노력한 것도 사실이다. 저자의 오기나 원서의 오탈자를 하나하나 잡았고, 국내의 일반 독자들이 궁금증을 느낄 만한 부분은 역주로써 해소할 수 있도록 했다. 고유명사의 영어식 표현을 본문에 그대로 사용하는 국내 번역의 관행에서도 벗어나 보려고 그 본래의 이름을 되찾아준 것도, 사소하지만 번역자로서 세심하게 신경 썼다면서 나름 자부심을 느끼게 하는 점이다. 여러 번역 이론 서적을 참고해 가며 정확하면서도 자연스러운 우리 말로 옮기려고도 애썼지만 미진한 대목이 여럿 눈에 띌 수도 있다. 그런 부분은 겸허한 마음으로 꾸준히 보완할 생각이다. 책을 번역하는 과정에서 참고할 관련 자료를 구해준 이한솔 누나와 친구인 정한결, 그리고 아낌없이 격려를 해주신 분들, 특히 국제정신분석학회의 클라우디오 에이지릭(Cláudio Eizirik) 회장, 미국정신분석학회의 딘 K. 스테인(Dean K. Stein) 이사께 감사드린다. 독자분들의 관심과 애정 어린 충고를 기다린다.

2009년 7월

옮긴이 **최 정 훈**

지은이의 말

애당초 프로이트의 『꿈의 해석』(1900)에 달린 한 주석을 설명하기 위해 40년 전에 쓰인 이 글은, 오늘에 이르기까지 꽤나 재미난 이력을 지니고 있다. 맨 먼저 이 글은 「햄릿의 수수께끼에 대한 풀이로서의 오이디푸스 콤플렉스(The Oedipus Complex as an Explanation of Hamlet's Mystery)」라는 제목을 달고 《미국 심리학 학술지(The American Journal of Psychology)》 1910년 1월 호에 실렸다. 이 글은 독일어로 번역되어 그 이듬 해에 《응용 심리학 논문집(Schriften zur angewandten Seelenkunde)》 총서의 소책자로 소개되었는데, 그 때 제목은 「햄릿의 문제와 오이디푸스 콤플렉스(Das Problem des Hamlet und der Oedipus-Komplex)」였다. 1923년에는 「햄릿에 대한 정신분석학적 연구(A Psycho-Analytic Study of Hamlet)」라는 제목으로 『응용 정신분석 논문집(Essays in Applied Psycho-Analysis)』에 실린 내 글들의 제1장을 장식하기도 했는데, 이 책은 오래 전에 절판되었다. 이번의 것을 포함해서 나는 그 글이 새로 소개될 때마다 내용을 개정하고 확장하였다. 이 글을 다시 내도 좋다고 허락해 준 이전 출판 관계자분들께 감사드린다.

문학을 좋아하는 일반 독자들이 앞에서 소개한 출판물들을 손쉽게 구하지는 못했으리라고 생각하기 때문에, 이번에는 더 완결되고 다가가기 쉬운 모습으로 손보아 햄릿에 대한 정신분석학적 이론을 한 번 더 소개하는 것이 이치에 맞는다고 생각한다. 〈햄릿〉 연극에 대한 대중의 관심이 다시금 살아난 것도 이 결심에 일조했다. 햄릿의 곤란한 상황에 대한 그런 해석이 있다는 소식은 그럭저럭 널리 퍼져나갔고, 나는 이 해석에 관해 알고 싶어 하는 이들에게 틈만 나면 이 글의 초기 판본을 읽는 것은 쉽지 않을 것이라고 아쉬운 마음을 전해야 했다.

『햄릿』의 구절을 인용하면서 나는 도버 윌슨(Dover Wilson) 교수가 교정한 셰익스피어 구두법을 따랐다.

성적 욕망과 열정이 이따금씩 살인 충동과 관련되어 있음은 물론 오래 전부터 알려져 왔다. 그러나 프로이트의 저술이 나온 뒤에야 우리는 그와 유사한 요소가 유아의 심리 속에서 영향을 끼치다가 아동기로 넘어가면서 약화된다는 것을 알게 되었다. 게다가 무의식 안에 억압된 채로 남아 있을지라도 이 때 생겨난 갈등이 성인기의 삶에 심대하게 영향을 끼칠 수도 있다는 것도 알게 되었다. 내가 40년 전에 나의 논문에서 이러한 주제를 다소 조심스럽게 제기했을 때는 이에 대해 아는 사람이 소수에 불과했음에도 엄청난 비난을 감수해야만 했다. 좀 더 깨인 시대인 오늘날에는 그러한 주제가 훨씬 덜 충격적일 것이라고 생각한다.

Hamlet and Oedipus

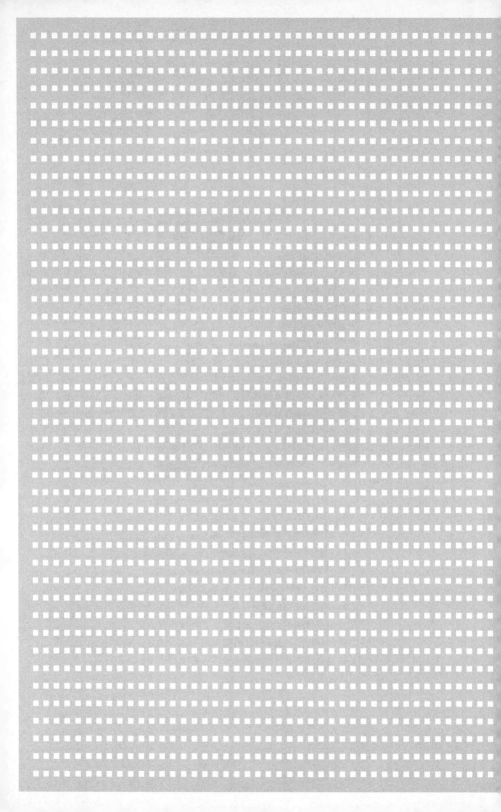

1

심리학과 미학
Psychology and Aesthetics

심리학자들은 이제까지 천재와 예술적 창조력에 대한 개별적 분석 연구에는 상대적으로 적은 관심을 보인 채, 주로 일반적인 질서를 탐구하는 것에 스스로의 영역을 제한해 왔다. 키츠(Keats)가 시(詩)에서 무지개에 대한 분광 연구에 대해 표명한 감정, 즉 세상 사람들이 미적인 것을 지나치게 세세히 탐구하는 것에 대해 품는 거부감 내지는 혐오감을 이들도 느끼는 듯하다.* 그러나 면밀하게 따져본다고 해서

---

* 키츠가 자신의 시 「라미아(Lamia)」에 이렇게 쓴 걸 염두에 두고 하는 말이다.

> 모든 주술이 단지 차가운 철학의
> 손길에 다 날아가버리는 것은 아닌가?
> 한때 하늘에는 장엄한 무지개 있었다.
> 우리는 그 짜임새, 그 피륙을 알았다. 무지개는
> 평범한 것들의 진부한 목록에 올랐다.
> 철학은 천사의 날개를 자르고,
> 모든 수수께끼를 정확하게 무너뜨리며,

미(美)나 미에 동반하는 즐거움이 함께 사라져 버릴 것이라고 두려워하는 것은 부분적으로만 타당하다. 그 즐거움이 어떤 유(類)의 것이며, 그 분석가의 태도가 어떠한지에 따라 많은 것이 달라질 수 있다. 특히 수준 높은 지적 감상이 이해가 수반되어야만 가능하다는 것은 사람들이 경험으로 알뿐더러, 게다가 이해를 돕는 것은 비평가가 사회적으로 맡아야 할 기능이기도 하다. 또, 지적 감상에서는 수준 높은 미학적 감상이 중요한 부분을 차지하므로, 심층적인 이해가 지적 감상의 질을 높이리라는 점도 자명하다.

시를 평가할 때, 비평의 대상은 그 작품 자체에 국한되지 않는다. 작품을 작가와 분리하려는 것은 우리의 이해를 인위적으로 제한할 따름이다. 물론 최근에 와서 모든 작품을 작가에 대한 어떤 정보도 배제한 채 '순수하게 작품 자체에 근거해서만' 평가하는 것이 어느 정도 유행으로 자리잡은 것은 사실이다. 아마 이러한 경향은 작가의 명성에만 근거해 작품을 평가하는 속물적 태도에 대한 반발로서 그 자체로는 건전하게 대두했으리라고 본다. 그럼에도 불구하고, 작품을 진지하게 비평하려는 사람이라면 누구나 수준 높게 작품을 감상하고 그 의도를 이해하기 위해 작가의 특징과 그가 예술적으로 발전한 과정에 대해 알 필요가 있다는 것을 인정한다. 셰익스피어에 대한 자신의 전기적 해석을 옹호하기 위해 매슨(Masson)이 주장한 바와 같이 "모든 시는, 그것이 짜인 본디의 모습으로 거슬러 올라가 연구되

무지개를 풀어버린다. 마치 무지개가 일전에
유순한 라미아를 녹여 그림자로 만든 것처럼.

고, 그 작품을 만들었을 때의 감정과 의도, 구상으로 환원되고 나서야 그 함축적 의미가 온전히 느껴지고 이해될 수 있다.”[1] 마치 작가와 작품을 연결해 봤자 작품을, 또는 작가를 이해하는 데에는 별 도움이 되지 않는다는 듯이 예술 작품을 창작자의 개성과는 거의 독립적인 물자체(物自體)처럼 여기는 경우가 많다. 그러나 유명한 비평을 읽어 보면 이 둘을 연관지어 연구를 진행하는 것이 창작의 본질과 작가의 창조적 충동을 이해하는 데에 도움이 된다는 것을 알 수 있다. 이 둘을 분리하는 것은 온전한 감상을 저해할 뿐이지만, 둘 가운데 어느 한쪽을 알면 다른 쪽에 대한 이해는 자연히 더욱 깊어질 것이다. 매슨의 말대로, “인간이 욕망하거나 욕망할 수 있는 것과 마찬가지로, 인간이 상상하거나 상상할 수 있는 것은 궁극적으로 그 자신의 성격과 체험과 경험에 의존한다. … 결국 상상이란 무(無)로부터의 창조가 아니라, 기분과 의식적 동기의 명령을 받아 기억, 독서, 경험의 산물을 재결합한 것에 불과하다. 그 내용이야 개인마다 상이할 수 있겠다.”[2] 현대 임상 심리학의 한 특징이기도 한 이러한 결정론적 관점을 피력하면서, 매슨은 심리적 분석을 일반적으로 혐오하는 원인 중 하나를 암시한다. 그 원인이란, 시상(詩想)은 그것 자체로 우아하거나 미적이지는 않은, 간단하고 친숙한 요소를 다듬은 것이 아니라, 이를테면 어떤 신성한 근원인 완결된 형태에서 나타나는 것으로 믿기를 선호한다는 것이다. 시적 영감을 포함한 모든 추상적 사고의 궁극적

1 Masson: Shakespeare Personally, 1914, p. 13.
2 같은 저자: 앞의 책, pp. 129, 130.

근원으로서 저 깊이 존재하는 무의식은, 의식과는 본래 양립하지 못하는―이 때문에 '무의식'에 저장되는 것인데―정신적 구성 요소로 이루어진다. 의식과 양립하지 못하는 이 요소는 광범하게 변형 · 정화되어 의식에 나타나게 된다. 이 점을 상기하면 앞에서 말한 관점을 더 쉽게 이해할 수 있을 것이다. 요컨대, 이는 인간이 자신의 내적 본성을 이해할 때 그가 처하게 될 위험에 대해 지속적으로 저항하는 또 하나의 예가 될 것이다.

필경 대개의 사람과 같은 이유로 예술가는 항상 자기 작품에 대해 면밀하게 분석적인 태도를 기피해 왔다. 그는 흔히 강렬한 동기의 힘을 자신의 의식적인 의도와 분리하고, 때로는 그 힘의 근원을 자신의 바깥에 실재하는, 신적이거나 악마적인 권능으로 돌린다. 가령 단눈치오(D'Annunzio)의 『삶의 불꽃(Il fuoco)』*에는 예술가 주인공이 "자기 두뇌에서 나온 것이 아니라, 어떤 맹렬한 신이 자신의 무의식적 기관을 맹목적인 도구처럼 복종시켜 받아적도록 한 듯한, 불멸의 글귀를 써낸 그 놀라운 순간"에 대해 생각하는 장면이 있다. 니체가 『차라투스트라는 이렇게 말했다』의 탄생을 묘사한 『이 사람을 보라(Ecce Homo)』의 명문만큼 저항할 수 없는 예술적 창조의 충동을 잘 묘사한 글은 없는데, 자발적으로 행위할 수 없다는 이 특징은 소크라테스에서 괴테에 이르기까지의 위대한 철학자들과 작가들이 분명히 설명해 왔다. 나는 창작의 궁극적 근원을 예술가가 의식하지 못한다

● 원문에는 Flame of Life라고 되어 있다.

는 특징을 강조하고 싶은데, 그것이 이 글의 논점과 관련이 있기 때문이다.

지난 짧은 몇 년 간, 프로이트의 기발한 연구 덕택에 천재의 작품에 대한 분석적 연구에 새로운 관심이 쏠리게 되었으니, 프로이트는 예술적·시적 창조가 진행되는 근본적 정신 과정의 일부를 밝힌 터였다.[3] 프로이트는 이 정신 과정의 주요한 특징이 겉보기에는 닮지 않은 심리적 과정, 예컨대 꿈, 농담, 신경증의 증상들과 많은 부분을 공유한다는 것을 보여주었다.[4] 게다가 그는 이 모든 과정이 환상, 의식적이지 않은 소망의 실현, 심리적 '억압(repression)', 어린 시절 기억의 재생, 개인의 성심리 생활과 연관되어 있다는 것도 밝혀냈다. 프로이트가 고안한 정신분석의 방법으로 매우 공들여 얻어낸 지식이, 인간 행위와 욕망의 불분명한 동기에 관한 심리학적 문제를 해결하고자 하는 과정에서 매우 귀중하다는 것이 밝혀질 것으로 사람들은 기대했다. 환자를 통해서 탐구 대상인 깊이 숨겨진 심리 영역을 분석하는 것보다 더 과학적인 접근 방법은 달리 생각해 내기 힘든 것이 사실이다. 아브라함(Abraham),[5] 페렌치(Ferenczi),[6] 히치만(Hitschmann),[7] 랑크

---

3 Freud: Der Wahn und die Träume in W. Jensen's Gradiva, 1907; "Der Dichter und das Phantasieren," *Neue Revue*, 1908, Nr. 10, S. 716; Eine Kindheitserinnerung des Leonardo da Vinci, 1910; "Das Motiv der Kästchenwahl," *Imago*, 1913, S. 257 등.

4 같은 저자: Die Traumdeutung, 1900; Der Witz und seine Beziehung zum Unbewussten, 1905; Drei Abhandlungen zur Sexualtheorie, 1905; Sammlung kleiner Schriften, 1906–18.

5 Abraham: Traum und Mythus. Eine Studie zur Völkerpsychologie, 1909; "Amenhotep IV. Psychoanalytische Beiträge zum Verständnis seiner

(Rank),[8] 자드거(Sadger)[9] 등이 이미 얻어낸 결과는 이 방법이 이제까지의 경우 이상으로 넓은 영역에 적용되었을 때 나타날 모습의 한 예고에 불과하다.

프로이트가 그 때 이후로 '심층 심리학'이라 불리는 것에 기여할 수 있었던 두 가지 특징적인 이유가 있다. 하나는 불분명한 심리 영역을 꿰뚫는 전문적인 기술을 그가 발명했기 때문이다. 다른 하나는 그의 전문 작업이 정신적 고통에 관한 것이었기 때문이다. 경험적으로 입증된 바에 따르면 자신의 인격 내에 은밀히 숨겨진 속을 폭로할 고통에서 해방되려는 욕구를 넘어서는 욕구는 존재하지 않기 때문에, 심층 심리학은 필연적으로 의료 심리학이 된 것이다. 인격의 더욱 가시적인 부분들이 발전해 온 근원이자 그 부분들이 대개는 방사로서 남을 뿐인 원본인 이 심층을, 다른 심리학자들은 물론 탐구하지 않는다. 이 생각은, 그런 조사로 도출한 모든 결론은 '비정상적인' 사람에 대한 연구를 근거로 했기 때문에 보편적 타당성이 훼손될 수 있다는 노골적인 반대를 일으킨다. 그러나 고통을 낳는 신경증적 증

Persönlichkeit und des monotheistischen Aton-Kultes," *Imago*, 1912, S. 334.

6 Ferenczi: Contributions to Psycho-Analysis(Engl. transl.), 1916.

7 Hitschmann: Gottfried Keller, 1919.

8 Rank: Der Künstler. Ansätze zu einer Sexual-Psychologie, 1907; Der Mythus von der Geburt des Helden, 1909; Die Lohengrinsage, 1911; Das Inzest-Motiv in Dichtung und Sage, 1912; Psychoanalytische Beiträge zur Mythen-forschung, 1919.

9 Sadger: Konrad Ferdinand Meyer. Eine pathographisch-psychologische Studie, 1908; Aus dem Liebesleben Nicolaus Lenaus, 1909; Friedrich Hebbel, 1920.

상은 사실 모든 심리에 존재하는 근원적인 장애와 갈등에서 발전된 것이고, 그 증상들은 이 장애와 갈등에 대항하기 위한 시도의 하나일 뿐이라는 것이 밝혀졌기에 상기의 논리적 반대도 설득력을 잃게 된다. 예를 들어 이른바 '정상적인' 사람이 대개 지니는 방어적인 태도는 신경증의 증상과 그 발전의 근원이 완전히 같다.

게다가, 여담이지만 많은 문학 비평가들도 여기에서 논할 문제인 햄릿의 갈등과 고통의 의미가 정신병리적인 것임을 잘 알기 때문에, 그러한 반대 의견은 이런 글에서는 더없이 부적절하다고 할 것이다. 희곡 『햄릿』은 전반적으로, 불안정하다고 할 수밖에 없는 정신 상태에 맞서는 영웅의 헛된 투쟁에 관한 것이다. 따라서 그러한 불안정이 발생하는 심리의 심층에 대한 전문 지식을 바탕으로, 그 희곡을 이해하는 데에 기여하는 것이 의료 심리학자로서 할 일로 적합하다고 할 수 있다. 앞으로 보게 되겠지만 정신병 학자들이 의학적 관점에서 이 문제를 다루려는 시도는 많았으나, 그들은 대개 문제를 임상적 진단 방식으로만 접근한 탓에 햄릿의 진정한 심리 상황을 이해하는 것에는 전혀 도움을 주지 못했다.

본론으로 들어가기 전에 한 가지 더 염두에 두어야 할 것이 있다. 미켈란젤로의 모세 상에 대한 프로이트의 연구[10]나, 안드레아 델 사르토(Andrea del Sarto)[11]와 시모네 마르티니(Simone Martini)[12]에 대한

---

10 Freud: "Der Moses des Michelangelo," *Imago*, Jahrg. III, 1914, S. 15.
11 Ernest Jones: "The Influence of Andrea del Sarto's Wife on his Art," *Imago*, 1913. Reprinted as Chapter IV in Essays in Applied Psycho-Analysis, 1923.

나의 연구처럼, 예술의 다른 영역에서 몇몇 정신분석 연구가 진행된 적이 있지만, 그 창작품이 관념적 형태로 남아 지적으로 이해하기가 쉬운 시인에 대한 연구가 사실상 대부분일 수밖에 없다는 점이다. 그러나 논의의 대상인 극문학의 경우 한 가지 특징이 있다. 희곡에는 무대 위에서 배우가 행동하는 것으로 대신 표현되는 등장인물들이 창조되는데, 독자는 그들이 살아 있는 사람이라고 믿어야 한다. 사실, 극작가의 성공은 주로 이 기준에서 평가되는 것이며, 셰익스피어의 경우 이 부문에서 매우 탁월한 사람이었다. 그러면 심리학적 영역에서 어느 한도까지 이러한 등장인물을 진짜 살아 있는 사람으로 취급할 것이며, 어떤 면에서 이 관점이 타당할까? 물론, 관객은 이 점에서 상당히 자유롭고, 극장을 나서기가 무섭게 "극에는 직접 나오진 않지만, 난 분명히 그 사람이 그렇게 행동한 진짜 이유는 이러저러하게 판단했기 때문이라고 생각해."와 같은 말을 할 수도 있다. 문학과 극 비평가들도 이러한 관습을 무리 없이 수용했고, 등장인물의 일관된 태도에 대한 논의는 대개 그가 진짜 살아 있는 사람이라는 가정을 낳게 된다. 극작가의 상상 속을 제외한 어디에도 그가 존재하지 않는다는 것을 알면서도 말이다.

한편, 이 방식에 강하게 반발하는 이들은 등장인물이 객관적으로 존재하지 않는다는 사실을 강조한다. 예를 들어 유명한 극 비평가 A.

12　같은 저자: "The Madonna's Conception through the Ear," *Jahrbuch für Psychoanalyse*, 1914. Reprinted as Chapter VIII in Essays in Applied Psycho-Analysis, 1923.

B. 워클리(Walkley)는 빈정대는 어조로, 햄릿은 극이 시작하기 전에도 존재했다는 브래들리(Bradley)의 주장을 낭만주의 시대의 공상이라며 강하게 비판했다.[13] 사실 괴테는 젊은 청년 햄릿이 불행에 처하기 이전의 삶을 가장 먼저 생각해 본 사람 중 하나인데, 젊은 시절 햄릿의 모습을 괴테가 상상해서 서술한 것보다 뛰어난 글은 여태 없었다. 모두가 그 저작에 깊은 존경과 감사를 표현할 수밖에 없는 도버 윌슨 교수 역시, 앞뒤가 맞지 않게, 햄릿이 여러 행동을 하면서 심리적으로 어떤 것을 느꼈을지를 상상을 동원해—그것도 매우 노련한 솜씨로—분석한 바가 있음에도 불구하고 내가 앞서 말한 이들과 같은 오류를 범했다고 지적했다.[14] 그러나 이 비판은 대단히 엉뚱한 것이다. 등장인물을 정말 살아 있는 것처럼 간주하지 않으면 어떤 극 비평도 불가능할 것이며, 모든 비평은 분명 이 전제의 인정 아래에서 이루어졌을 것이다. 게다가, 특정한 비상사태에서 어떤 사람이 하는 행동이나 여러 상황에 대한 그의 반응에 대해 (특히 그 상황이 자세히 설명된 상태라면) 심리학자가 논평해야 한다면, 심리학자는 대개 문제의 사건이 일어나기 **전에** 그가 어떤 성격과 기질을 지녔을지 역시 추측할 수 있다. 정신분석학자라면 나아가 그 사람의 초기 성장 단계에 대해서도 이야기할 수 있는데, 후기보다는 초기의 경험이 인간에게 깊은 자국을 남기기 때문이다. 초기의 경험은 본질적으로 후기 경험보다 종류가 제한되어 있는데, 이미 공부한 경험이 있는 사람이라면

---

13 A. B. Walkley: Drama and Life, 1908.
14 J. Dover Wilson: Hamlet, 2nd Edition, 1936, Introduction, p. xlv.

매우 잘 알 것이다. 누군가가 주어진 상황에 상당히 격렬하게 반응한다면, 그가 그렇게 행동하는 방식은 틀림없이 그 상황과 연관된 경험에 영향을 받았다고 할 수 있다. 아무리 독특한 내용의 경험을 새로 한다고 해도 무의식은 이 경험을 옛 경험과 동화하기 마련이다. 다시 말해 현재의 반응은 항상 현재의 실제 상황에 대한 반응, 그리고 무의식이 이 상황과 유사하다고 판단한 옛 경험에 대한 반응이 각각 부분적으로 섞여 있는 것이다.

따라서 극중 인물을 실존인물로 간주하는 한, 인간은 어른으로 태어나는 일이 없는 고로 극중 인물 역시 극이 상연되는 순간 이전에도 살았다고 보아야 한다. 물론, 극에 나타나기 이전 삶의 모습을 극에서 알려주는 경우도 자주 있다. 리어 왕이 통치기에 지녔던 위엄과 딸들을 향한 그의 사랑에 대해 모른다면 그의 고독과 절망의 깊이를 이해하기 어려울 것이며, 햄릿 역시 비텐베르크에서 수학했다고 하지 않는가. 그러나 예술가는 결코 자기의 바람을 글에 있는 그대로 모두 표현하지는 않는다. 독자에게 상상의 여지를 남기지 않는다면 글을 잘못 쓴 것이다. 예술가의 창작물을 수용하는 이는 항상 작가가 직접 쓴 내용의 확장인 행간의 글도 자기 나름대로 읽기 마련이다. 독자의 상상이 예술가의 상상과 괴리되지 않고 조화를 이룬다면 말이다. 그리고 끝으로 단서가 하나 더 있다! 예술가는 의식뿐 아니라 무의식도 지니며, 그의 상상은 적어도 의식에서와 마찬가지로 무의식에서도 충분히 발휘되어 나온다.

이상의 이유에서 나는 햄릿을 실존 인물처럼 간주할 것을 주장하며—누군가는 대부분의 사람이 삶의 무대에 선 수많은 배우보다도 햄릿을 더 진짜 같다고 여긴다고 덧붙일지도 모르겠다—셰익스피어가 묘사했던 방식으로 특정 상황에서 느끼고 행동하는 사람이 어떤 부류의 사람인지 알아보겠다. 그 때까지 나는 햄릿이 셰익스피어의 심리의 산물이라는 것을 잊겠으며, 이후에는 상상이 낳은 이 독특한 인물이 셰익스피어 자신의 인격과는 어떤 관련이 있는지 고찰하려 한다.

2

햄릿의 문제와 제기된 해석들
The Problem of Hamlet and the Explanations Proffered

이 글에서 다루는 햄릿의 문제는 정신분석 작업 과정에서 가장 빈번히 재발하는 문제들과 긴밀히 연관되는데, 상대적으로 비전문적인 방식의 시도들을 좌절시켰던 문제에 대해 답을 내놓을 새로운 관점을 분명히 할 수 있을 것 같다. 몇몇 최고의 문학적 권위자들은 거리낌없이 여태까지 제시되어 온 문제 해결책의 무용성을 인정해 왔는데, 심리학적 기준으로 보아도 그 무용성은 명백히 나타난다. 이 글의 목적은 몇 년 전 프로이트가 자신의 저서 『꿈의 해석』의 한 각주에 제시한 가설[1]을 설명하고 그 가설과 다른 저작을 관련 짓는 것이다. 그 전에 문제의 본질과 기존에 제시되었던 해석에 대해 설명하는 편이 좋겠다.

---

1   Freud: Die Traumdeutung, 1900, S. 183.

비극 『햄릿』에 제기된 문제는 최소한 두 가지 측면에서 독특하다고 할 수 있다. 첫째, 이 희곡은 세계 최고의 문호 중 하나인 셰익스피어가 쓴 걸작 가운데 으뜸이라고 흔히 여겨진다. 이 작품에는 그의 다른 저작에 드러나지 않는 철학과 인생관이 담겨 있다. 예를 들어 브래들리는 이렇게 평한다. "햄릿은 문학사 전체에 걸쳐 가장 환상적이고, 더없이 훌륭한 인물이다. 자기 자신과 전혀 닮지 않은 모습도 자기 창조물에게 부여할 수 있는 이 지상 최대의 시인이, 자신이 빚은 인물에게 직접 자기 영혼을 불어넣어 주었으며, 자기 진심을 담아 그의 대사를 적어 나갔으니, 햄릿이 달리 어떤 모습을 취할 수 있단 말인가?"[2] 피기스(Figgis)는 『햄릿』을 두고 "셰익스피어의 자기 고백의 결정판"[3]이라고 했다. 텐(Taine) 역시 "햄릿은 셰익스피어이며, 자신의 특징이 조금씩 담긴 초상화들의 전시회가 끝날 때쯤, 그는 가장 두드러진 모습으로 스스로를 그려냈다."[4]는 의견을 보였다. 따라서 비극의 내면적 의미를 풀기 위한 열쇠가 되는 것은 무엇이건 필연적으로 셰익스피어 심리의 심층을 이해하기 위한 실마리를 제공할 것이라고 생각해도 좋겠다.

둘째, 극 자체의 본질적인 흥미가 엄청나다. 이미 1711년에 샤프츠베리 경(Lord Shaftesbury)은 『햄릿』을 "영국인의 심금을 가장 많

---

2 Bradley: Oxford Lectures on Poetry, 1909, p. 357.
3 Darrell Figgis: Shakespeare: A Study, 1911, p. 320.
4 Taine: Histoire de la Littérature Anglaise, 1866, t. 11, p. 254. 다음 저서 등도 보라. K. Götz: Das Hamlet-Mysterium, 1903.

이 울렸으며, 우리 무대에 아마도 가장 많이 상연된 극"[5]이라고 평했다. 물론 그 후로도 이 희곡은 세계적인 명성을 얻어 무수한 사람들을 감동시켰다. 이 보편적인 호소력은, 극의 내적 주제가 인류의 일반적 감성을 울리는 무언가를 함축하고 있다는 걸 보여주며, 그 무언가가 영웅의 인격에 내재한다는 것은 틀림없다. 브래드비(Bradby)는 햄릿에 대해 정확하게 평했다. "엄청난 흥미를 일으키고 천부적인 재능을 지닌, 이 중심 인물은 학식이나 나이를 막론하고 모두의 마음을 사로잡았으며, 인간이 삶과 죽음의 수수께끼에 얽매여 있는 동안 이 인물은 계속해서 인간의 마음을 사로잡을 것이다."[6] 도버 윌슨은 셰익스피어의 『햄릿』을 이해하는 것은 문학적 과제 가운데 가장 난제일 것이라고 했다.[7] 그는 햄릿에 대해 "극장을 찾은 관객들에게 그는 문학사의 어느 인물보다도 더 살아 있는 듯한 모습으로 느껴진다."[8]고 말했다.

이 희곡에 대한 관심이 연극의 영역에 제한된 것은 결코 아니다. 햄릿에 대해서는 어떤 문학적 인물보다도 많은 글이 쓰였다. 예수와 나폴레옹, 그리고 물론 셰익스피어 자신을 제외하면 어떤 실존인물보다도 많이 쓰였다고 한다. 그러나 범람하는 글을 잘 살펴보면 대부분은 상당히 질이 낮으며, 정말로 대단한 글을 쓴 사람들은 열 손가

---

5   다음 책에서 재인용하였다. Stoll: Shakespeare and other Masters, 1940.

6   C. F. Bradby: The Problems of Hamlet, 1928, p. 60.

7   Dover Wilson: 앞의 책, p. xi.

8   같은 저자: What Happens in "Hamlet," 1925, p. 219.

락에 꼽힐 정도라는 점에 동의할 것이다. 브란데스(Brandes), 도든(Dowden), 퍼니벌(Furnivall), 뢰닝(Loening), 브래들리, 도버 윌슨을 꼽자면 절반 이상은 채울 수 있겠다. 이 희곡의 중심 수수께끼—즉 아버지의 죽음을 복수하려는 과정에서 햄릿이 주저하는 이유—는 근대 문학의 스핑크스의 수수께끼라고 불리어왔다.[9] 이 때문에 수많은 가설이 쏟아져 나오고 도서관 하나를 채울 만큼의 비평과 논쟁적 저술들이 나왔다. 뢰닝,[10] 되링(Döring)[11]과 다른 이들[12]의 글로도 충분하니 그 글들을 여기에서 세밀하게 다루지는 않을 것이나, 여태껏 제기된 주요 관점을 간략히 언급하고 넘어가겠다.

우선, 햄릿이 실천하기에 앞서 주저한 것인지, 아니면 이성적으로 기대되는 수준에 맞게 최대한 신속히 일을 처리한 것인지 분명히 알고 있는가? J. M. 로버트슨(Robertson)과 같은 사람은 햄릿이 주저하지 않았다고 부질없이 부정하려고 했으나, 결국 바로 다음 쪽에서 햄릿의 행동은 지체되었다는 걸 인정하고 그 이유를 댈 수밖에 없었다.[13] 그 밖에 속된 말로 대히트를 친 해석이 있으니, 비극의 절정(특히 살인으로 치닫는 경우)은 대부분 연극의 끝부분에 나타나는데, 그래

---

9 프로이트가 테베의 수수께끼를 풀어낸 것처럼 이 스핑크스의 수수께끼 또한 풀어내야 했다는 것은 더없이 적절한 일이다.

10 Loening: Die Hamlet-Tragödie Shakespeares, 1893. 이 책은 이 주제에 관한 최고의 저작이기 때문에 특별히 추천할 만하다.(도버 윌슨 교수의 값진 노고로 인해 이 문장은 더 이상 유효하지 않다.)

11 Döring: 'Ein Jahrhundert deutscher Hamlet-Kritik,' Die Kritik, 1897, Nr. 131.

12 Schick: Das Corpus Hamleticum. 완성되기만 한다면 이것이 가장 포괄적인 저서가 될 것이다. 지금까지 앞의 다섯 권은 옛 전설의 신화학만 다루고 있지 않은가!

13 J. M. Robertson: The Problem of "Hamlet," 1919, pp. 16, 17.

야 관객들이 만족할 만큼의 길이가 나와 상연에 적합해지므로 절정의 순간이 지체되었다는 것이다.[14] 예리한 작가 산타야나(Santayana)조차 햄릿이 행동을 지연하는 이유가 연극을 끝내지 않고 유지하기위함이라고 지적했다.[15] 또, 다른 관점에 따르면 겉보기에는 실행이지연되는 듯이 보이지만 이것은 셰익스피어의 의도가 아니고, 단지그가 없애지는 못했으나 크게 관심은 없던, 복수라는 기본 주제에 대한 등장인물의 심리를 작품에 덧붙이는 과정에서 그렇게 된 것이다.예를 들어 스톨(Stoll)의 말에 따르면 "극작가는 (할 수 있어도) 인기 있는 옛이야기를 바꾸지 못한다. 『햄릿』과 고금의 다른 복수극에 나타나듯이, 중요한 행동은 끝에 나오는 법이다. 따라서 셰익스피어는 영웅의 자책이 초래한 대단원의 지연을, 인물의 내면에 그 동기를 두기위해서가 아니라 비극을 설명하고 극복하기 위해 의도한 것이다. 그렇게 상기시켜 줌으로써 관객은 당면한, 중요한 일이 지체될지라도결국 실행될 것임을 알게 되는 것이다."[16]

지금껏 주장되어 온 해석 중 상당수는 대단히 터무니없어서 쉽게떠오를 것이다.[17] 이 부류에는 속하지 않으나 비슷한 가설로 『햄릿』

---

14 *The New Age*, Feb. 22, 1912.
15 Santayana: "Hamlet" in his Life and Letters, Vol. I, 1928.
16 E. E. Stoll: Hamlet the Man, 1919, p. 3.
17 예를 들어, 바이닝(Vining : The Mystery of Hamlet, 1881)이 발전시킨 관점에서는 햄릿이 유약한 것은 그가 남자로 잘못 길러진 여성이기 때문이라고 했다. 미국의 한 의사는 "둔하고 숨이 찼구나(fat and scant of breath)."라는 구절을 오독하여 햄릿이 망설이는 이유가 "지방이 많아 의지력이 약화된 것"이라는 내용의 글을 썼다. 그는 햄릿이 지방성 심장 변성으로 괴로워한다는 암시를 찾아냈다.(E. V. Blake: "The Impediment of Adipose; a Celebrated Case," *Popular Science*

에서 여러 가지 알레고리만을 살피는 관점이 있다. 게르트(Gerth)는 이 극에서 신교에 대한 견고한 옹호를,[18] 게르크라트(Gerkrath)는 로마 천주교와 봉건주의에 대한 비텐베르크의 저항의 불꽃을 읽어낸다.[19] 반대로 리오(Rio),[20] 스패니어(Spanier),[21] 터커(Tucker)[22]는 로마 천주교를 옹호한다고 생각했다. 한편 마이젤스(Meisels)는 햄릿이 전형적인 유대인이라고 주장한다.[23] 그에 따르면 이 희곡에는 "세상의 사악함 때문에 가슴에 상처를 입고 피 흘리는 이들의 생각과 감정, 슬픔과 탄식이 반영되어 있다." 존 오웬(John Owen)은 이 희곡이 몬터규(Montaigne)의 회의주의를 보여준다고 했으며, 이 비극의 완결은 순전히 우연적인 것이라고 평했다.[24] 한편 슈테데펠트(Stedefeld)는 이 작품이 몬터규의 회의주의에 반대하는 것이라 했으며,[25] 페이스(Feis)는 그의 신비주의와 독단주의에 반대하는 것으로 보았다.[26] 머케이드

Monthly, 1880, p. 60.)

18 Gerth: Der Hamlet von Shakespeare, 1861.

19 Elisabeth Gerkrath: Das dramatische Meisterwerk des Protestantismus, 1918.

20 Rio: Shakespeare, 1864.

21 Spanier: Der "Papist" Shakespeare im Hamlet, 1890.

22 W. J. Tucker: The Masterpiece "Hamlet," in College Shakespeare, 1932.

23 S. Meisels: "Judenhamlet," *Populär-wissenschaftliche Monatsblätter zur Belehrung über das Judentum*, 1901.

24 John Owen: The Five Great Skeptical Dramas of History, 1896.

25 Stedefeld: Hamlet, ein Tendenzdrama Shakespeare's gegen die skeptische und kosmopolitische Weltanschauung des M. de Montaigne, 1871.

26 Feis: Shakespeare and Montaigne, 1884. 「햄릿」에서 나타나듯이, 셰익스피어에 대한 몬터규의 영향력의 중요성은 스털링(Sterling)이 처음으로 언급하였고(*London and Westminster Review*, 1838, p. 321), J. M. 로버트슨이 자신의 저작에서 명료하게 지적하였다.(Montaigne and Shakespeare, 1897.) 다음 저서도 참고하라. S. Türck: Shakespeare und Montaigne. Ein Beitrag zur Hamlet-Frage, 1930.

(Mercade)라는 작가는 이 극이 역사철학에 대한 알레고리라고 주장했다.[27] 햄릿은 스스로를 역사적 진보로 파악하는, 진실을 찾아가는 정신이며, 클로디어스는 악과 오류의 상(像)을 띠고, 오필리아는 교회, 폴로니어스는 교회의 절대성과 전통, 유령은 기독교의 이상적 이념을, 포틴브라스는 자유를 상징한다는 식이다. 플럼터(Plumptre)[28]와 실버슐라크(Silberschlag)[29] 등 많은 이들은, 단리(Darnley)가 살해되고 나서 스코틀랜드의 메리 여왕과 보스웰(Bothwell)이 결혼한 사실을 풍자한다고 생각했다. 또, 윈스탠리(Winstanley)는 최근에 햄릿의 모습은 아마 영국 왕위의 계승자인 스코틀랜드의 제임스 6세에서 많이 가져왔을 거라고 주장했다.[30] 한편 엘체(Elze),[31] 아이작(Isaac)[32] 등은 작품에서 에섹스 백작(the Earl of Essex)의 집안 일과의 관련성을 지적했고, 맥내브(McNabb)는 백작의 옹호를 읽어냈다.[33] 이런 설명들은 셰익스피어의 작품 전체뿐 아니라 어떤 대예술가의 작품이 지닌 특징이라도 간과하는 것이다. 즉 시사적이거나 편향적인 관심은 예술작품 전반에 대한 영감에 비해 덜 중요함을 무시하는 것이다.

지금까지 제기된 가설 중 가장 중요한 사항은 크게 세 가지 관점이

---

27 Mercade: Hamlet; or Shakespeare's Philosophy of History, 1875.
28 Plumptre: Observations on Hamlet, 1796.
29 K. Silberschlag: "Shakespeare's Hamlet," *Morgenblatt*, 1860, Nr. 46, 47. "Shakespeare's Hamlet, seine Quellen und politischen Beziehungen," *Shakespeare Jahrbuch*, 1877, S. 261.
30 Lilian Winstanley: Hamlet and the Scottish Succession, 1921.
31 Elze: *Shakespeare Jahrbuch*, Bd. III.
32 Isaac: *Shakespeare Jahrbuch*, Bd. VI.
33 V. McNabb: "Is Hamlet Autobiography?" *Catholic World*, 1915, p. 754.

변형된 것이다. 첫째 관점은, 햄릿이 어떤 일을 제대로 수행해 나갈 만한 성격이 아니기 때문에 임무 수행이 어렵다고 보는 시각이다. 둘째로는 애초에 임무 자체가 누구라도 해내지 못할 종류의 것이었다는 견해가 있다. 셋째 의견은 그 임무를 특별히 수행하기 곤란하거나 햄릿 같은 특정 성품의 사람에게 무리인 과제로 만드는 임무의 특성 때문에 수행하기가 어려운 것이라고 한다.

첫째 관점은 때로 '주관론'이라고도 불리는 것으로, 햄릿의 금제를 따라가 그 기질상의 일반적 결함을 추적하는데, 이것은 100년도 더 전에 매켄지(Mackenzie),[34] 괴테,[35] 콜리지(Coleridge),[36] 슐레겔(Schlegel)[37]에 의해 각기 독립적으로 형성되었다. 헤르더(Herder)[38](정작 본인은 후에 그 주장을 버렸지만[39])의 영향을 받던 젊은 시절, 괴테는 이 해석을 널리 퍼뜨렸는데, 부분적으로는 그 때문에 이 해석이 햄릿에 대한 해석으로 가장 많이 인정받아 왔으며, 괴테는 이와 관련해 가장 자주 거론된다. 그러나 문학적 권위자들은 지난 50여 년 동안 그 이론을 원래 형태 그대로 수용한 적이 거의 없었다. 1850년에 게르비누스(Gervinus)가 이렇게 말한 바가 있긴 하지만 말이다. "괴테가 『빌헬름 마이스터』에서 이 수수께끼를 풀어냈기 때문에, 그것을 수수께끼

---

34 Henry Mackenzie: *The Mirror*, April 18, 1780.
35 Goethe: Wilhelm Meister's Lehrjahre, 1795, Bd. IV, Kap. XIII.
36 Coleridge: Lectures on Shakespeare, 1808.
37 Schlegel: Vorlesungen über dramatische Kunst und Litteratur, III, 1809.
38 Herder: Von deutscher Art und Kunst, 1773.
39 같은 저자: Aufsatz über Shakespeare im dritten Stück der Adrastea, 1801.

라고 생각하기 어렵다."[40] 튀르크(Türck)는 괴테의 햄릿관에 베르테르에 대한 평가가 투사되었다고 시사했다.[41] 햄릿을 묘사하는 글로 자주 인용되는 그 대목은 다음과 같다. "나로서는, 한 영혼이 감당하기에는 너무도 무거운 의무적 행위를 셰익스피어가 표현하려 했다는 게 분명하다고 봅니다. 연약한 꽃이나 심어야 할 비싼 화병에 떡갈나무를 심었다고 합시다. 뿌리가 자라면 꽃병은 깨질 것입니다. 그의 본성은 너무나도 순수하고 고귀하고 더없이 도덕적이지만, 영웅을 구성하는 대담함의 요소가 없기 때문에, 이 본성은 지탱하지도 버리지도 못할 짐에 깔려버립니다."[42]

따라서 본질적으로 이 관점은 기질적인 이유에서 볼 때, 햄릿이 선천적으로 어떠한 과감한 행동도 하지 못하게 되어 있다는 것이다. 많은 이들이 기질적 원인에 대해 다양하게 이야기해 왔다. 이 원인을 매켄지는 "상황에 의해 지나치게 흔들리기 쉽고, 그 상황이 빚어내는 감정에 압도당하곤 하는 극도로 예민한 정신"이라고 했다. 괴테는 "지나친 감수성"이라고 했고, 콜리지는 "과도하게 상념적인 태도"라고 했으며, 슐레겔은 "대개는 겁많음과 결단력 부족함의 변명이 되는 심사숙고적 자세", 비셔(Visher)는 "침울한 성격"이라고 표현했다.[43] 트렌치(Trench)는 햄릿이 "해야만 하는 행동을 애초부터 할 수 없게 되어

---

40 Gervinus: Shakespeare, Dritte Auflage, Bd. II, S. 98, Engl. trans., p. 550.

41 Herman Türck: Das psychologische Problem in der Hamlet-Tragödie, 1890, S. 8.

42 Goethe: Wilhelm Meister's Lehrjahre. Viertes Buch, Kap. 13.

43 Vischer: Kritische Gänge. Neue Folge. 1861, Heft. 2.

있는, 정신적으로만 반응하는 숙고적인 사람"이라고 했다.[44] 보아스
(Boas)는 그를 두고 "생각이 많을 뿐 아니라 감성적이기까지 한 태도가
비정상적으로 발전하면서 의지력은 위축된 천재"라고 했다.[45] 한편 세
믈러(Semler)는 그에게 격정이 없다고(!) 여겼고,[46] 스튜어트(Stewart) 역
시 그에게 감정을 견뎌내는 능력이 없다고 했다.[47] 에드먼드 체임버스
경(Sir Edmund Chambers)은 희곡 『햄릿』에 대해 "실질적인 효용성에 대
한 일상의 요구를 충족하기엔 상상하고 사고하는 능력이 과하게 발달
하고 무기력한, **지적인** 인물에 대한 비극"이라고 평했다.[48] 콘라트 마
이어(Konrad Meier)와 같은 많은 이들은 비텐베르크의 철학과 인문주
의 때문에 편향적인 지적 발달이 진행되었다고 한다.[49] 또 바르나이
(Barnay)는 행위의 충동과 상념의 충동 간의 대립은 햄릿이 덴마크에
서 태어났으나 비텐베르크에서 독일식 교육을 받았기 때문이라고
생각했다.[50]

　햄릿의 사고하는 힘이 너무도 강해 그가 실행하려는 것이 번번이
실패한다는 생각이 좀 더 타당할 것이다. 쿠노 피셔(Kuno Fischer)는,

44　W. F. Trench: Shakespeare's Hamlet : A New Commentary, 1913, pp. 74-9,
　　119, 137.
45　F. S. Boas: "Hamlet" in Shakespeare and his Predecessors, 1896, p. 407.
46　Christian Semler: Shakespeare's Hamlet. Die Weltanschauung und der Styl des
　　Dichters, 1879.
47　C. D. Stewart: "The Mystery of Hamlet" in Some Textual Difficulties in Shake-
　　speare, 1914.
48　E. K. Chambers: "Hamlet" in Shakespeare : A Survery, 1925, p. 182.
49　Konrad Meier: "Klassisches in Hamlet," *Vierter Jahresbericht des König Georgs
　　Gymnasiums*, 1907.
50　L. Barnay: "Zur Darstellung des Hamlet," *Deutsche Revue*, 1901, S. 103.

햄릿은 감정이 아주 풍부하여 격앙된 감정을 견딜 수 있다고 한다. "열정이 말 속에서 소모될 때, 행동으로 옮겨지는 경우는 많지 않다."[51] 햄릿을 "공상적 인간(Phantasiemensch)"이라고 평가한 오토 랑크(Otto Rank)는 희곡의 여러 중요한 구절들을, 햄릿 자신에게는 진짜 행위나 다름없는 상상 내에서의 행위로 해석하였다.[52] 누군가는 이 시점에서 셰익스피어가 직업적 배우였다는, 즉 여러 인생을 대신 경험하고 대부분의 경우 말이 행동과 동일시되는 사람이었다는 사소하지 않은 사실을 상기할지도 모르겠다. 요즘 많이 쓰이는 '내성'이니 '내향'이니 하는 표현도 떠오를 것이다. 매우 경멸적이고 편견이 많이 들어간 이들 용어의 해석이 최근 마다리아가(Madariaga)의 책에 나온다. 이 책에서는 햄릿이 이기심과 잔인함에 물든 괴물이었으며, 어떤 행동도 의무감에서 하지 않고, 목전의 개인적 이해에 관련된 상황에서만 움직였다고 주장한다. 그에 따르면 이러한 점이 이 희곡을 "수정처럼 이해하기에 분명하게" 한다.[53] 우리는 여기에서 햄릿의 정신병리적 측면에 다가서는데, 이에 관해서는 뒤에서도 논할 것이다. 이로써 햄릿은 본디 불안정한 성격이었다는 '선천설'과 햄릿은 원래 행복한 보통 사람이었으나 아버지의 죽음과 살해에 대해 듣고 나서 행동하지 못하는 상태에 빠지게 되었다는 '충격설'로 양분된다. 애덤스(Adams)는 후자를 주장한다. 햄릿은 인간 본성에 관해 엄청난 이

---

51 Kuno Fischer: "Shakespeare's Hamlet," Kleine Schriften, V. 1896, S. 206.
52 Otto Rank: "Das Schauspiel in 'Hamlet,'" *Imago*, Bd. IV, S. 41.
53 S. de Madariaga: On Hamlet, 1948.

상주의를 지녔기 때문에 심각한 환멸에 빠지기 쉽다는 것이다.[54] 두 경우 모두 그 결과가 의지력의 일반적인 억제로 나타난다는 점에서 같다. 최근의 '포탄 쇼크(shell shock)'● 연구에 영향을 받은 것이 분명한 클러턴브록(Clutton-Brock) 역시 유령의 말에서 받은 강한 충격에 대해 이야기하며, 좀 더 자세하게 이것은 햄릿이 고통스러운 문제를 떠올릴 때마다 최대한 고통을 회피할 수 있게 하는 '억압'이라고 생각한다.[55]

구하(Guha)는, 햄릿이 썩은 세상을 개선할 수 없다고 믿어 왕에게 복수하는 것을 전혀 쓸모없는 것으로 생각했다고 주장한다.[56] 튀르크도 비슷한 의견이다.[57] 볼프(Wolff)는 마찬가지로, 햄릿은 세상을 경멸하고, 따라서 세상사에 개입하고 싶지 않은 마음이 들었기 때문에 그런 태도를 지닌 것이라고 한다. 그래서 연극적인 행위를 하며 대신 도피한다는 것이다.[58] 베너블(Venable)에 따르면, 햄릿의 이상주의는 영원한 것과 관련이 있으며, 단지 개인적인 복수 이상의 것이다.[59]

어떤 이들은 감정의 과도한 예민성을 강조하는 반면, 다른 이들은 너무나도 발달한 정신적 활동에 대해 논했다. 예를 들어 순수 콜리지

---

54 J. Q. Adams: Commentary in his edition of "Hamlet," 1929, p. 193.
● 전투 피로증(combat fatigue)이라고도 한다. 전쟁 중에 받는 스트레스로 인해 일어나는 신경증적 장애로서 자극에 대한 과민반응이 특징적이다.
55 A. Clutton-Brock: Shakespeare's "Hamlet," 1922, p. 45.
56 P. K. Guha: On Two Problems in Shakespeare, 1926.
57 H. Türck: "Das psychologische Problem in der Hamlet-Tragödie," Faust-Hamlet-Christus, 1918, S. 201.
58 G. Wolff: Der Fall Hamlet, 1914.
59 E. Venable: The Hamlet Problem and its Solution, 1912.

유파를 잘 대변하는 관점은 대략 이러하다. 햄릿은 지적 능력이 너무 발달한 나머지, 어떤 문제에 대해 간단한 또는 하나의 관점을 택하지 못하고 항상 모든 문제의 수많은 측면과 가능한 모든 해석을 해본다는 것이다. 그는 특정한 행동 방식을 당연하거나 명백하다고 생각하지 않아, 실제 삶에서 그의 회의주의와 상념적인 태도가 행동하는 데 장애가 되었다.[60] 거칠게 말해 그는 의지를 희생하여 지적으로 과하게 발달한 사람이며, 과거 독일에서는 추상적 사고에 너무 익숙해져서 세계의 실재와 접촉할 기회가 줄어들 위기에 처한 대학 교수가 경계해야 할 예로 햄릿을 빈번하게 언급했다.[61]

햄릿이 주저하는 것에 관한 이 견해에는 치명적 반론이 적어도 세 가지 가능하다. 하나는 일반 심리학에 기초한 것이고 나머지 둘은 희곡 자체에 나오는 객관적인 증거를 근거로 한 것이다. 언뜻 보기에는 강한 회의주의와 숙고하는 태도가 행위의 동기를 약하게 하는 듯하지만, 이는 그것들이 특정 행위의 가치에 관한 착각을 갈라놓기 때문

---

[60] 콜리지의 관점을 확장한 해석은 다음 저서에서 찾아볼 수 있다. Edward Strachey: Shakespeare's Hamlet : An Attempt to find the Key to a Great Moral Problem by Methodical Analysis of the Play, 1848.

[61] 가령 다음 저서를 보라. Köstlin: "Shakespeare und Hamlet," *Morgenblatt*, 1864, Nr. 25, 26. 뵈르네(Börne)는 이미 1816년에 『극작법(Dramaturgische Blättern)』에서 이 생각을 놀라울 정도로 발전시켰다. 그는 어떤 글을 마무리지으면서 이렇게 말했다. "『햄릿』을 쓴 것이 독일인이었다면 나는 전혀 놀라지 않았을 것이다. 독일인이라면 글씨체만 읽기 좋으면 될 일이다. 자기 자신의 이야기를 적어놓고 햄릿의 이야기라고 하면 되는 것이다." 프랭크 해리스(Frank Harris : The Man Shakespeare and his Tragic Life-Story, 1909, p. 267)는 햄릿이 "생각 때문에 행동하는 능력을 상실한 철학자나 문학가의 상징으로 영원히 남게 되었다."고 썼다.

이다. 예를 들어 이는 사회 개혁과 같은 경우에 나타나는데, 이 때 문제점에 대해 제기하는 명확한 생각의 양에 비례하여 사소한 박애적 사업을 진행할 때 드는 에너지가 감소할 수 있다. 그러나 잘 살펴보면 이 쇠약함은 양적인 것이라기보다 질적인 것임을 알 수 있다. 회의주의는 대개 동기를 단순화하고 효과가 있는 동기의 수를 줄일 뿐이다. 틀에 박힌 동기에 대한 집착을 줄이는 것이지 일반적인 행동력을 약화하는 것은 아니다. 개인 심리학을 배운 사람이라면 에너지의 감소가 일반적으로 지적 회의주의가 아니라 숨겨진 정신 내적인 갈등의 결과에 기인한다는 사실을 알 것이다. 곧 이야기하겠지만, 만약 햄릿에게 일반적 무의지증(aboulia)이 없다면 무의지증의 원인에 대해 논의하는 것은 전혀 의미가 없을 것이기 때문에, 이 사고 과정을 더 진행하지는 않고자 한다. 그렇다면 이 논의는 그 타당성을 이미 이해한 사람을 제외하고는 받아들이기 어려운 채로 남을 것이다.

그러나 논의 중인 가설이 부적당하다는 명백한 증거는 희곡을 읽어보면 알 것이다. 우선, 하틀리 콜리지(Hartley Coleridge)가 애초에 강력히 지적했듯이, 문제의 임무와 무관하게 햄릿은 심지어 살인에 대해서도 양심의 가책을 갖지 않을 만큼 매우 행동력이 있는 사람이다.[62] 그 행동은 폴로니어스를 죽일 때처럼 충동적일 뿐 아니라 길든스턴과 로젠크란츠를 죽이려 계획할 때처럼 의도적일 수도 있다. 그는 자신의 적과 오필리아까지 신랄하게 비난하고 조롱하며, 어머니

---

62 Hartley Coleridge: "On the Character of Hamlet," *Blackwood's Magazine*, 1828.

를 향해 날카롭게 지탄하고, 폴로니어스가 죽은 뒤에도 아무런 가책을 느끼지 못한다. 부드럽고, 온순하고, 유약한 본성에서는 나올 수 없는 행동이다. 그는 숙부 앞에서 상연할 극도 재빨리 생각해 냈고, 더 이상 사랑하지 못할 오필리아와 갈라서는 불쾌한 일을 수행해야 했을 때도 결심은 완고했다. 그는 커튼 뒤에서 엿듣는 자를 찌를 때,[63] 해적들을 잔혹하게 공격할 때, 레어티즈가 있는 무덤 속으로 뛰어들 때, 레어티즈의 결투 신청을 받아들일 때, 흉벽에 있는 아버지의 혼을 따라 움직일 때,[64] 전혀 주저하지 않는다. 유령을 만나고자 결심할 때도 결단력이 떨어지는 모습은 보이지 않는다.

지옥 자체가 입 벌리며 날더러

조용하라 명령해도, 난 말을 걸 테야.

(I'll speak to it though hell itself should gape

---

[63] 이 때 햄릿이 공격하면서 왕을 염두에 두고 있지 않았다는 뢰닝의 주장은 상당히 단정적이다.(앞의 책, S. 242-4, 362-3) 결국, 그는 왕이 기도하는 데에 몰입하도록 내버려두었고, 왕이 햄릿을 앞질러 침실로 달려왔다는 것은 생각하기 어려운 일이다. 일반적인 오해를 불러일으킨 문제의 대사("몰라요. 왕입니까?"(I know not. Is it the king?))는, 자신의 임무가 운 좋은 우연에 의해 이루어졌으면 하는 비합리적이고 전형적인 '소망 충족'과 섞여서 어머니의 물음에 대답한 것으로 보아야 한다. 그는 이 생각(또는 소망)이 이루어진다는 것이 불가능하다는 것을 깨닫자 "한심하고 성급한 주제 넘은 바보. 잘 가. (일순간; 삽입) 네 윗사람인 줄 알았다.(Thou wretched, rash, intruding fool, farewell: I took thee for the better)"고 말한다. 이 일이 있고 잠시 후에 유령이 나타나는데, 햄릿이 왕을 죽일 것을 진지하게 의도했더라면 그가 등장할 필요도 없었을 것이고, 햄릿 역시 자신이 불순종한 것을 인정한다.

[64] 메도스(Meadows : Hamlet, 1871)는 이 때 햄릿의 행동이, 그가 정신적으로 건강하고 활기찬 사람이라는 가장 결정적인 증거라고 생각한다.

And bid me hold my peace ;)

호레이쇼가 만류하자 햄릿이 외치는 대사에서도 이를 알 수 있다.

여보게들, 손을 놔.
맹세코, 날 막는 자는 유령으로 만들겠다!
비켜라!

(Unhand me gentlemen,
By heaven I'll make a ghost of him that lets me!
I say, away!)

이들 상황 어디에서도 햄릿에 대해 그토록 자주 내려진, 무기력한
것 같다는 평가의 징후를 읽어낼 수가 없다. 오히려 반대로, 복수 문
제를 제외하고는 정신적 · 육체적으로 용기를 잃어본 적이 없다. 햄릿
을 "영웅적이며 소름돋는 인물"[65]로 묘사한 브래들리는 콜리지의 견해
에 대해 이렇게 말한다. "따라서 그 이론은, 한편으로는 천재이면서
다른 한편으로는 의지가 한탄스러울 만큼 유약하고, 불쾌한 임무를
질질 끌거나 회피하기만 하고, 무기력한 자신을 자주 비난하는, 콜리
지 자신과 같은 인간형을 그릴 뿐이다. 햄릿에게 부여된 과업은 **언제
어디에서든** 누구라도 쉽게 감당하지 못할 것이다. 따라서 나는 이 이

---

65 Bradley: Shakespearean Tragedy, 2nd Ed., 1905, p. 102.

론이 햄릿을 폄하하고 이 희곡을 희화화한다고 생각한다. 희곡 전체에 나타난 표현을 미루어볼 때, 햄릿은 태생적으로나 일반적으로나 그런 인간형이 아니었으며, 감히 단언컨대 오히려 희곡에 제시된 상황이 아닌 **다른** 어떤 순간이나 **다른** 어떤 상황에서도 아주 훌륭히 대처해 나갈 인물이다. 또, 사실 그가 감당하지 못하며 뛰어난 재능이 자신을 돕기보다도 자신을 무력화하는 데 일조하는 순간에 그에게 삶의 위기가 닥쳐왔으니, 대단히 잔혹한 운명이 아닐 수 없다."[66] 브란데스는 예리하게 지적한다. "햄릿을 근대의 산물처럼 여기면 셰익스피어를 오해하게 된다. 행위할 능력은 없고, 병적인 숙고에 감염된 정신의 사내로 말이다. 신경 곳곳에 폭약을 심어놓고 성격은 다이너마이트 같은 **이 남자가** 상념 많고 나태한 인간의 상징이 되다니, 아이러니한 운명의 변덕이 틀림없다."[67]

둘째로, 뒤에서 자세히 설명하겠지만 햄릿의 태도는 임무를 버거워할 사람의 자세라기보다는, 모종의 이유로 간단한 과업을 수행하지 못하는 이의 모습에 가깝다. 전체적으로 그는 괴테가 말한 대로 어마어마한 임무 때문에 스러진 약한 영혼이 아니라, 알 수 없는 억압적 원인 때문에 고통스러워하는 강한 인간이라고 할 수 있다.

이미 1827년에 헤르메스(Hermes)가 괴테의 해석에 반하는 평을 내놓았고,[68] 이후로 햄릿의 기질상 결함을 부차적인 문제로 보는 가설이

---

66 같은 저자: 앞의 책, p. 107.
67 G. Brandes: William Shakespeare, 1898, Vol. II, p. 31.
68 Hermes: Ueber Shakespeare's Hamlet und seine Beurteiler, 1827.

여럿 제기되었다. 여기에서 논의할 **두 번째** 종류의 의견들은 앞에서 제기한 주장과 정반대의 것이다. 이에 따르면 햄릿의 행동을 가로막는 원인은 전적으로 임무 자체의 어려움에 있다. 따라서 아까의 '주관론'에 대비해서 이를 '객관론'이라고 한다. 이 의견을 처음 암시한 것은 하틀리 콜리지의 영향을 받은 것으로 추정되는 플레처(Fletcher)[69]이며, 클라인(Klein)[70]과 베르더(Werder)[71]는 독자적으로 이를 발전시켰다. 이에 따르면 임무 자체에 내재된 외적 어려움이 너무나도 거대해서, 아무리 결연한 사람이라도 주저하게 된다는 것이다. 이를 해내려면 주어진 임무를 대개의 경우와는 다른 각도에서 살펴보아야 한다. 관념적 정의의 문제에 대한 헤겔 가르침의 영향을 많이 받은 클라인이나 그보다는 좀 덜 받은 베르더는, 햄릿의 복수에는 본질적으로 살인자를 죽여 처벌하는 것뿐 아니라 살인자의 유죄를 인민들 앞에서 입증해야 하는 것도 포함된다고 주장했다. 그들의 주장은 이렇게 이어진다. 클로디어스가 저지른 범죄의 성격은 수많은 증거로 입증하지 않으면 믿지 못할 정도로 기괴하고 이상하다. 만약 햄릿이 간단히 숙부를 죽이고 증거도 전혀 없이 아버지의 죽음을 되갚았노라고 선언한다면, 틀림없이 온 나라가 왕위를 찬탈하려 숙부를 살해하고, 더 이상

---

69 Fletcher: *Westminster Review*, Sept. 1845.
70 Klein: "Emil Devrient's Hamlet," *Berliner Modenspiegel, eine Zeitschrift für die elegante Welt*, 1846, Nr. 23, 24.
71 Werder: "Vorlesungen über Shakespeare's Hamlet," *Preussische Jahrbücher* 1873-4; reprinted in book form, 1875. Translated by E. Wilder, 1907, under the title of "The Heart of Hamlet's Mystery."

자기 변호도 못할 사람에게 치욕스러운 비방을 해댄다고 햄릿을 비난했을 것이다. 이로써 숙부를 오히려 더 높이 사고, 복수는 좌절될 것이다. 즉 햄릿은 행위 자체보다 행위에 이어서 벌어질 상황 때문에 어려움을 겪고 주저했다는 것이다.

베르더의 이 설득력 있는 주장 덕에 퍼니스(Furness),[72] 할리웰 필립스(Halliwell-Phillipps),[73] 위저리(Widgery),[74] 허드슨(Hudson),[75] 코슨(Corson),[76] 담(Damme),[77] 앨리스 브러더턴(Alice Brotherton),[78] 트라우트(Traut),[79] 롤프(Rolfe)[80] 등 영향력 있는 저자들이 이 관점을 택했다. 베르더는 자신의 주장에 자신감을 품고 말했다. "이러한 견해가 한 세기나 되는 동안 한 번도 제기되지 않았다니, 미학 비평 역사상 가장 이해하지 못할 일이다." 그러나 이 관점은 『햄릿』 문학계에서 그리 많은 지지를 받지는 못했고, 유능한 여러 비평가들, 특히 헤블러(Hebler),[81] 바움가르트(Baumgart),[82] 불타웁트(Bulthaupt),[83] 리벡(Ribbeck),[84] 뢰닝,[85] 브래

---

72 Furness: A New Variorum Edition of Shakespeare, Vols. III, IV, 1877.

73 Halliwell-Phillipps: Memoranda on the Tragedy of Hamlet, 1879.

74 W. H. Widgery: Harness Prize Essays on the First Quarto of Hamlet, 1880.

75 Hudson: Shakespeare's Life, Art, and Characters, 2nd Ed., 1882.

76 H. Corson: "Hamlet," *Shakesperiana*, 1886.

77 Damme: "Warum zaudert Hamlet?," *Preussische Jahrbücher*, Sept. 1890. S. 250 이하 참조.

78 Alice Brotherton: "The Real Hamlet and the Hamlet Oldest of All," *Poet-Lore*, 1905, Vol. XVI, p. 110.

79 H. Traut: Die Hamlet Kontroverse im Umrisse bearbeitet, 1898.

80 Rolfe: Introduction to the English Translation of Werder, 앞의 책, 1907.

81 Hebler: Aufsätze über Shakespeare, 2. Ausg., 1874, S. 258-78.

82 Baumgart: Die Hamlet-Tragödie und ihre Kritik, 1877, S. 7-29.

83 Bulthaupt: Dramaturgie des Schauspiels, 4. Aufl. 1891, II. S. 237.

들리,[86] 톨먼(Tolman),[87] 로버트슨[88] 등에 의해 철저히 논박당해 왔다.

따라서 이에 대해 제시할 수 있는 반론 한두 개만 언급하면 되겠다. 이 가설을 뒷받침하려면 햄릿의 임무가 실제보다 두 가지 점에서 어려워 보여야 한다는 것을 알게 될 것이다. 첫째, 이 임무는 일반적 의미에서 단순한 복수로 여겨지지 않고, 어느 정도 법적인 면에서 다룰 복잡한 성격의 것이어야 한다. 그리고 둘째로, 외부 장애물의 중요성이 대단히 과장되어야 한다. 복수의 의미를 이렇게 왜곡하는 것은 전혀 근거가 없으며, 셰익스피어가 쓴 다른 모든 글을 포함해 이 희곡 어느 구절에도 정당한 이유가 나와 있지 않다.[89] 햄릿은 자신이 처벌을 수행할 정당성이 있다는 사실을 한 번도 의심하지 않았고, 극의 끝에 가서 복수를 할 때 살인에 대해 복수했다는 사실을 인민들이 납득하기는커녕 듣지도 못한 채 모든 상황은 완전히 종료된다. 법정에서 숙부의 유죄를 입증할 증거 보존이라는 것은 애초부터 불가능하고, 완전히 있을 수 없는 일을 해내기 위해 비극적 상황을 꾸미는 법은 없으며, 관객들은 한쪽 측면에서만 벌어지는 이 싸움을 지켜보면서 그에 관해 생각이 미치지도 못한다.

---

84 Ribbeck: Hamlet und seine Ausleger, 1891, S. 567.

85 Loening: 앞의 책, S. 110–13, 220–4.

86 Bradley: 앞의 책, Art. "Hamlet."

87 Tolman: Views about Hamlet and other Essays, 1904.

88 J. M. Robertson: The Problem of "Hamlet," 1919, pp. 21–3.

89 뢰닝(앞의 책, Cap. VI)은 셰익스피어의 시대에서, 그리고 그의 작품 전체에서 복수가 지니는 중요성을 상세히 연구하였는데, 이 문제에 관한 그의 결론은 더없이 명쾌하다.

외부 상황은 이 가설을 뒷받침하기 위해 비슷하게 왜곡되어 있다. 클로디어스는 어떤 식으로 충돌이 나든 사람들이 어느 편에 설지 아주 잘 알고 있다. 그는 폴로니어스를 죽인 햄릿을 처벌하지 못한다. (제4막 제3장)

하지만 엄한 법을 적용해선 안 됩니다.
그는 얼빠진 대중들의 사랑을 받으니,
그들은 판단력보다는 눈으로 좋아해요.
Yet must not we put the strong law on him;
He's loved of the distracted multitude,
Who like not in their judgment, but their eyes;

그리고 제4막 제7장에서도,

내가 공개 재판 못 여는 두 번째 이유로는
그에 대한 대중들의 크나큰 사랑인데,
그들은 그의 모든 허물을 애정에 담고,
나무를 돌로 바꾸는 샘물처럼 마음쓰며
곰보조차 보조개로 미화해.
따라서 내 화살은 그러한 강풍에는
살대가 너무 약해, 목적지로 날아가지 못하고
활 있는 곳으로 되돌아왔을 것이야.

The other motive,

Why to a public count I might not go,

Is the great love the general gender bear him,

Who dipping all his faults in their affection,

Would like the spring that turneth wood to stone,

Convert his gyves to graces so that my arrows,

Too lightly timber'd for so loud a wind,

Would have reverted to my bow again,

And not where I had aim'd them.

폴로니어스 사후에 사람들이 클로디어스에게 쉽게 반발할 수 있으리라는 것이 보여졌는데, 이 때 레어티즈는 사람들을 데려오며 복수하겠다는 자신의 맹렬한 의지를 보였고 왕이 이 때 자신의 결백을 제대로 밝히지 못했더라면 레어티즈는 정말로 복수를 했을 것이다. 여기에서 사람들, 즉 "엉터리 덴마크 개들(the false Danish dogs)"은 클로디어스에게 깊이 충성하지 않아서, 권좌를 주장하지도 않은 레어티즈를 기꺼이 왕으로 추대한다. 사실을 뒷받침할 만한 증거가 조금도 없고 자기 형제를 죽인 두 가지 강한 이유만큼 중요한 살해 동기가 없었고, 실제로 왕에게 책임이 없음에도 이들은 왕이 살인을 저질렀다고 충분히 믿을 수 있었다. 레어티즈도 이러했거늘, 사람들이 좋아하는 햄릿이 실패할 리는 없었다. 햄릿이 레어티즈처럼 자기 열정을 드러내보였다면 궁정에서의 연극 장면에서 무슨 일이 일어났을지 상상해 볼 수 없는가? 미리 경고를 받은 귀족들의 살벌한 감시, 더 이상 연극을 견디지 못하여 죄 지은 왕이 기어이 일어남, 군중들의 공개적인 수군거림, 복수를 각오한 자에 의한 단호한 탄핵과 그와 추종자들이 즉시 행할 처형 등. 사실, 레어티즈의 행동 전체는 효성스러운 아들이라면 아버지를 살해한 자를 어떻게 대하고 이 특정 상황에서는 어떻게 복수를 성공시킬 수 있는지를 보이기 위해, 또 반면에 믿을 수 없는 악당에 의해 두 번이나 상처 입은 햄릿의 비열한 우유부단함을 강조하기 위해 의도적으로 쓰인 것처럼 보인다.[90]

슈토르페르(Storfer)는 비슷한 상황에 놓인 두 남자가 서로 다른 행동을 보이는 의미를 더 깊이 있게 잘 지적했다. "햄릿 주제의 초기 작품과 셰익스피어의 비극을 비교해 보면, 셰익스피어가 지닌 강한 심리적 직관이 잘 드러난다. 이전의 판본들은 국가에 관한 정치적 행위에

---

90 이 대조가 얼마나 상세히 표현되어 있는지 주목하라. 클로디어스가 레어티즈에게

> 말이 아닌 행동으로
> 아버지의 아들임을 보여주기 위해
> 넌 뭘 하겠느냐?
> What would you undertake
> To show yourself your father's son in deed
> More than in words?

고 묻자, 무자비한 대답이 곧바로 이어진다.

> 교회에서 놈의 목을 치죠.
> To cut his throat in th' church.

기도 장면에서 햄릿이 보여준 행동과는 얼마나 다른가!

초점을 맞추었으니, 권좌의 승계자가 왕의 자리를 찬탈한 살인자에게 복수하였던 것이다. 셰익스피어의 희곡에는 가족사적 비극이 전면에 등장한다. 모든 혁명의 근원은 가족 내에서의 혁명인 셈이다. 셰익스피어의 햄릿은 너무나도 철학적이고 내성적인 사람이라, 일반적인 정치적 일 뒤에 숨은 개인적이고 가족적인 동기를 파악하지 않을 수 없다. 반면 레어티즈는 감정 그 자체, 무의식에 관해 아무 것도 모르는 상태이다. 아버지 폴로니어스의 피살에 대해 그는 정치적 폭동으로 대응한다. 아버지가 살해당한 두 남자의 행동은 혁명가와 정치적 범죄자에 관한 그들의 의식적·무의식적 심리 상태를 잘 유형화한다."[91]

이 비극이 외부 상황에 의해 발생하는 차이로만 해석될 수 없다는 가장 결정적인 증거는 임무에 대한 햄릿의 자세이다. 외부적 어려움만 극복하면 될 일인데, 햄릿은 결코 간단명료한 임무를 받은 사람처럼 행동하지 않는다. 만일 그런 사람처럼 행동하려고 했다면, 그는 필경 처음부터 호레이쇼 등 자신을 굳게 믿는 이들에게 속내를 말하고(외부적 어려움의 성격이 약간 더 복잡했던 셰익스피어 이전 판본에서 주인공은 그렇게 행동한다), 이들 장애물을 처리할 계획을 꾸미는 데 착수했을 것이다. 그러나 그는 외부 상황에 대처하기 위해 어떤 진지한 노력도 기울이지 않고, 극 내내 심지어 자신이 행동하지 않는 진짜 이유를 독자에게 폭로할 기회를 얻은 기도 장면에서조차 그런 노력에 대해 구체적인 언급은 않는다. 따라서 외부 상황에 관한 한 이 임무

---

91 Storfer: Zur Sonderstellung des Vatermordes, 1911, S. 14.

는 수행가능한 것이었고, 햄릿도 그렇게 생각하였다고 결론 지을 수밖에 없겠다.

햄릿이 행동력도 있고 그 임무가 해낼 수 있는 것이라면, 대체 왜 그는 수행하지 않는 것인가? 앞서 말한 가설들이 타당하지 않다고 여기는—현대 비평가들은 대부분 그렇게 생각한다—비평가들은 이 물음에 답하기 위해 무던히 애썼다. 그 임무가 극에서 제시된 그대로의 모습이 아니라는 클라인의 주장에 영향을 받은 이들은 새로운 해석들을 내놓았다. 마우어호프(Mauerhof)는, 유령이 햄릿에게 명한 것은 일반적인 생각과는 달리 왕을 살해함으로써 복수하는 것이 아니라 그의 어머니가 여전히 행하던 타락한 행위에 종지부를 찍는 것이라고 주장했다. 그리고 햄릿의 문제는 진실을 폭로함으로써 어머니를 욕되게 하지 않고 이를 해내는 것이라고 했다.[92] 디트리히(Dietrich)는 햄릿의 임무가 포틴브라스의 아버지에게서 부당하게 빼앗은 땅을 포틴브라스에게 돌려주는 것이라는 독창적인 견해를 보였다.[93] 이와 같은 난국에 부딪치면 많은 실력 있는 비평가들도 이 비극이 본질적으로 불가해하고 모순적이고 부조화스럽다고 결론 짓고 회피해 왔음이 분명하다. 라프(Rapp)에 의해 1846년 처음으로 강하게 지지 받은[94] 이 관점은 폰 프리펜(von Friefen),[95] 뤼멜린(Rümelin),[96] 베네딕스

---

92 Mauerhof: Ueber Hamlet, 1882. Reprinted in Shakespeare-Probleme, 1905.

93 Dietrich: Hamlet, der Konstabel der Vorsehung; eine Shakespeare-Studie, 1883.

94 Rapp: Shakespeare's Schauspiele übersetzt und erläutert, Bd. VIII, 1846.

95 Von Friefen: Briefe über Shakespeare's Hamlet, 1864.

(Benedix)[97] 등의 저자들에 의해 발전되어 왔다. 이 희곡의 극적 불완전성의 이유는 여러 가지로 지적되어 왔다. 도든은 셰익스피어가 모종의 알 수 없는 이유로 의식적으로 가필한 까닭이라 했고,[98] 라이헬(Reichel)은 셰익스피어라는 불명의 시인의 희곡을 셰익스피어(Shakspere)라는 무지한 배우가 파손했기 때문이라고 했다.[99]

그러나 대부분은 희곡을 지은 시인 자신의 역량을 직접 비판하는 쪽이었고, 따라서 이런 비판은 핸머(Hanmer)[100]나 매켄지[101] 등 셰익스피어 숭배가 그리 이루어지지 않던 18세기 저자들의 글에서 많이 발견되고, 그 숭배가 극에 달한 300주년 되는 1864년에도 그에 반발하던 폰 프리펜, 뤼멜린, 베네딕스 등의 저작에서 나타난다. 베네딕스는 햄릿의 행동이 지체되는 이유가 순전히 극에서 시간만 잡아먹는 쓸모없는 사건이 너무 많기 때문이라고 분석했다. 30년 전 스톨,[102] 쉬킹(Schücking),[103] 그리고 특히 희곡의 기원에 대한 최근의 발견에 근거해 J. M. 로버트슨은 독립적으로 이 주장을 무게를 더해 부활시켰다. 그들은 원이야기의 조잡함과 셰익스피어의 고상한 목적이 조화되지 못하여 『햄릿』이 실패작이 되었다고 주장함으로써 큰 논란을 불러일으

---

96 Rümelin: Shakespeare-Studien, 1886.
97 Benedix: Die Shakespeäromanie, 1873.
98 Dowden: Shakespeare; his development in his works, 1875.
99 Reichel: Shakespeare-Litteratur, 1887.
100 Hanmer: Some Remarks on the Tragedy of Hamlet, 1736.
101 Mackenzie: 앞의 책.
102 Stoll: 앞의 책.
103 Schücking: Character Problems in Shakespeare's Plays, 1922.

컸다. 본래의 옛이야기는 개작되지도 못하고 부조화스럽게 남았다는 것이다. 로버트슨은, 셰익스피어가 옛이야기에서 "그의 떨어지는 감각으로 설명할 수 없이 지연되는 행동"을 발견해서, "자신이 다른 작품에서 했던 대로 똑같이 영웅의 모습을 만들어냈다."[104]면서 "단지 제재(題材) 때문에 그 일관성이 결여되었으므로 작품의 미적 완성도도 떨어지게 되었다."[105]고 했다. 또 그는 『햄릿』이 "겉보기와 달리 이해하기 쉬운 극은 아니"[106]라면서, "이 희곡은 작품 내적 요인만으로는 해석될 수 없"[107]으며, "어떤 속임수로도 이 작품이 모순적이며 주인공이 필연적으로 수수께끼 같은 존재이며 우상숭배적인 비평을 유도하는 함정이라는 사실을 숨길 수는 없다."[108]고 하였다. 브래드비는 셰익스피어가 더 공을 들였더라면 극을 제대로 쓸 수 있었을 거라고 했다. 그는 이 작품에 대해 평가하기를 "최고의 희곡 가운데 하나이긴 한데, 흔히 말하듯 완벽한 예술 작품은 아니다. 셰익스피어가 더 많은 시간과 노력을 투자했다면 『햄릿』을 완벽한 예술 작품으로 만들었을 것이다."[109]라고 하였다. 그러나 그 밖의 사람들은 칭찬도 아끼는 듯하다. 스톨은, 햄릿이라는 인물이 대개의 의견과 달리 실패작은 아니나, 줄거리와 등장인물은 부조화스럽다고 하였다. 쇼어(Shore)는 등장인물이

---

104 Robertson: 앞의 책, p. 18.
105 같은 저자: 앞의 책, p. 85.
106 같은 저자: 앞의 책, p. 27.
107 같은 저자: 앞의 책, p. 29.
108 같은 저자: 앞의 책, p. 67.
109 Bradby: 앞의 책, p. 59.

조악하게 표현되었다면서, "햄릿이 어떤 모습을 했으면 좋은지 셰익스피어 스스로도 잘 모르고 있었다."[110]고 주장했다. 다름아닌 T. S. 엘리엇마저 똑같이 비관적인 의견을 보였다.[111] 그는 "셰익스피어의 걸작 반열에서 동떨어진 이 작품은 틀림없이 예술적 실패작이다. … 그는 스스로 감당하기엔 너무 큰 문제를 건드렸다."[112]고 짤막하게 적었다. 죄를 지은 어머니에게 과도하게 반응하는 비극적 요소 역시 복수라고 하는 본 이야기의 다루기 힘든 주제와 결합되지 못했다는 것이다.

도버 윌슨은 극에 대한 이러한 반대 의견들을 문학적·역사적 면에서 잘 다루었는데,[113] 일개 심리학자인 나로서는 이 분야에서 조용히 하는 편이 좋겠다. 또, 다른 곳에서 그는 이렇게 주장했다. "감상하면 할수록 사용된 기법이 더욱 흠결 없이 정교해 보인다."[114] 이 중요한 평가를 심리학적 관점에서 보충해도 좋을 것이다. 표면적인 영역과 상응하는 심리의 여러 층위에서 진단해 보면 인물의 특징과 반응이 조화롭고 일관적이며 이해하기 쉽게 느껴질 텐데, 이 생각은 '완벽한 예술 작품'을 판단하는 다른 평가에 합류할 것이다. 내가 보기에 『햄릿』은 아무리 가혹하더라도 이 시험을 통과할 것이다.

그러나 도버 윌슨은 『햄릿』의 줄거리와 인물에 일관성이 있다고 봄에

---

110 W. T. Shore: Shakespeare's Self, 1920, p. 146.

111 T. S. Eliot: The Sacred Wood, 1920, p. 90. Reprinted in Selected Essays, 1932.

112 같은 저자: 앞의 책, p. 98.

113 Dover Wilson: Hamlet, 앞의 책, p. xlvii.

114 같은 저자: What Happens in "Hamlet," 1935, p. 237.

도 불구하고 햄릿이 행동을 지연하는 것은 이해하기 어려운 부분이라고 했다. 그는 "그것은 햄릿을 혼란시키며, 우리를 혼란시키며, 우리를 혼란시키도록 **되어 있었다.**"면서, "우리는 그 수수께끼의 본질을 결코 알지 못하도록 의도되었다. 그 수수께끼에 본질이 있다는 것은 환상이다. 수수께끼 자체가 환상이다. 햄릿은 환상이다."[115]라고 했다. 그는 이것을 셰익스피어가 누구에게도 뒤지지 않고 발휘하는 극적 기법의 승리로 보았다.[116] 보아스는 묻는다. "그 삶을 산 사람에게도 수수께끼였던 삶의 비밀을 다른 이들이 어떻게 이해하겠는가?"[117] 해결 가능성이나 문제 자체의 존재를 부인하는 것은 항상 표면적으로는 풀지 못할 문제처럼 보이는 것에 맞닥뜨리면 찾는 마지막 의지 대상이 되어왔다. 이 부정적인 결론을 지지하는 많은 이들은 일반적 삶의 모습인, 상당한 모호함 안에 이 희곡의 힘과 매력이 있다는 생각으로 만족해했다. 그릴파르처(Grill-parzer)조차 그 불가해성에서 『햄릿』의 거대한 위력의 근거를 보았다. 그는 "그로써 이 작품은 보편적 현상의 참된 그림이 되며, 그 현상들과 똑같이 무한한 느낌을 낳는 것이다."[118]라고 덧붙였다. 불분명함과 혼란은 삶의 일반적 특질일 수도 있고 아닐 수도 있지만, 이 극의 성공 이유는 분명 아니다. 뒤죽박죽인데다가 근본적으로 아무 의미도 없는 어떤 극도 〈햄릿〉이 지난 3세기 동안 관객들에게 준 만큼의 영향력을 얻지 못했

---

115 같은 저자: Six Tragedies of Shakespeare, 1929, p. 75.

116 같은 저자: What Happens in "Hamlet," 앞의 책, p. 229.

117 Boas: 앞의 책, 같은 쪽.

118 Grillparzer: Studien zur Litterärgeschichte, 3. Ausgabe, 1880.

다. 주제 아래에 깔린 의미가 모호해 보일지 몰라도 거기에는 인간이 심리적으로 상당히 관심 있어 하는 주제를 건드리는 요소들이 있고, 이 사실은 다양한 관객들의 마음에 호소하면서 보여준 한결 같은 성공을 통해 경험적으로 입증된다. 이 입장에 반대한다는 것은 곧 극예술의 인정받은 규범을 모두 부정하는 것이다. 『햄릿』이 걸작으로 남느냐 부정되느냐를 가르는 그 기준을 말이다.

3

정신분석적 해석
The Psycho-Analytical Solution

그러면 아직 내용은 모르지만 햄릿이 주저하는 원인이 있다는 입장을 취할 수밖에 없게 되었다. 이 주저함이 일반적으로 그가 행동력이 없기 때문이라거나 당면한 과제 자체에 어려움이 내재하기 때문이 아니라면, 제3의 가능성을 생각해 보아야 할 것이다. 임무의 어떤 특징적인 속성 때문에 행동하기를 꺼린다고 말이다. 햄릿이 심정적으로는 임무를 수행하고 싶어 하지 않는다는 결론은 너무나도 명백해서 아무리 편견 없는 독자라고 한들 이 결론을 내리지 않을 수 없다.[1] 그가 주저하는 원인을 논하면서 극에 나타난 직접적인 증거를 곧 제시할 테지만, 그에 앞서 주제와 관련해 제기된 다른 의견들을 소개해

---

1 이 결론에 수긍하지 못하는 독자에게는 뢰닝의 저서에서 설득력 있는 제12장 '임무에 반하는 햄릿의 행동(Hamlet's Verhalten gegen seine Aufgabe)'을 읽을 것을 추천한다.

야겠다.

햄릿이 노력하다가 좌절한 것이 아니라 내면적 갈등 때문에 난처해졌다고 처음으로 분명히 인식한 것은 울리치(Ulrici)였다. 1839년에 그가 제시한 가설은 도덕성에 관한 헤겔적 관점에 근거한 클라인의 이론처럼 난해하지만, 가설의 핵심은 복수의 도덕적 정당성을 햄릿이 진지하게 고민했다는 점이다. 아버지의 원한을 갚으려는 본연적인 욕망과, 매우 발달한 윤리적 · 기독교적 관점이 다투는 싸움터에 햄릿은 뛰어들었고, 이로 인해 본능적인 욕구를 즉시 해소할 수는 없게 되었다는 것이다.[2] 이 가설은 도덕적 · 윤리적 · 종교적 측면에서 톨먼,[3] 아른트(Arndt),[4] 에건(Egan),[5] 라이트(Wright),[6] 리에바우(Liebau),[7] 메지에르(Mézières),[8] 게르트,[9] 바움가르트,[10] 로버트슨,[11] 포드(Ford)[12] 등에 의해 더욱 발전되었다. 폰 베르게르(Von Berger)는 햄릿에게 주어진 일이 그의 품위에 걸맞지 않은 것이라고 했다. "그는 이 악한 세

---

2   Ulrici: Shakespeare's dramatische Kunst; Geschichte und Charakteristik des Shakespeare'schen Dramas, 1839.
3   Tolman: "A View of the Views about 'Hamlet,'" *Publications of the Modern Language Association of America*, 1898, p. 155.
4   Wilhelm Arndt: "Hamlet, der Christ," *Die Zukunft*, 1896, S. 275.
5   M. F. Egan: "The Puzzle of Hamlet" in The Ghost in Hamlet and Other Essays, 1906.
6   W. B. Wright: "Hamlet," *Atlantic Monthly*, 1902, p. 686.
7   Liebau: Studien über William Shakespeares Trauerspiel Hamlet. 시기 미상.
8   Mézières: Shakespeare, ses oeuvres et ses critiques, 1860.
9   Gerth: 앞의 책.
10 Baumgart: 앞의 책.
11 J. M. Robertson: Montaigne and Shakspere, 1897, p. 129.
12 Ford: Shakespeare's Hamlet: A New Theory, 1900.

상을 견디기엔 너무 현명하고 고상하다."[13] 포스(Foss)는 햄릿의 행동이 지연된 이유를, 자신이 커다란 죄를 짓지 않고 그 일을 해낼 방법을 고민할 시간을 벌려고 했기 때문이라고 생각했다. 암살을 생각하는 것조차도 햄릿의 양심을 거스르는 것이었으며, 그는 클로디어스에게 미리 경고해야만 했다는 것이다.[14] 콜러(Kohler)는 기발하게도, 이 갈등을 법학의 영역으로 옮겨서 생각하였는데, 그에 따르면 햄릿은 사적인 보복이나 근친 복수보다 법적 처벌의 우위성을 알고 있을 정도로 시대를 앞서간 인물이었으며, 진보의 선구자인 투사를 표상한다.[15] 그는 이렇게 썼다. "햄릿은 법과 도덕 발전의 한 기둥이다."[16] 루빈슈타인(Rubinstein)도 비슷한 견해를 보였다.[17] 이 특이한 변호는 뢰닝,[18] 풀트(Fuld)[19] 등에 의해 완전히 논박되었다. 역사상 제시된 모든 의견이 이 설을 반대한다. 끝으로 시퍼(Schipper),[20] 겔베르(Gelber),[21] 또 비교적 최근에 스톨[22]은 그 갈등이 순전히 지적인 것이

---

13 A. von Berger: "Hamlet" in Dramaturgische Vorträge, 1890.

14 G. R. Foss: What the Author Meant, 1932, p. 13.

15 Kohler: Shakespeare vor dem Forum der Jurisprudenz, 1883; Zur Lehre von der Blutrache, 1885. 다음 책도 참고하라. *Zeitschrift für vergleichende Rechtswissenschaft*, Bd. V, S. 330.

16 Kohler: Shakespeare etc.; 앞의 책, S. 189.

17 Rubinstein: Hamlet als Neurastheniker, 1896.

18 Loening: *Zeitschrift für die gesamte Strafrechtswissenschaft*, Bd. V, S. 191.

19 Fuld: "Shakespeare und die Blutrache," *Dramaturgische Blätter und Bühnen-Rundschau*, 1888, Nr. 44.

20 Schipper: Shakespeare's Hamlet; ästhetische Erläuterung des Hamlet, 1862.

21 Gelber: Shakespeare'sche Probleme, Plan und Einheit im Hamlet, 1891.

22 Stoll: 앞의 책. (1919)

었으며, 햄릿은 유령의 말이 정확하거나 신뢰할 만한지 확신하지는 못했다고 주장했다. 피기스는 자신의 흥미로운 저서에서, 이 희곡이 햄릿의 타고난 성품인 명예심에 관한 비극이라고 주장함으로써 이들 주장을 종합했다. "유죄 여부를 확실히 알지도 못하고 왕을 공격하는 것은, 햄릿에게 있어 합법적인 국왕을 공격하는 것일 뿐 아니라, 마치 그가 왕위를 물려받기 위한 구실을 만들어내는 것과 같았다."[23] "극의 초반부에서 그는 결정을 내리지 못하는 것처럼 보이지만, 이것은 사실 왕에 대한 자신의 단순한 증오심 때문에 무고한 사람에게 치명적인 행위를 할까 염려하여, 아버지의 유령이 성난 허깨비가 아님을 증명하고 무엇보다도 자신의 어머니가 해를 입지 않으리라고 확신할 때까지는 행동에 착수하지 않겠다는 그의 고상한 소망 때문에 그런 것이다."[24]

　방금 언급한 가정들 가운데 어느 하나라도 지지하는 이에게는 분명한 물음을 하나 던질 수 있겠다. 왜 햄릿은 독백을 하면서 자기 마음 속의 갈등이 어떤 것인지 전혀 언급하지 않았을까? 이제 살펴보겠지만, 그는 자신이 주저하는 이유로서 거짓 변명을 몇 차례 하였으나, 단 한 번도 자신의 당면 과제에 대한 의심은 거론하지 않았다. 그는 자신이 **해야** 할 일이 무엇인지는 늘 확실히 알고 있었다. 그의 심리적 갈등은 그가 행동하지 못하는 이유와 관련되어 있다. 만일 숙부를 살해하는 것이 옳은 일인지, 또는 정말 그럴 생각이 있는지를 햄

23　Figgis: 앞의 책, p. 213.
24　같은 저자: 앞의 책, p. 232.

릿에게 물었더라면, 그가 즉시 뭐라고 대답했을지는 뻔하지 않은가. 극 전체에서 그가 완고하게 일련의 특정 행동이 바람직함을 인정하고, 이를 자신에게 부과된 의무라고 굳게 믿었음을 알 수 있다. 사실 그는 이 점을 의심하는 낌새만 보여도 그것을 자신의 자식된 도리를 모욕하는 것이라고 분개했을 것이다. 울리치, 바움가르트, 콜러는 개인적 보복에 대한 윤리적 반대가 햄릿의 심중에 잘 떠오르지 않은 것뿐이라고 주장함으로써 이 난점을 빠져나가려고 했다. 그의 감정은 완전히 드러나지는 못한, 심층적이고 미발달한 감정이었다는 것이다. 나는 이러한 방식으로만 이 난점이 풀릴 수 있다는 점을 인정하며, 나아가 자신의 임무를 꺼리는 이유를 햄릿이 스스로 의식하지 못한다는 사실을 염두에 둔다면 이 수수께끼의 핵심에 근접한 것이라고 생각한다. 햄릿은 실상 자기 입으로 이를 여러 방식으로 표현한 터였다.〔제4막 제3장에서 "나는 그 이유를 모르겠다.(I do not know why.)"고 힘겹게 외치는 등〕그러나 그가 꺼려하는 이유로서 위에 제시한 것 가운데 어떤 것도 수용하지 못하도록 하는 거대한 장애물이 있다. 그것은, 햄릿처럼 예리하고 성찰적인 인물이 그 존재의 징후를 실수 없이 알아채고 그것들에 대해 솔직하게 논할 일이지, 이제 곧 살펴볼 여러 가지 거짓 변명으로써 자신을 기만하지는 못할 것이라는 점이다. 뢰닝은 이 점을 탁월하게 표현하였다. "만약 이것이 외부에서 부과한 복수의 의무와 내적인 **도덕적** 또는 **법리적인** 반대 충동 간의 갈등이었다면, 이 갈등과 그 원인은 햄릿처럼 생각하는 능력이 뛰어나고 생각하는 것에 익숙한 인간이라면 **틀림없이** 머리 속으로 짚고 넘어갔을 것이다."[25]

이러한 난점에도 불구하고 해석의 실마리가 있으니 그 부분에서 더욱 긴밀하게 문제를 다룰 수 있게 되었다. 방금 언급한 가설은 어느 수준까지는 옳지만 논의를 진전시킬 전문 지식의 부재로 인해 곧 실패할 것이다. 햄릿이 주저한 이유는 아마도 자신의 임무를 완수하려는 충동과 그것을 꺼리는 특정한 반대 원인 간의 대립 때문이었을 것이다. 나아가 그가 행동하고 싶어 하지 않는 이유를 밝히지 않은 것은 그것을 꺼려하는 원인을 스스로 의식하지 못했기 때문일 것이다. 그러나 그 원인은 이 가설을 지지하는 그 누구도 생각해 본 적이 없는 것이 될 듯하다. 즉 논의의 처음 두 부분은 옳지만 세 번째 부분은 옳지 않은 것이다. 이제 이 관점의 내용을 전개해 나갈 것인데, 논의의 제3단계를 다루기 전에 우선 앞의 두 단계에 대한 타당성을 검토해 봐야 하겠다. 첫째, 햄릿이 주저한 것은 그가 임무를 꺼려하는 특정 원인 때문이라는 것, 둘째로는 그가 꺼려하는 이유의 본질을 인지하지 못했다는 것이다.

정신 역학에 관한 일반적 편견에 기초한, 이러한 사고에 대한 걸림돌을 우선 생각해 보자. 햄릿이 자신의 금제의 본질을 알지 못했다면, 다른 사람이 그것을 이해할 가능성에 의구심이 생길 수도 있을 것이다. 바움가르트는 이 비관적인 생각을 이렇게 표현했다. "자신의 복수에 관한 한 햄릿을 가로막는 것은 자신의 문제**이므로**, 그것은 우리 모

---

25 Loening: Die Hamlet-Tragödie Shakespeare, 1893, S. 78.

두에게도 문제로 남아 있어야 한다."[26] 그러나 이 연구로서는 다행히도, 정신분석 연구에 의해 어떤 정신적 성향이 주체 자신에게서 숨겨졌다고 하더라도 훈련된 관찰자 앞에서는 그 특질이 외부로 표현될 수 있다는 것이 의심할 여지 없이 증명되었으니, 이 분석이 앞에 언급된 이유에서 성공할 가능성을 잃는 것은 아니다. 뢰닝은 더 나아가, 이 가설에 반대하며 시인 자신이 감추어진 정신적 성향이나 그에 대한 암시조차 밝히지 않았다고 했다.[27] 그의 반대 주장의 첫 번째는 분명히 옳다. 그렇지 않다면 논의할 문제가 없을 것이다. 그러나 주장의 두 번째 부분은 전혀 옳지 않다는 것을 곧 알게 된다. 이렇게 물을 수 있겠다. 왜 시인은 여기에서 밝혀내려는 정신적 성향을 분명히 보여주지 않았는가? 이상하게 보일지 모르겠지만, 그 이유는 햄릿의 경우와 마찬가지일 것이다. 다시 말해 셰익스피어는 햄릿의 심리적 본질을 의식하지 못한 것이다. 나중에 시인과 희곡의 연관성과 관련해 이 문제를 다룰 것이다.

트렌치가 잘 표현했듯이, "셰익스피어의 도움으로, 우리는 햄릿을 이해하기가 어렵다는 것을 안다. 아마 셰익스피어도 햄릿을 이해하기 힘들다는 걸 깨달았을 것이다. 그런데 햄릿 역시 자기 자신을 이해하는 것이 가능하지 않다는 걸 안다. 그 누구보다 타인의 마음과 동기를 잘 알아채는 그이건만, 자기 자신의 마음과 동기는 읽어내지 못하는 것이다."[28] 나는 문학사 전체를 통틀어 햄릿의 문제를 이보다

---

26 Baumgart: 앞의 책, S. 48.
27 Loening: 앞의 책, S. 78, 79.

더 제대로 표현한 글을 알지 못한다. 그러나 이 극의 진짜 의미가 그토록 불분명하다면, 콜러의 "『햄릿』을 보고 나서 주인공의 마음을 흔드는 두려운 갈등을 느끼지 못한 자가 어디 있겠는가?"[29]라는 물음에 나타나듯, 이 극이 관객에게 미치는 영향력의 원인은 무엇일까? 이 것은 오로지 주인공의 갈등이 듣는 이의 마음 속에서 유사한 갈등을 울리기 때문일 것이고, 본디 존재하는 갈등이 강할수록 극의 영향력은 더 세어질 것이다.[30] 즉 관객은 자신의 내적 갈등을 알지 못하지만, 그것이 외부에 현시한 것을 경험하는 것이다. 따라서 주인공, 시인, 관객 모두는 스스로 인지하지 못하는 근원의 갈등 때문에 심히 동요한다는 역설에 이르게 된다.

그러나 그러한 결론이 역설적으로 보인다는 사실은 그 자체로 인간 심리의 실제 작용에 대한 보편적 무지를 드러내는 것이다. 앞 단락에서의 주장을 뒷받침하는 내용을 살피기에 앞서 일반적으로 생각하는 동기와 행위에 관한 지배적 의견을 몇 가지 알아볼 필요가 있겠다. 임상심리학이라는 신학문은 이 문제에서 정신 작용에 대한 과거의 태도에 대해 더없이 극렬한 반대 입장에 서 있다. 심리학적 글과 여타 글을 보면, 일반적으로 받아들여지는 인간 심리에 대한 관점이 보통은 모호하고 많은 경우는 명확하게 나타나는데, 이 관점에서는

---

28 Trench: 앞의 책, p. 115.

29 Kohler: Shakespeare vor dem Forum der Jurisprudenz, 1883, S. 195.

30 이 극이 다른 극과 마찬가지로 여러 가지 측면에서 관객에게 호소한다는 사실을 언급할 필요는 거의 없을 것이다. 여기에서는 이 비극에서 주요한 호소력을 지니는 요소인 중심적인 갈등만을 다룰 것이다.

심리를, 그 대부분의 내용이 주체에게 알려져 있으며 종류가 다양한 정신 과정의 상호 작용으로 여기거나, 스스로가 신중하게 내면을 들여다보면 결국에는 접근할 수 있는 것이라고 생각한다. 반면 임상심리학의 분석적 방법론에 의해, 흔히 생각하는 것보다 그 수가 훨씬 많은 이러한 작용들은 인간이 상상도 못할 근원에서 솟아난다는 것이 결정적으로 입증되었다. 인간 스스로가 자기를 의식할 수 있고 자기 행동을 강요하거나 금지하는 욕망을 잘 감각할 수 있는 동물이라는 믿음은 인간의 철학·신학, 그리고 무엇보다도 심리학을 지배하는 바탕이 된, 의인법적이고 인간중심적인 사고의 마지막 피난처였던 것이다. 바꾸어 말하자면, 자신의 평가 기준으로 스스로를 이해하는 방식을 극복하기란 어려운 일이며, 어떤 인간이 특정한 행동을 하는 이유를 찾는 가장 확실한 방법은, 우리 자신이 비슷한 상황에서 그렇게 할 것이듯이, 그가 자신의 응답에 대해 확신할 것이며 거의 틀림없이 자신의 행동에 대해 적절한 이유를 댈 것이라는 사실을 믿고, 그에게 질문하는 것이다. 그러나 더욱 모호한 정신 과정을 이해하는 특별한 객관적 방법은, 직접적으로 심리를 관찰하는 이러한 방법을 가로막는 큰 장애물을 폭로하며, 아직 한계가 밝혀지지 않은 인간 심리의 자기 기만적 힘을 드러낸다. 나의 이전 논문을 인용하자면 "우리는 인간을 바라볼 적에, 그 자신이 보이고 싶어 하는 것처럼 부드럽게 스스로 움직이는 동인으로서가 아니라, 진짜 그가 지닌 모습인, 자신의 생각과 행동을 만드는 다양한 영향에 대해 어렴풋이 의식하고 있을 뿐이며 더욱 고양되고 더욱 완전한 의식을 형성하는 힘에 무슨

수를 써서라도 맹목적으로 저항하는 동물로 바라보기 시작한다."[31]

자신의 내적 성찰로는 그 본질을 알지 못할 심리적 갈등으로 햄릿이 고통스러워한다는 사실은 다음과 같이 생각해 보면 알게 될 것이다. 극 내내 주인공은 자신 앞에 놓인 간단한 의무를 분명히 인식하지만, 매번 이를 수행할 것을 회피하며 이어서 아주 강렬한 죄책감에 사로잡힌다. 히스테리성 장애에 관한 제임스 파젯 경(Sir James Pajet)의 유명한 묘사를 알기 쉽게 풀어 쓰자면 이렇다. 햄릿의 지지자들은 그가 임무를 수행하지 못한다(cannot)고 하고, 그를 중상모략하는 자는 그가 임무를 행하지 않는(will not) 것이라고 하는데, 진실은 그가 그 행위를 의지하지 못한다(cannot will)는 것이다. 좀 더 설명하자면 부족한 의지력은 자신의 숙부를 죽이는 문제에 국한된다고 할 수 있는데, 이를 **특수적 무의지증**(specific aboulia)이라고 할 수 있겠다. 실제 삶에서 나타나는 특수적 무의지증을 분석해 보면, 항상 그 원인은 해서는 안 될 행동에 대한 무의식적 반감이라는 것이 나타난다. (또는 행동에 관련된 것에 대한 반감이다. 그 때문에 행동에 대해 생각하는 것이 혐오 대상에 포함되는 것이다.) 즉 모든 의식적 사고가 그에게 해야 한다고 요구하는 것—그리고 하고자 하는 의식적 욕망이 매우 강한 것—을 그가 하지 못한다면, 그것에는 항상 그의 어느 부분이 그것을 하고 싶어 하지 않는 이유가 있기 때문이다. 그 스스로는 이 원인을 인정하지 않으며, 의식한다 해도 어렴풋이 알 수 있을 뿐이다. 햄릿은 바

---

31 "Rationalization in Every Day Life," *Journal of Abnormal Psychology*, 1908, p. 168.

로 이 경우에 해당한다. 그는 몇 번이고 자신을 자극하면서 간단한 의무를 스스로에게 일깨우고 극렬한 자기 비판으로써 자신을 자책의 장으로 몰아넣더니, 또 한 번 행동하는 데에 실패한다. 자신의 의무를 수행하지 않고 다른 일을 할 때마다 그는 간절하게 온갖 변명거리를 생각해 낸다. 심지어 자신을 죽이고 싶어 하는 것이 분명한 남자와 전혀 엉뚱한 검투 대결을 했다가는 우발적으로 자신의 임무를 완수하려는 모든 희망을 사라지게 할 수도 있는데도 그는 마지막 막의 마지막 장에서 그 대결에 정신이 팔린다. 좀 더 사소한 상황에서 어려운 편지를 쓰는 것과 같이 하기 싫은 일을 하려는 사람처럼, 계획하고 정리하고 유예의 핑계가 될 사소한 일을 하며 머뭇거리는 동안 그의 시간은 다 깎여나갈 것이다. 브래들리는 심지어, 햄릿이 자신의 "짐승 같은 망각(bestial oblivion)"을 자책하는 것을 글자 그대로 이해해서, 이 표현이 무의식적으로 임무를 싫어하는 햄릿의 마음이 너무 강해 한동안은 정말 잊고 지낸 것을 의미한다는 견해를 보이기도 했다.[32]

햄릿이 자신이 주저하는 이유로 댄 근거 가운데 어느 것도 진지한 근거가 되지 못하며, 계속해서 이유가 바뀐다는 사실은 대단히 중요하다. 어떤 때에 그는 그 일을 하기엔 너무 겁이 많은 척하다가, 다른 때엔 유령의 진실성을 의심하다가도, 또 다른 순간엔—아주 결정적인 기회가 생겼을 때—때가 적절하지 못하니 왕이 악한 행동을 할 때 죽여야겠다고 생각하기도 한다. 물론 여러 이유들이 각기 나름의

---

32 Bradley: 앞의 책, pp. 125, 126, 410, 411.

타당성을 지니는 것은 사실이다. 그래서 어떤 이들은 이 이유가 진짜 원인이라고 너무 쉽게 믿어버리기도 한다. 그러나 그럴싸하지 않으면 어떻게 변명으로 내세울 것인가. 마다리아가가 말한 대로, "햄릿이 기도 중인 왕을 죽이지 않는 이유로 제시한 것이 설득력 있다는 주장은 터무니없다. 행동을 유예하고 싶어 하는 이에게는 단순한 변명보다 설득력 있는 주장이 더 유용한 법이다."[33] 예를 들어 유령을 신뢰하는 문제를 살펴보자. 엘리자베스조(朝)에 있었던, 초자연적 존재가 찾아온다는 믿음에 관해서는 광범위하고 재미난 글들이 많다. 이 방문은 틀림없이, 당대의 대립하는 신학에 대한 논쟁이나 마녀를 다루는 방법과 같이 실용적인 문제의 초점이자 중요한 주제였을 것이다. 그러나 햄릿이(또는 셰익스피어가!) 특별히 신학에 관심이 있었다는 증거는 없으며, 유령이 햄릿의 마음 속에 잠들어 있던 의혹을 확증해 준 순간부터("아, 내 영혼이 예측했어! 숙부다!") 햄릿은 직관적으로 유령이 진실을 말한다고 확신했다. 그는 한 번도 숙부의 악행을 의심하지 않았다.

누군가가 자기 행동에 대해 매 순간 다른 이유를 댄다면, 그가 의식적으로든 아니든 본래의 이유를 숨기려 한다고 생각해도 무방하다. 베츠(Wetz)는 이아고(Iago)에 대한 유사한 문제를 다루면서 제대로 파악했다. **"계속해서 동기가 변한다**는 사실만큼 그가 스스로에게 제시하는 동기가 진실하지 못함을 드러내는 증거도 없다."[34] 햄릿이

---

33 Madariaga: 앞의 책, p. 98.

제시하는 동기들은 자기 기만으로써 스스로의 눈을 가리기 위한, 어느 정도 성공을 거둔 시도였기 때문에, 그 동기들을 무시해도 무방할 것이다. 뢰닝이 그 동기들에 대해 이렇게 요약한 것도 과장은 아니다. "그것들은 상호모순적이며, **완전히 거짓된 핑계이다.**"[35] 햄릿이 제시한 동기들은 내가 다른 곳에서 묘사한 바 있는, 회피와 합리화의 심리학적 기제를 잘 드러내 준다.[36] 그러나 뢰닝은 뛰어난 통찰력으로 그 동기들을 자세하게 논했고, 그 변명들이 얼마나 설득력이 떨어지는지 효과적으로 증명했기 때문에, 여기에서 그 동기들을 일일이 다 분석하지는 않을 것이다.[37]

그러나 자책하는 순간들 속에서도 햄릿은 자신이 행동을 거부한다는 것을 똑똑히 인식하며, 행동하려는 노력을 재기시키곤 한다. 그가 기꺼이 잊었던 것, 그리고 브래들리에 따르면 그가 종종 잊었던 것을 그에게 깨우쳐주는 외부의 사건에 의해 그의 죄책감이 분출한다는 방식은 주목할 만하다. 이 측면에서는, 배우가 헤카베의 운명을 보고 대단히 감명받은 순간(제2막 제2장)이나 포틴브라스가 출정하여 "명예가 걸렸을 땐 지푸라기 하나에도 큰 싸움을 찾아내는(finds quarrel in a straw when honour's at the stake)" 순간(제4막 제4장) 등 그 자신

---

34 Wetz: Shakespeare vom Standpunkt der vergleichenden Litteraturgeschichte, 1890, Bd. I, S. 186.

35 Loening: 앞의 책, S. 245.

36 앞의 책, p. 161.

37 특히 기도 장면에서 행동하지 않는 것에 대한 햄릿의 변명을 분석한 것을 보라. 앞의 책, S. 240-2.

의 행동과 반대되는 사건들이 대단히 결정적이다. 앞의 장면에서, 배우가 헤카베의 생각에 자신의 감정을 소름 돋도록 훌륭하게 분출시키는 것을 보고, 햄릿은 자신의 임무가 무엇인지 의심한다는 관점을 폐기시킬 만한 대사를 읊조리며 자책한다.

그에게 헤카베, 그녀에게 그가 뭐길래

그녀 때문에 그가 울어? 그는 어떡할까,

그가 만일 내가 지닌 격정의 동기와

계기를 지녔다면? 그는 무대를

눈물로 채우고, 끔찍한 대사로 관객들의

귀를 찢어놓으며, 죄인은 미치게 무죄인은

섬뜩하게 만들고, 무식꾼을 혼동시키며

눈과 귀의 기능을 정말 혼란시키리라. 그런데 난

무디고 멍청한 놈으로 기둥서방처럼

의기소침하여, 내 명분에는 무심한 채[38]

한 마디도 못한다. 못해, 그의 왕국과

가장 귀한 생명이 흉측스레 파멸당한

그런 왕을 위해서도. 나는 겁쟁이인가?

누가 날 악한이라 부르며 머릴 깨고,

수염을 뽑아 내 얼굴에 훅 불어 날리며,

---

38 이 네 어절에 상황의 본질이 담겨 있다.

내 코를 비틀고 피보다 새빨간

거짓말을 하라고 욕하는가? 누가 그래?

하, 맙소사, 그걸 감수해야지. 왜냐면 난

간은 콩알만하고, 탄압을 쓰게 느낄

쓸개가 빠진 놈이 틀림없기 때문이다.

아니라면, 그 뒈질 놈의 창자로 하늘의 모든 솔개를

살찌워야 했다. 잔인하고 음탕한 악당!

잔혹한 배신의 호색하고 비정한 악당!

오, 복수여!

아니, 이 무슨 못난이란 말인가! 거, 참으로 장하다.

고귀한 부친이 살해당한 아들, **천국과**

지옥으로부터 복수를 재촉받은 내가

창녀처럼 말로만 내 가슴을 비우고,

순 잡년 잡놈(scullion)[39]처럼 저주를 퍼붓다니!

(What's Hecuba to him, or he to Hecuba,

That he should weep for her? What would he do,

Had he the motive and the cue for passion

That I have? He would drown the stage with tears

And cleave the general ear with horrid speech,

Make mad the guilty and appal the free,

---

39   도버 윌슨은 이것이 종마(種馬, stallion)의 오자라고 생각한다.

Confound the ignorant, and amaze indeed

The very faculties of eyes and ears; yet I,

A dull and muddy-mettled rascal, peak

Like John-a-dreams, unpregnant of my cause,

And can say nothing; no, not for a king,

Upon whose property and most dear life

A damn'd defeat was made: Am I a coward?

Who calls me villain, breaks my pate across,

Plucks off my beard and blows it in my face,

Tweaks me by the nose, gives me the lie i' the throat

As deep as to the lungs? Who does me this?

Ha, 'swounds, I should take it: for it cannot be

But I am pigeon-liver'd, and lack gall

To make oppression bitter, or ere this

I should ha' fatted all the region kites

With this slave's offal. Bloody, bawdy villain!

Remorseless, treacherous, lecherous, kindless villain!

O, vengeance!

Why, what an ass am I! This is most brave,

That I, the son of a dear father murder'd,

Prompted to my revenge by heaven and hell,

Must like a whore unpack my heart with words,

And fall a-cursing like a very drab;

A scullion!)

햄릿의 죄의식이 행위를 강하게 격동한다는 사실은, 유령이 두 번째로 나타나 햄릿이 이렇게 외치는 장면에서 다시 분명해진다.

게으른 당신 아들을 꾸짖으러 오신 게 아닌지요?

시간을 놓치고 열정이 식어,

당신의 엄명을 급히 실행 못한 저를.

말씀하소서!

(Do you not come your tardy son to chide,

That lapsed in time and passion lets go by

Th' important acting of your dread command?

O, say!)

유령은 즉시 이 걱정을 확인한다.

잊지 마라! 이번 방문으로

거의 무뎌진 네 결심을 벼리려 할 뿐이다.

(Do not forget! this visitation

Is but to whet thy almost blunted purpose.)

요컨대 햄릿이 제시한 모습, 즉 깊은 우울, 세계와 삶의 가치를 향한 자세에 대한 비관적인 언급, 죽음의 공포,[40] 악몽에 대한 반복되는 언급, 자책, 자신의 임무에 대해 생각하지 않으려는 필사적 노력, 행동이 지연되는 핑계를 찾기 위한 헛된 시도, 이 모든 것은 틀림없이 **고통스러워하는 양심**과, 자신의 임무를 회피하려는 숨겨진 원인, 즉 그가 감히 스스로 인정할 수 없는 원인이 있음을 가리킨다. 따라서 우리는 이 지점에서 다시 논의해야 하며, 숨겨진 반대 동기를 밝혀내기 위한 증거를 찾아보아야 할 것이다.

프로이트와 그 학파가 지난 반 세기 동안 행한 광범위한 정신분석적 연구 덕에 특정 종류의 정신 작용은 다른 작용에 비해서 의식이 도달하기 어려운 (전문적으로 말하자면 '억압'되는) 경향이 강하다는 사실이 충분히 증명되었다. 다시 말해 특정한 심리적 성향의 존재는 다른 심리적 성향에 비해서 인지하기 힘들다는 것이다. 따라서 적절한

---

40 티에크(Tieck : Dramaturgische Blätter, II, 1826)는 햄릿이 겁쟁이처럼 죽음을 두려워하는 모습에서 그가 복수를 실행하는 것을 주저하는 주요한 원인을 보았다. 셰익스피어가 이 두려움을 얼마나 잘 이해했는가는 『법에는 법으로(Measure for Measure)』에 나오는 클라우디오(Claudio)의 대사로 미루어 짐작할 수 있을 것이다.

세월, 고통, 빈곤, 감금이 기질에
부과할 수 있는 가장 힘들고 지겨운 세속의 삶도
우리가 죽음에 대해 두려워하는
것에 비하면 천국이다.
(The weariest and most loathed worldly life
That age, ache, penury and imprisonment
Can lay on nature is a paradise
To what we fear of death.)

견지에서 논의하기 위해서는 여러 가지 심리 작용이 '억압'되는 경향성을 간략하게 고찰할 필요가 있다. 이 다양한 종류의 심리 작용이 의식적인 자아(ego)가 인정하는 이상·규범과 양립할 수 있는 정도와 이 경향성이 관련되어 있을 수 있다는 것은 경험적으로 확인되었다. 양립하기 힘들수록 심리작용이 '억압'될 가능성은 더 커진다. 의식이 수용할 수 있는 규범은 상당 부분 근접한 환경에서 생겨난 것이 많으므로, 다음과 같이 일반화할 수도 있다. 개인의 성격이 형성되는 시기에 그에게 주로 영향을 끼쳤던 특정한 사회 집단에 의해 수용되지 못한 작용들은 그 개인에 의해 '억압'되기 쉽다고 말이다. 생물학적으로 표현하자면 이 법칙은 "무리에게 용인되지 아니하는 것은 구성원 개인에게도 용인되지 아니하게 된다."고 할 수 있다. 여기에서 무리라고 함은 위에서 말한 특정한 집단을 가리키는데, 이 집단이 반드시 일반 공동체가 되어야 할 이유는 전혀 없다. 개인은 도덕적·사회적·종교적 경향성을 본래 무리에게서 전수받으므로 그 경향성이 무리의 의견과 충돌하는 일도 좀처럼 없어 '억압'되지 않기 때문이다. 이는 인간이 자신이 존중하는 것으로 인해 부끄러워하지는 않는다는 것을 보여줄 뿐이다. 이 규칙에 대한 표면적인 예외를 여기에서 설명할 필요는 없을 것 같다.

앞 단락의 표현으로써, '억압'이라는 용어가 대단히 역동적인 작용을 의미한다는 것을 알았을 것이다. 당사자야 거의 의식하지 못할 것이나, '억압'된 생각들은 강력한 힘과 약간의 심리적 노력에 의해 의식에서 떨어져 나온다. 나아가, 이렇게 의식에서 떨어져 나온 것은 대개 스스로의 에너지를 지닌다. 이 때문에 '경향'·'성향' 등의 표현을 빈번히 사용하게 되었다. 문제의 발생론적 측면을 조금만 생각해 보아도, 부차적으로 획득된 경향과는 대조적으로, '억압'되기 쉬운 경향은 내적 충동이라고 부르는 것에 종속되어 있다는 사실을 이해할 수 있을 것이다. 뢰닝은 그 영향에 대한 콜러의 언급에 대해 이렇게 말함으로써 통찰력 있게도 이 점을 잘 이해한 것처럼 보인다. "감정이 우리에게 행동이나 태만함을 강요할 때, 그 이유는 수백 가지이다. 비누거품처럼 사소하더라도 자신의 감정은 (오목) 거울에 의해 대단히 확대되기 때문에, 자기기만으로 인해 고상하고 결정적인 동기처럼 보이는 이유 말이다." 그는 또 말한다. "그러나 우리가 이성이 **용인**하는 **도덕적** 감정에 강제되어(우리는 이러한 감정을 받아들이므로 핑계란 없다.) 자연스러운 인간에게서 나오는 감정인, **이성이 강제**하는 만족감을 느낄 때, 이 말은 콜러 등의 믿음처럼 유효하지 않다."[41] 집단이 틀림없이 '자연스러운' 충동들 가운데서 성적인 것을 선별하여 더없이 강하게 금기화하듯이, 개인 역시 성심리적인 경향을 가장 자주 '억압'한다는 당연한 말만 덧붙이면 되겠다. 임상학적 사례를 근거로 보자면 깊은 심리적 갈등이 강렬하고 모호할수록 성적 문제에 근거한 분석이 적합해질 가능성이 더 높다. 물론 표면적으로는 그렇게 보이지 않는데, 이것은 여러 가지 심리적 방어 기제, 즉 우울, 의심, 절망, 그리고 갈등의 기타 징후들이 좀 더 용인될 만한

---

41 Loening: 앞의 책, S. 245, 246.

주제로 전이되기 때문이다. 가령 세속적인 성공이나 실패, 영혼의 불멸성과 구원, 삶의 가치에 대한 철학적 사유, 세상의 미래 등속에 관한 고민의 형태로 말이다.

이러한 점들을 염두에 두고 햄릿의 경우로 돌아가보자. 이제 다음과 같은 사실이 명확해졌을 것이다. 위에서 논의한 갈등 가설에 따르면 상당히 도덕적인 종류의 무의식적 불안감이 복수하겠다는 의식적 충동을 억제했다고 하는데, 이것은 실제 삶에서 일어나는 일에 대한 무지에 기반한 것이다. 왜냐하면 그런 종류의 불안감은, 사실 심리의 깊고 무의식적인 층이 아니라 의식적인 층에 속하는 것이기 때문이다. 햄릿의 치밀한 자기 성찰 능력이라면 즉시 그러한 불안감은 모두 인지했을 것이고, 설령 그가 이후에는 그런 불안감을 무시하였을 것이라고 해도 그것조차 불안의 근거가 빈약하다고 믿도록 자기기만을 가능하게 했을 합리화 과정의 도움으로 이루어졌을 것이다. 그는 어떤 상황에서든 감정의 본질을 의식했을 것이다. 따라서 이들 가설은 뒤집혀야 하며—햄릿이 그렇게도 자주 말했듯이—아버지가 부여한 신성한 의무인 복수를 하려고 그가 열심히 노력한 것은 햄릿에게 도덕적이고 의리 있는 행동이었으며, 그가 의식적으로 승인한 일이라고 보아야 한다. 그리고 복수 행위에 저항하는 '억압'된 노력은 햄릿의 더욱 개인적이고 자연적 본능과 관련해서 숨겨져 있는 어느 근원에 기인한다고 볼 수 있다. 그 첫 번째 노력은 이미 살펴보았으며, 햄릿이 이 문제를 검토하는 모든 대사에 나타나 있다. 두 번째 노력은 본질적으로 더욱 모호한데, 이제부터 그에 관해 살펴볼 것이다.

복수의 대상인 클로디어스와 단죄되어야 할 잘못들에 대해 햄릿이 지니는 태도를 면밀히 들여다보는 것이 문제를 해결하는 가장 쉬운 방법일 것이다. 클로디어스의 죄는 두 가지이다. 하나는 왕비와의 근친상간이며,[42] 다른 하나는 형을 살해한 것이다. 햄릿이 두 가지 죄에 대해 서로 다른 태도를 보인다는 사실은 대단히 중대한 의미를 지닌다. 물론 그는 지적으로는 이 둘 모두를 혐오했지만, 어느 것을 더 격렬히 혐오했는지는 분명하다. 부친이 살해되었기 때문에 분개하면서 숙부에게 복수해야 함을 확실히 깨닫지만, 모친의 죄는 더없이 강렬한 혐오심을 일으킨다. 퍼니벌은 왕비에 대해 이렇게 말했다. "왕비의 불명예스러운 간통과 근친상간과 햄릿의 아버지의 기억에 대한 배신을, 햄릿은 자신의 영혼 안쪽 가장 깊은 곳에서 느꼈다. 그 뿌리 깊은 얼룩에 비하면, 클로디어스가 부친을 살해한 것은—햄릿의 모든 주장에도 불구하고—가벼운 오점에 불과했다."[43]

이제, 숙부에 대한 햄릿의 태도를 규정하려면, 그 태도가 단순한 혐오일 뿐이라고 대수롭지 않게 생각하지 말아야 하는데, 이는 다음과 같이 상황이 복잡할 가능성이 있기 때문이다. 숙부가 단순히 죄를 각각 범한 것이 아니라 **둘 다** 저질렀다는 점이 상당히 중요하다. 두 범죄의 상호 관계 때문에 이들 죄의 **결합**은 새로운 변수를 낳을 수

---

42 이 관계가 근친상간이 아니었다면, 엘리자베스 여왕은 왕위에 오를 권한이 없었을 것이다. 출생 당시 아라곤 왕가의 캐서린이 살아 있어 엘리자베스는 서자 신세를 면치 못했을 것이다.(헨리 8세의 첫 번째 부인 캐서린은 그의 형수였다.—옮긴이)
43 Furnivall: Introduction to the "Leopold" Shakespeare, p. 72.

있어서, 단순히 두 죄를 가산한 것과는 다를 수 있기 때문이다. 게다가, 이들 죄를 지은 사람이 친척, 그것도 아주 가까운 친척이라는 점도 염두에 두어야 한다. 이들 죄의 개연적인 상호 관련성과 죄의 행위자가 가족의 일원이라는 사실은, 그 죄들이 햄릿의 정신에 끼친 영향력의 복잡성을 해결하는 실마리가 된다. 그 복잡성은 여기에서 분명하게 밝히려는 바로 그 불분명함을 야기한 원인일 수도 있다.

우선 햄릿의 어머니가 행한 부정이 아들에게 끼친 영향을 더 깊이 살펴보자. 그가 얼마나 의심스러운 눈초리를 하고 있었건 간에, 그는 아버지가 살해당했다는 것을 어느 정도 알기 전부터 상당히 의기소침해 있는데, 이것은 틀림없이 어머니의 부정한 행실 때문이다. 두 죄의 관계는 제1막 제2장의 독백에 분명히 드러나 있다. 퍼니벌은 이 독백에 대해 이렇게 적고 있다. "단언하건대 햄릿이 아버지의 피살 여부를 듣기도 전에, 그 죽음을 복수하라고 명받기 전에, 신이 만드셔서 아름답긴 해도 어머니의 욕망과 어머니가 자기 아버지의 기억에 가한 불명예 때문에 햄릿의 병들고 쇠약한 생각으로는 가증스럽게만 보인 이 세상에서 벗어나기 위해, 햄릿은 자살을 반가운 수단으로 생각하였다."[44]

오, 너무나 단단하고 단단한(solid)[45] 이 육신이

---

44 Furnivall: 앞의 책, p. 70.
45 도버 윌슨(*Times Literary Supplement*, May 16, 1918)은 이 단어가 '더러운(sullied)'의 오자일 거라고 생각할 만한 그럴 듯한 이유를 제시하였다. 나는 그가 교

허물어져 녹아내려 이슬로 화하거나,
영원하신 주님께서 자살금지 법칙을
굳혀놓지 않았으면. 오 하느님, 하느님,
이 세상 만사가 내게는 얼마나 지겹고,
맥빠지고, 단조롭고, 쓸데없어 보이는가!
역겹다, 아 역겨워. 세상은 잡초투성이
퇴락하는 정원, 본성이 조잡한 것들이
꽉 채우고 있구나. 이 지경에 이르다니!
가신 지 겨우 두 달, 아니 아냐, 두 달도 안 돼,
참 뛰어난 왕이셨어. 이 자에 비하면
태양신에 짐승격이지. 어머니를
너무나 사랑하여 바람이 얼굴을 드세게
스치지도 못하게 하셨지. 천지신명이시여,
기억해야만 하겠습니까? 아니, 그녀는
먹을수록 식욕이 더 늘어나는 것처럼
아버님께 매달렸지. 헌데 한 달도 못 되어,
생각 말자. 약한 자여, 네 이름은 여자로다!
불과 한 달, 가엾은 아버님의 시신을
니오베처럼 울며불며 따라갈 때 신었던
그 신발이 닳기도 전에, 아니, 그녀가—

정한 셰익스피어식 구두법을 따랐다.

오 하느님, 이성 없는 동물이라 할지라도

더 오래 슬퍼했으련만―헤라클레스와

내가 다르듯이, 아버지완 생판 다른 내 숙부,

아버지의 동생과 결혼했어. 한 달 안에,

쓰라려 불그레한 그녀의 눈에서

가장 부정한 눈물의 소금기가 가시기도 전에

결혼했어. 오 최악의 속도로다…

그렇게 민첩하게 상피붙을 이불 속에 뛰어들어!

이건 좋지 않고, 좋게 될 수도 없는 일.

허나 가슴아 터져라, 입은 닫아야 하니까.

(O that this too too solid flesh would melt,

Thaw and resolve itself into a dew,

Or that the Everlasting had not fix'd

His canon 'gainst self-slaughter, O God, God,

How weary, stale, flat, and unprofitable

Seem to me all the uses of this world!

Fie on 't, O fie, 'tis an unweeded garden

That grows to seed, things rank and gross in nature

Possess it merely, that it should come to this,

But two months dead, nay, not so much, not two,

So excellent a king; that was to this

Hyperion to a satyr, so loving to my mother,

That he might not beteem the winds of heaven

Visit her face too roughly—heaven and earth

Must I remember? why, she would hang on him

As if increase of appetite had grown

By what it fed on, and yet within a month,

Let me not think on 't; frailty thy name is woman!

A little month or ere those shoes were old

With which she follow'd my poor father's body

Like Niobe all tears, why she, even she—

O God, a beast that wants discourse of reason

Would have mourn'd longer—married with my uncle,

My father's brother, but no more like my father

Than I to Hercules, within a month,

Ere yet the salt of most unrighteous tears

Had left the flushing in her galled eyes,

She married. O most wicked speed ... to post

With such dexterity to incestuous sheets!

It is not, nor it cannot come to good,

But break my heart, for I must hold my tongue.)

브래들리에 따르면 삶에 대한 햄릿의 애상적인 혐오심은 "모든 단
호한 행동"[46]을 꺼리는 원인이었다. 그는 햄릿의 전반적인 문제를

"그 어머니의 본성이 갑자기 드러나서 받은 도덕적 충격"[47]이라고 설명했고, 그는 이 충격의 영향이 희곡에 서술되어 있듯이 매우 알기 쉬운 것으로 생각하였다. 그는 이렇게 말한다. "우리가 햄릿의 사례에서 본 것처럼, 어떤 경험이 특정인에게 더욱 적막감을 일으킬 수도 있을까? 또, 그 결과가 완전히 성격적이라고 할 수만은 없는 것일까? 그 경험은 엄청난 공포, 역겨움, 인간 본성에 대한 절망을 차례로 일으킨다. 그의 마음 전체는 오염된다. ⋯ 도덕적으로 더욱 둔감한 성격이라면 그렇게 암울한 사실이 드러난다 해도 그보다는 덜 예민하게 느꼈을 것이다. 더 느릿느릿하고 편협하고 긍정적인 마음을 지녔다면 역겨움이나 불신의 감정을 세계 전체에 확장시키지는 않았을 것이다."[48]

그러나 깊은 감정의 원인에 대한 전통적인 기준을 받아들이는 경우에만, 햄릿이 삶에서 느낀 싫증에 대한, 겉보기에는 그럴 듯한 설명에 만족할 수 있다. 수년 전에 코놀리(Connolly)라는 유명한 정신병학자는 여기에 존재하는 원인과 결과 간의 불균형을 지적했으며, 어머니의 결혼에 대한 햄릿의 반응은 그것 자체로 정신적으로 불안정한 상태, 즉 "진짜 병에 걸리기 쉬운 상태"라는 의견을 제시하였다. 그는 또 말하기를 "자살은 고난과 절망에 빠져 이성이 무력화된 사람이 끝에 가서 택하는 수단인데, 그 상황이 건강한 정신 상태에서

---

46 Bradley: 앞의 책, p. 122.
47 같은 저자: 앞의 책, p. 117.
48 같은 저자: 앞의 책, p. 119.

자살을 염두에 둘 법한 상태로 즉시 넘어갈 만한 수준은 아니었다."[49] 고 했다. T. S. 엘리엇 역시 햄릿의 감정은 드러난 상황에 비해 **지나친** 상태라고 생각하며, 그는 특히 그 감정을 거트루드의 소극적이며 두드러지지 않은 성격과 대조한다.[50] 비한(Wihan)은 햄릿의 불행이 과장된 것이 "인내의 부족(Masslosigkeit)"에 기인한다고 하였는데, 이 점은 모든 측면에서 드러난다.[51] 그러나 지금까지는 자극이 되는 원인이 밝혀졌을 뿐이지, 결정적인 원인을 찾아낸 것은 아니다. 햄릿이 그 설명을 겉보기에는 납득한 것처럼 보인다는 바로 그 사실은 의혹을 일으키는데, 이는 곧 설명하겠지만, 그 감정의 본질상 그는 불행을 과장한 진짜 원인을 지각할 수 없게 되어 있기 때문이다. 만일 이렇듯 영혼을 다 마비시키는 슬픔과 삶에 대한 혐오를 일으켜야 하는 원인이 무엇이어야 하는가가 아니라, 그것들을 일으키는 원인이 정말로 무엇인가를 찾으려면, 이러한 설명을 넘어서서 더욱 심층적인 원인을 찾아나서야 한다. 실제 삶에서는 일찍 재혼한다고 해서 이 희곡에서 묘사된 것과 같은 결과를 낳는 일이 없지만, 만약 이러한 결과가 일어난다면, 대상의 심리를 분석할 기회가 주어졌다고 가정했을 때, 이와 같이 보기 드물게 큰 결과가 사건에 이어서 나타나는, 모종의 숨겨진 원인이 있음을 예외 없이 발견하게 된다. 왜냐하면 그

---

49 Connolly: A Study of Hamlet, 1863, pp. 22, 23.

50 T. S. Eliot: 앞의 책, 같은 쪽.

51 J. Wihan: "Die Hamletfrage," in Leipziger Beiträge zur englischen Philologie, S. 89.

사건이 주체의 의식으로부터 '억압' 된 심리 작용의 활동을 촉진하기 때문이다. 사건의 직접적인 결과물과 관련을 맺게 된 이전의 정신적 작용들 때문에 그의 심리 상태는 이미 이 재난에 의해 크게 흔들릴 상황이었던 것이다. 퍼니벌이 세상을 두고서 햄릿의 "병든 생각"이 견디지 못하도록 만들어졌다고 한 것은 아마도 이런 의미였을 것이다. 요컨대 그 반응의 특징은 심리적인 기질의 어떤 특징을 전제로 한다. 브래들리는 "우리가 햄릿의 사례에서 본 것처럼 특정인에게는"이라는 표현을 삽입하여 자신의 가설을 다듬어야 했다.

이 시점에서, 수많은 논쟁을 일으켰던, 햄릿이 정신적으로 멀쩡하다는 점에 대한 난제를 마주하게 된다. 도버 윌슨은 권위적인 어투로, "셰익스피어가 우리로 하여금 극 전체에 걸쳐 햄릿이 모종의 심리적 불안감으로 고통받았다는 것을 상상하도록 의도했다는 뢰닝, 브래들리 등의 의견에 동의한다."[52]고 썼다. 문제는 그 심리적 불안이 어떤 것이며 그것의 극적·심리학적 의미가 무엇이냐는 점이다. 햄릿이 줄곧 가장하고 다니는 것[바보 흉내(the Antic Disposition)][53]으로 인해 문제는 복잡해져서, 이것이 자신의 진짜 정신적 불안을 숨기기 위함인가, 아니면 그가 술수를 부려 임무를 수행하기 위한 문제에 실질적으로 대처하면서 의도를 숨기기 위함인가 하는 물음이 제기되어 왔다. 이 주제에 관해서는 곧 약간의 분량을 할애하여 논할 것이

---

52 Dover Wilson: What Happens 등, p. 217.
53 다음 글과 비교해 보라. R. Alexander: "Hamlet, the Classical Malingerer," *Medical Journal and Record*, Sept. 4, 1929, p. 287.

Hamlet and Oedipus

나, 가장이란 표현을 햄릿의 정신 상태를 제대로 표현한 진술로 간주하는 이는 거의 없을 것이다. T. S. 엘리엇이 잘 표현했듯이 "햄릿의 '광기'는 광기로 보기엔 가볍고 속임수로 보기엔 지나치다."[54]

그러나 심리적 불안정 자체는 어떤가? 전에는 임상적 진단의 이 작은 문제에 정신병학자들이 대단히 몰두했던 것 같다. 그 중 티에리슈(Thierisch),[55] 지키스문트(Sigismund),[56] 슈텡게르(Stenger)[57] 등은 간단하게 햄릿이 제정신이 아니라고만 표현했고, 정신 이상의 형태를 특징적으로 유형화하지는 않았다. 로즈너(Rosner)는 햄릿을 히스테리성 신경쇠약이라고 했는데,[58] 이 의견은 루빈슈타인[59]과 란드만(Landmann)[60]에 의해 반박되었다. 그러나 켈로그(Kellog),[61] 드 부아몽(de Boismon),[62] 호이제(Heuse),[63] 니콜슨(Nicholson)[64] 등 대부분은, 비록 이에 반대한 오미누스(Ominus)[65]와 같이 실패한 정신의학자는 없었지만, 햄릿이 우울증에 시달렸다는 관점을 주장했다. 쉬킹은 햄릿의 행

---

54 T. S. Eliot: Selected Essays, 1932, p. 146.

55 Thierisch: *Nord und Süd*, 1878, Bd. VI.

56 Sigismund: *Jahrbuch der Deutschen Shakespeare-Gesellschaft*, 1879, Jahrg. XVI.

57 E. Stenger: Der Hamlet Charakter. Eine psychiatrische Shakespeare-Studie, 1883.

58 Rosner: Shakespeare's Hamlet im Lichte der Neuropathologie, 1895.

59 Rubinstein, 앞의 책.

60 Landmann: *Zeitschrift für Psychologie*, 1896, Bd. XI.

61 Kellog: Shakespeare's Delineation of Insanity, 1868.

62 De Boismon: *Annales médico-psychologiques*, 1868, 4e série, 12e fasc.

63 Heuse: *Jahrbuch der deutschen Shakespeare-Gesellschaft*, 1876, Jahrg. XIII.

64 Nicholson: *Transactions of the New Shakespeare Society*, 1880–5, Part II.

65 Ominus: *Revue des Deux Mondes*, 1876, 3e sér., 14e fasc.

동이 지체된 이유를, 우울증으로 인해 무기력해졌기 때문이라고 하였다.[66] 라에르(Laehr)는, 셰익스피어가 이전 극의 유령 이야기에 매료되어 햄릿을 우울증에 걸린 사람으로 묘사한 것인데, 이것은 환영(幻影)이 나타나는 광기의 형태 가운데 극적으로 가장 볼 만한 것이기 때문이라는 독특한 견해를 보였다.[67] 오래 전 제기된 도든의 설득력 있는 주장에 따르면 셰익스피어는 티모디 브라이트(Timothe Bright)의 중요한 우울증 연구[68]를 활용했고, 연구의 몇몇 부분을 자신의 의도에 맞게 다듬기는 했지만 햄릿의 임상적 모습은 브라이트가 제시한 것과는 현저히 달랐다.

왕, 왕비, 오필리아, 그리고 특히 폴로니어스가 극 중에서 하는 실제 대사 자체[69]는 더욱 중요하다. 예를 들어 폴로니어스의 표현에서, (엘리자베스 시대 영어를 현대 영어로 옮긴다면) 낙담, 거식, 불면증, 미친 행동, 정신착란에 의한 발작, 광란의 증상들을 볼 수 있다. 햄릿이 폴로니어스와 헤어질 때 남기는 통렬한 대사〔"내 목숨만 제외하고,(except my life)" 등〕는 다름 아닌 죽음의 갈망을 의미하는 것이다. 이것들은 틀림없이 모종의 우울증과 조울증에 걸린 정신 이상 비슷한 것을 암시한다. 우울증이 이제는 그 일부에 불과할 뿐이라고 알려진 이 이상은 오늘날 '경조증'이라 불리는 강한 흥분 상태의 공격을 받아 완성

---

66 Schücking: Character Problems in Shakespeare's Plays, 1922, p. 162.
67 Laehr: Die Darstellung krankhafter Geisteszustände in Shakespeare's Dramas, 1898, S. 179 등.
68 Timothe Bright: A Treatise of Melancholia, 1586.
69 제2막 제2장. "슬픔에 빠진 다음(Fell into a sadness)" 등.

된다. 도버 윌슨은 이 경조증의 흔적을 여덟 군데 이상에서 발견했다.[70] 사실 이 현대적 증상은 브록(Brock),[71] 소머빌(Somerville)[72] 등에 의해 지적되었다. 그럼에도 불구하고 강렬한 흥분과 심한 우울증 간의 급격하고 커다란 동요는 이 불안정 상태에 대해 일반적으로 수용되는 모습과 일치하지 않으며, 내가 햄릿이 처한 것과 같은 상황을 임상 용어로 표현한다면—특별히 내키지는 않으나—순환기질적인 히스테리의 심한 사례라고 할 것이다.

그러나 이 모든 것은 학문적인 중요성을 띨 뿐이다. 여기에서 특별히 관심을 가져야 할 점은 햄릿의 인격과 행동이 낳는 극적 영향력을 심리학적으로 이해하는 것이다. 극의 중심인물이 단지 '광기의 상태'만을 보여주면 될 일이었다면 그 효과는 전혀 달랐을 것이다. 그런데 오필리아의 경우처럼 정말로 그렇게 미치는 일이 생긴다면, 그런 사람은 이해할 수도 없으며 어떤 의미에서는 더 이상 인간이라고 할 수 없는 것이다. 그러나 햄릿은 끝까지 관심과 동정을 요구한다. 셰익스피어는 햄릿을 광인으로 간주하도록 한 적이 결코 없었기 때문에, "무너진 정신(mind o'erthrown)"이 글자 그대로의 의미 이상을 함축하는 것이 분명하다. 로버트 브리지스(Robert Bridges)는 절묘한 문장으로 이 문제를 표현했다.

---

70 Dover Wilson: 앞의 책, p. 213.
71 J. H. E. Brock: The Dramatic Purpose of Hamlet, 1935.
72 H. Somerville: Madness in Shakespearean Tragedy, 1929.

햄릿은 우리에게, 우리는 그에게, 결코
의미가 없었으리라. 만약 셰익스피어가 그리도 정교하게,
미적인 균형 감각으로, 햄릿의 이성을 흐리지 않고도
정신 상태를 의심하게 하지 않았더라면.[73]

나는 이렇듯 비범한 셰익스피어의 관찰력과 통찰력이 3세기 동안 세계를 사로잡을 수 있던 힘이라고 본다. 우리 세대에 이르기까지 (이제는 심지어 법률적 영역에서도) 정상적이면서 책임이 있는 상태와 책임이 없는 미친 상태를 명확히 구별했다. 이제는 인류의 많은 이들이 도버 윌슨이 제대로 표현한, "전체적인 조화에 방해가 되는, 좌절과 무익함과 인간적 부적당함의 의식"[74](햄릿이 문학사에서 그 훌륭한 예인데)에 압도되어 중간 영역에 위치한, 불행한 상태에서 살아간다는 사실이 더욱 널리 인식되고 있다. 수많은 사람들이 걸려서 몸부림치고 고통받는, 이렇듯 어중간한 처지를 정신신경증이라고 일컫는데, 오래 전 셰익스피어의 천재성은 이를 흠결 없는 통찰력으로 묘사해 낸 것이다.

프로이트에게 영감을 받아 행해진 지난 반 세기 동안의 광범위한 연구에 따르면 정신신경증이란 사람이 과도하게, 그리고 대개는 고통스럽게 자신의 심리의 '무의식적인' 부분에 의해 행동을 강요당하거나 방해받는 상황을 뜻하는데, 이 무의식은 한때 유아기의 심리였

---

73 Robert Bridges: The Testament of Beauty, I, 577.
74 Dover Wilson: 앞의 책, p. 261.

으며 그 심리에서 발전해 나와서 유아기의 심리를 대체했어야 할 성인기의 심리 상태와 공존한다. 정신신경증은 **내적인** 정신 갈등의 전조이다. 탐구의 대상이 실재하는 사람이건 가공의 인물이건 간에, 지금 눈에 보이는 것을 그의 유아기에 일어났을, 그리고 **여전히 일어나고 있는** 일과 관련시키지 않고는, 정신신경증으로 고통스러워하는 이의 심리 상태를 제대로 논할 수 없는 이유가 여기에 있다. 여기에서는 그 관련 짓는 일을 하려고 한다.

그 자신은 수용할 수 없는, 어느 깊이 자리한 이유로 인하여 햄릿은, 타인에게 어머니의 애정을 받는 자리를 빼앗긴 아버지 생각에 고뇌에 빠진다. 마치 어머니에 대한 자신의 사랑 때문에 어머니의 애정을 너무나도 갈구한 나머지 이 애정을 심지어 자신의 아버지와도 나누지 못하겠다고 여기고, 다른 남자와 나누는 것 역시도 견딜 수 없어하는 듯하다. 그러나 그럴 듯해 보이긴 하지만 이 주장에는 세 가지 반론이 제기될 수 있다. 첫째, 만일 이 주장이 그것 자체로 상황을 제대로 설명한다면, 햄릿은 그 질투심을 의식했을 터인데, 여기에서 찾고자 하는 심리 작용이 햄릿 자신에게서는 숨겨져 있다고 이미 결론을 내리지 않았나. 둘째, 오래되어 잊힌 기억이 떠오른다는 근거를 그 주장에서는 찾아볼 수 없다. 그리고 셋째로, 클로디어스가 햄릿에게서 **빼앗아간** 왕비의 사랑은 아버지가 **빼앗은** 것보다 많지 않은데, 그의 아버지와 숙부는 똑같이, 남편으로서의 사랑을 왕비에게 요구했기 때문이다. 그런데 이 마지막 반론이 상황의 핵심으로 난 길이다. 만약 햄릿이 지난 세월 아이로서 어머니의 사랑을 심지어 자기 아버지와도 나누어야 한다는 사실에 분개하여 아버지를 경쟁자로 인식하고, 아버지가 사라져 어머니의 사랑을 확실하게 방해받지 않고 독점하기를 몰래 바랐다면 어떨까? 만약 어린 시절에 그런 생각을 했더라면 그런 생각들은 틀림없이 자식으로서의 도리나 교육적 영향 때문에 '억압' 되었을 것이고 그런 생각의 흔적은 말소되었을 것이다. 질투심 많은 경쟁자의 손에 아버지가 살해됨으로써 어린 시절의 소망이 실현되자 이 '억압' 된 기억은 활동하도록 자극되었을 것이고, 이들 기억은 어린 시절 갈등의 어두운 산물로서 우울증과 기타 고통을 낳았을 것이다. 이는 햄릿과 같은 실제 인물을 심리학적으로 연구했을 때 결국 항상 발견되는 정신 과정이다.[75]

따라서 복수에 대한 아버지의 요구를 충족하려고 노력하는 과정에서 나타난 지연과 좌절은, 햄릿이 근친상간과 부친 살해를 결합해서 생각하는 것을 견디지 못했기 때문에 일어난 것이다. 그는 한편으로는 임무를 수행하려 하고, 다른 한편으로는 냉혹하게 그 생각을 떨쳐버린다. 그의 양심이 그가 가여워지도록 질타하는 "짐승 같은 망각" 속에서 그 생각을 지우려고 얼마나 바랐겠는가. 햄릿은 이렇듯 풀지 못할 내적 갈등으로 마음이 찢어지는 듯 고통스러워한 것이다.

---

75 예를 들어 다음 책을 참고하라. Wulf Sachs: Black Hamlet, 1937.

4
비극과 유아의 심리
Tragedy and The Mind of the Infant

심리 활동의 숨겨진 측면에 대해 고찰하는 것을 즐길 특별한 기회가 없었으며, 인간의 동기에 대한 생각의 근거를 행위자 자신이 내린 표면적인 판단에만 두는 셰익스피어 비평가들—이런 이들은 선하든 악하든 행동이란 결국 순전히 의식적인 연원을 지닌다고 생각한다—은 앞에서 제시한 주장이, 『햄릿』이란 작품에 특히 많이 따라다니는, 별나고 과장된 가설 가운데 하나에 불과하다고 여기기 쉽다는 것, 나 자신 잘 알고 있다.[1] 그러나 이 특이한 가설을 개연적인 것으로 볼 수 있게 하는 관점을 이해하고 싶어 하는 사람들을 위해서, 일반적으로는 결코 그 참된 중요성에 걸맞게 평가된 바가 없는 두 가지점에 관해 몇몇 설명을 부가해야 할 의무감을 느낀다. 그 두 가지는

---

1 최근 미국의 한 비평가(J. E. Hankins: The Character of Hamlet, 1941, p. 1)는 이를 두고 "명백한 정신착란"이라고 비난했다.

아이의 질투심과 죽음에 대한 아이의 태도를 말한다.

편견으로 인해 아이의 질투심이라는 주제는 너무나도 불분명해졌기 때문에 잘 알려진 사실들조차 무시되거나 참된 의의에 맞게 평가되지 않는다. 가령 스탠리 홀(Stanley Hall)은 자신의 훌륭한 논문에서 청년기 환자의 중요성에 대해 타당한 언급을 여러 차례 했지만서도, 사춘기에 이르기 전의 나이에는 이 감정이 상대적으로 중대하지 않다고 암시했다. 유아기의 질투가 이후의 특징적인 행동과 삶 전체에 끼칠 수 있는, 지속적이고 심도 있는 영향력을 밝혀내는 것은 정신분석학 연구의 발생론적 탐구 과제로 남았다.[2]

어른의 질시가, 죽음이라는 가장 효과적인 수단으로 경쟁자를 제거하려는 욕망, 그리고 그러한 감정을 억제하려는 욕망과 맺는 긴밀한 관계를 스탠리 홀은 "고귀하고 위대하기까지 한 수많은 인물의 고백에 따르면 그들은 가장 가까운 친구들의 죽음과 불행으로 인해 깊은 슬픔에 젖었음에도 불구하고, 많은 경우 섬뜩하게도, 실제로는 그 슬픔보다 더 크다는 듯이 은밀히 감추어진, 기쁨과 만족의 감정도 느낄 수 있었다."[3]고 잘 표현하였다. 그는 틀림없이 라 로슈푸코(La Rochefoucauld)가 쓴 다음 구절을 염두에 두었을 것이다. "가장 친한 친구의 고난 속에서도 우리는 많은 경우 아주 불쾌하지만은 않은 감정을 느끼곤 한다.(Dans l'adversité de nos meilleurs amis, il y a quelque

---

2 예를 들어 다음의 훌륭한 글을 보라. J. C. Flügel: The Psycho-Analytic Study of the Family. (No. 3 of the Internat. Psycho-Analytical Library, 1921)

3 Stanley Hall: Adolescence, 1908, Vol. I, p. 358.

chose qui ne nous déplait pas.)" 버나드 쇼는, 지옥의 장면에서 돈 후안 (Don Juan)의 입을 빌려 이와 유사한 생각을 좀 더 명확하게 표현하였다. "이 세상에—물론 우리는 결코 이를 고백하지 않지만—우리가 아는 사람, 심지어 우리가 가장 사랑한 사람일지라도 그의 죽음에는 항상 그들과 끊겨졌다는 사실에 대한 만족감이 섞여 있었음을 기억할 것이다."[4] 어린이는 어른에 대한 이러한 냉소를 비교도 되지 않을 수준까지 밀고 나가는데, 이는 그 부모에게는 대개 가슴 아프게 느껴질, 악명 높은 이기주의와 미성숙한 사회적 본능과 죽음의 두려운 속성에 대한 무지 때문이다. 어린이는 이유 없이, 자신의 특권을 침해하고 즉각적인 욕구 충족을 방해하는 장애물을 무의미한 만행이라고 생각하는 경우가 상당히 많으며, 저지된 욕망이 절박할수록 만행을 저지른 사람에 대한 적개심은 강해지는데, 그 대상은 대부분의 경우 부모 가운데 한 사람이다. 가장 중요하고 가장 빈번하게 일어나는 침범의 대상은 사랑에 대한 아이의 욕구이다. 이 결과로서 생기는 적개심은 동생이 태어날 때 상당히 자주 나타나는데, 이 감정을 좋은 일이 일어났을 때 따라오는 행복한 기분을 더해준다면서 재미있어 하며 지켜보는 경우가 통상적으로 많다. 의사가 새 놀이 친구를 데려왔다는 말을 듣고 어린이가 "다시 데려가라고 하세요."라고 울면서 하는 대답은, 대개의 믿음과는 달리 어른들을 즐겁게 해주려는 농담이 아니고, 어른들이 자신의 간절한 부탁을 들어주지 않으면 미래에는 자신이 이전에

---

4 Bernard Shaw: Man and Superman, 1903, p. 94.

가족 내에서 굳건히 쥐고 있던 우월한 상태를 상실할 것이라는, 아이에게는 대단히 중요한 문제에 대한 직관이 반영된 절실한 바람인 것이다.

역시 많은 오해가 있는 두 번째 점은 죽음의 문제에 대한 아이의 태도에 관한 것인데, 흔히들 아이의 태도가 어른의 것과 반드시 같을 것이라고 생각한다. 어린이가 맨 처음 누군가의 죽음에 대해 들었을 때 이해할 수 있는 부분은 오로지 그가 **더 이상 없다**는 사실뿐인데, 이는 아이가 주변 사람들에게 간섭을 받는 동안 간절히 바라온 것이 실현된 것이다. 이 사건이 오싹하다는 생각은 아이의 안에서 서서히 자라날 뿐이다. 따라서 만약 아이의 관점에서 소망을 해석한다면, 그것이 심지어 친척이라고 할지라도 아이가 누군가의 죽음을 소망한다고 해서 평소와 달리 그렇게까지 충격을 받는 일은 없을 것이다. 가깝고 사랑하는 친척이 죽었을 때 어른의 꿈에도 동일한 특징이 나타나지만, 이 꿈의 저변에 자리잡은 억압된 소망은 대개 슬픔의 감정으로 가려지기 마련이다. 그러나 다른 한편으로는 이러한 죽음 소망의 중요성이 과소평가되어서도 안 되는데, 단순히 소망으로 남는 경우가 많지만, 그 소망이 가져다줄 이후의 갈등이 그 사람의 정신 건강에 지극히 중요한 요인이 될 수도 있기 때문이다. 그렇다고 해서, 어린이의 경우에서조차, 이 소망이 단순한 소망으로 남기만 한다는 뜻은 아니다. 몇 년 전에 나는 질투심 많은 어린이가 저지른 일련의 살인 사건을 수집한 적이 있는데, 한 가족 안에서 어린이들 간에 지속적으로 나타나는 질투심을 언급하면서, 죽음의 의미에 대한 불완전한 이해 때문에 위

험한 일이 생길 수 있음을 지적한 바 있다.[5]

이제까지 어린이에 대해 이야기해 왔지만, 아동기(대충 3세에서 12세 사이)가 유아기라고 하는 다른 시기에 이어지는 때라는 점은 흔히 간과되어 왔는데, 사실 유아기는 아동기에 일어나는 그 어떤 일보다 더 미래에 결정적인 영향력을 행사한다. 잊혔거나 전혀 의식되지도 못한 채, 자라나는 심리를 점령하는, 감정과 환상과 충동의 집적물은 프로이트가 무의식적인 심리의 층을 꿰뚫어보는 정신분석적 방법을 고안해 내고 나서야 알 수 있게 되었다. 멜라니 클라인(Melanie Klein)과 그 협력자들이 이 방법을 어린 아이들에게 직접 적용했을 때는 그 효과가 더 뛰어났다.[6] 이 주요한 발견들은 애정적인 태도와 평화로운 만족감과 더불어서, 고문과 여타 잔학한 행동을 포함하는 국제 관계의 추악한 측면에서 뒷날 어렴풋이 반영될, 격렬하던 야만적 삶의 가장 원시적인 측면을 생각나게 하는 심리 작용도 항상 보일 수 있다는 것으로 요약할 수 있다. 파괴(어른의 표현으로는 살인)의 잔인하고 무자비한 충동은 이 시기의 중요한 몇 가지 결핍에 뒤따라 나온다. 그 징후가 아동기에 감지될 수 있는 질투, 증오, 살인 충동은 사실 인간이 세상에 가져온 대단히 사악한 유산의 약화된 산물이며, 유아기의 고통스러운 갈등과 감정 속에서 어떻게든 극복되고 억제되어야 할 것

---

5 '유아 살인자(Infant Murderers)'라는 제목이 붙은 《영국 아동 질병 저널(British Journal of Children's Disease)》의 두 사설(1904년 11월호 510쪽, 1905년 6월호 270쪽)에 나온다.

6 Melanie Klein: The Psycho-Analysis of Children, 1932.

이다. 어떤 상황에 대한 이후의 반응이 과도하다는 것은 무의식, 즉 여전히 살아 있는 유아기의 심리가 그 반응에 기여했음을 의미할 뿐이다. 유머와 심리적 이해에 대한 다른 도움이 모습을 보이기 전까지 유아 심리의 이러한 측면들은 완전히 비극적인 상태인데, 시인의 모든 비극은 궁극적으로 여기에서 끌어온 것이다.

유아의 질투심 가운데 가장 중요한 것으로서 여기에서 다룰 내용은 소년이 아버지에 대해 느끼는 질투심이다. 아이와 아버지 간 초기 관계의 정확한 모습은 일반적으로 양성 모두에게 대단히 중요한 문제이며, 후일 아이의 인격이 발달하는 과정에 강력한 영향력을 행사한다. 이 주제는 융의 흥미로운 저작에 상세히 설명되었는데,[7] 이 글에서 그는 비록 어머니의 영향력을 배제하는 단면적인 서술을 했으나 주제에 걸맞은 중요성을 인식하였다. 지금 다룰 문제는 아버지가 필연적이며 당연하게 아들이 어머니의 사랑을 독점하는 것을 방해하게 될 때, 아이가 아버지를 상대로 품는 적의이다. 이 감정은 부자 간, 세대 간에 빚어지는 세계적으로 오래된 알력의 가장 심층적인 근원으로서, 수많은 시인과 작가가 가장 애용한 주제이자 대부분의 신화와 종교에서 주요한 모티프이다. 이 대립과, 그 결과로 부모의 권위에서 아이가 탈주하는 것이 개인의 측면에서나 사회의 측면에서 지니는 근본적인 중요성은 프로이트의 다음 말에 명료하게 기술되어 있다. "자라나는 개인이 부모의 권위에서 떨어져 나오는 것은 성장

---

7 Jung: "Die Bedeutung des Vaters für das Schicksal des Einzelnen," *Jahrbuch für psychoanalytische und psychopathologische Forschungen*, 1909, Bd. I.

하면서 이루는 가장 필요하면서도 가장 고통스러운 성취 가운데 하나이다. 이것을 이루어내는 것은 절대적으로 필요하고, 보통 인간이라면 누구나 어느 정도까지는 이 일을 어떻게든 해낸다고 생각해 볼 수 있다. 사실, 사회의 진보는 일반적으로 이 두 세대 사이의 대립에 달려 있다."[8]

어린이의 성적 본능이 가장 이르게 현시되는 주제를 다루면서, 문제의 갈등이 결국은 성적 동기를 지닌다는 사실을 처음으로 밝혀낸 것은 프로이트였다.[9] 그는 이 본능이 일반적으로 생각하는 것과는 달리, 갑작스럽게 사춘기 나이에 완전히 발달하여 활동함으로써 다른 생물학적 작용과 구별되는 것이 아니라, 다른 작용과 마찬가지로 점진적인 발달 과정을 지나서 흔히들 성인에게서 보게 되는 특정한 형태를 서서히 얻어갈 뿐이라고 하였다.[10] 어린이는 어떻게 걷는지를 배워야 하는 것처럼 어떻게 사랑해야 하는지를 배워야 한다. 사랑하는 방법은 걷는 방법에 비해 적응하기가 훨씬 더 복잡하고 섬세하기 때문에 그 능력의 발달도 마찬가지로 더 느리고 복잡하지만 말이다. 가장 이른 성적 본능의 현시는, 그 작용의 궁극적 목적이라고 일반적으로 생각되는 것과 너무나도 뚜렷하게 불일치하며, 후일의 현시의 상

---

8 랑크가 인용한 개인적인 대화. Rank: Der Mythus von der Geburt des Heldens, 1909, S. 64.
9 Freud: Die Traumdeutung, 1900, S. 176–80. 그는 한 소년에 대한 상세한 연구에서 이 주제를 대단히 잘 설명했다. "Analyse der Phobie eines fünfjährigen Knaben," *Jahrbuch für psychoanalytische und psychopathologische Forschungen*, 1909, Bd. I.
10 Freud: Drei Abhandlungen zur Sexualtheorie, 4. Aufl. 1920.

대적 명확함에 비해서 너무도 모호하고 불확실하기 때문에, 이 현시의 성적인 특징은 일반적인 경우 전혀 인지되지 못한다.

여기에서 이 중요한 주제를 더 다룰 수는 없겠으나, 이 초기의 희미한 각성이 아이와 그 주변 환경, 특히 누구보다도 어머니와의 친밀하고 육체적인 관계에 의해 필연적으로 자극받는다는 사실은 반드시 언급해야겠다. 어머니가 주는 애정이 과도한 경우에는 그 사랑이 소년의 뒷날 운명에 결정적인 영향력을 행사하게 될 것이다. 상세히 언급하기에는 양이 너무나도 방대하지만, 이 주장에 대한 무수한 근거가 정신분석학적인 출판물에 이미 발표된 바 있다. 이 영향과 다른 영향들 간의 복잡한 상호 작용이 야기할 수 있는 수많은 결과 가운데 한두 가지만 언급해도 충분할 것이다. 각성된 감정이 충분히 '억압' 되지 못하면 남자 아이는 일생 동안 비정상적일 정도로 어머니에 집착하며 다른 여성을 사랑할 수 없게 되는데, 이것은 남성 독신의 드물지 않은 원인이기도 하다. 경향이 다소 약하다면 서서히 집착을 버릴 수 있겠지만, 어머니에게서 완전히 떨어져 나오지 못해 어떤 측면에서 자신의 어머니와 닮은 여자만을 사랑하게 되는 경우도 자주 발생한다. 아브라함이 제기한 흥미로운 지적에서 보듯이, 이것은 친척 간에 결혼하는 이유로 빈번하게 나타난다.[11] 이후의 인격이 대단히 부드럽고 여성적이라는 측면을 상기해 보면 어머니의 영향력은 더욱 분명해진다.[12] 반대로 솟아난 감정이 강하게 '억압' 되고, 부끄러움과

---

11 Abraham: "Verwandtenehe und Neurose," *Neurologisches Zentralblatt*, 1908, S. 1150.

죄의식과 그 유사한 반응과 결합하면, 감정은 너무나도 철저하게 침몰해 이성에 대해 어떠한 감정도 느끼지 못하게 될 수도 있다. 어머니와 마찬가지로 모든 여성에게 접근하지 못하는 것이다. 강렬한 여성 혐오, 또는 다른 요인이 개입된 경우에는 자드거가 보여준 바와 같이 사실상의 동성애에 빠질 수 있다.[13]

강한 경쟁자인 아버지에 대한 태도 역시—다른 요인들 가운데—이 솟아난 감정이 '억압'된 정도에 따라 다르다. 정도가 미미하다면, 그 참 의미는 인지하지 못할지라도 통상적인 수준의 반항으로서 아버지에 대한 자연스러운 적개심이 뒷날 어느 정도 숨김없이 드러나게 된다. 많은—어쩌면 모든—사회 혁명가들은 권위에 대한 저항심의 근원적인 추동력을 본래 여기에서 얻었다. 대개의 경우 아무렇지도 않게 셸리(Shelley)●와 미라보(Mirabeau)●● 등에까지 거슬러 올라가듯

---

12 햄릿의 이 성격상의 특질은 자주 논의 대상이 되어왔다. 특히 다음의 글을 보라. Bodenstedt: "Hamlet," *Westermanns Illustrierte Monatshefte*, 1865; 바이닝이 햄릿은 사실 여성이었다고 표현한 점은 이 글의 앞에서 이미 설명했다. 같은 특징이 셰익스피어 자신의 두드러진 면의 하나였다는 사실은 잘 알려져 있는데(이를테면 브래들리의 글을 보라.), "부드러운 의지(Gentle Will)"라는 호칭이 이 사실을 잘 상기시켜 준다. 해리스(앞의 책, p. 273)는 이렇게 적기도 했다. "우리가 감동할 때마다, 우리를 놀라게 하는 것은 셰익스피어의 여성성이다."

13 Sadger: "Fragment der Psychoanalyse eines Homosexullen," *Jahrbuch für sexuelle Zwischenstufen*, 1908, Bd. IX; "Ist die konträre Sexualempfindung heilbar?," *Zeitschrift für Sexualwissenshaft*, Dez. 1908; "Zur Aetiologie der konträren Sexualempfindung," *Medizinische Klinik*, 1909, Nr. 2.

● 반항적인 것으로 유명한 후기 낭만주의 시인. 자신의 아버지와 긴 세월 불화했다.

●● 프랑스 혁명 때의 정치가로서 군주정을 타파하고 입헌 왕정을 세우는 개혁을 시도했다. 세 살 때 천연두에 걸려서 외가의 어른들과 비슷한 용모를 지니게 되었는데, 그 때문인지 어머니를 무척 사랑했다. 아버지는 그를 어릴 적부터 냉대하는 등 부자 간의 사이는 좋지 않았다.

이 말이다.[14] 무의식적 사고의 이 방해받지 않는 흐름은 아버지(또는 그 대리자)의 모습이 사라질 수 있다는, 즉 죽을 수도 있다는 생각, 더 정확하게는 소망에서 필연적으로 절정에 이른다. 셰익스피어가 쓴 『헨리 4세』의 2부에 나오는, 죽어가는 왕과 아들 간의 대화가 좋은 예이다.

> **헨리 왕자** 전하의 말씀을 다시 듣게 되리라곤 생각지 못했습니다.
> (I never thought to hear you speak again.)
> **헨리 왕** 해리, 소망은 생각의 아버지이니라.
> (Thy wish was father, Harry, to that thought.)

만약 반대로 '억압'이 상당하다면, 아버지에 대한 적의도 마찬가지로 의식에서 감추어질 것이다. 여기에는 대부분 반대의 감정, 즉 아버지에 대한 과장된 평가와 존경, 아버지의 행복에 대한 병적인 근심이 수반되는데, 이로써 저변에 깔린 관계는 완벽하게 은폐된다.

'억압'된 소망의 완전한 표현은 아버지가 죽기를 바라는 것뿐만 아니라, 아들이 어머니를 배우자로 삼기를 바라는 것도 해당된다. 디데로(Diderot)는 대단한 직관으로 이 고통스러운 생각을 공공연히 표현하였다.[15] "만일 우리가 본래 모습대로라면, 그리고 우리의 육체적인 힘이 우리가 꿈꾸는 만큼 강해진다면, 우리는 아버지의 목

---

14 Wittels: Tragische Motive, 1911, S. 153.
15 Le Neveu de Rameau.

을 조르고 어머니와 잘 것이다."[16] 부모에 대한 아들의 태도는 소포클레스의 비극 등에서 잘 발달한 것과 같이 오이디푸스 전설에 너무나도 명료하게 나타나 있기 때문에, 문제의 심리 작용들의 집합을 일반적으로 '오이디푸스 콤플렉스(Oedipus-complex)'라고 일컫는다.[17]

이제 위에서 제시한 주장들을 햄릿의 문제와 관련하여 확장하고 마무리하려고 한다.[18] 이렇게 해석된 이야기는 다음과 같이 진행된다.

어린이로서의 햄릿은 어머니에게 무엇보다도 따뜻한 애정을 경험한 터였는데, 항상 그러하듯이 애정에는 에로틱한 요소가 숨어 있었고 그것은 유아기 때 훨씬 더 강렬하였다. 왕비의 성격상 두 특질, 즉 호색적인 성품과 아들에 대한 열렬한 애정은 이 가정에 잘 부합한다. 앞의 특징은 구체적으로 지목하기엔 극에 너무도 여러 군데에 나타

---

16 ("Si le petit sauvage était abandonné a lui-même, qu'il conserva toute son imbécillité et qu'il réunit un peu de raison de l'enfant au berceau la violence des passions de l'homme de trente ans, il torderait le cou à son père et coucherait avec sa mère.") 그러나 디데로조차 유아의 욕정이 어느 30세 남성보다도 맹렬하다는 것을 알지 못했다. 30세 남성의 욕정이 얼마나 놀랍건 관계 없이 말이다.

17 Freud: Die Traumdeutung, 1900, S.181. 이 주제에 대해 신화적 측면에서 고찰한 훌륭한 저작으로는 아브라함의 『꿈과 신화(Traum und Mythus, 1909)』와 오토 랑크의 앞서 언급한 책이 있다. 랑크는 또한 같은 주제가 문학에서 활용된 여러 가지 방식을 대단히 상세하게 연구했다. Rank: Das Inzest-Motiv in Dichtung und Sage, 1912. 특히 제8장에서는 오이디푸스 전설에 대해 탁월하게 분석하였다.

18 이 글 전체적으로도 그렇지만, 여기서 나는 앞에서 언급한 주석에 있는 프로이트의 해석을 따르려고 한다. 그는 앞서 제기되었던 해석들의 부적절함을 지적하면서 어머니, 아버지, 숙부에 대한 햄릿의 감정을 다루며, 이제 논의될 두 가지 주제인, 오필리아에 대한 햄릿의 부정적 반응의 중요성과 이 희곡이 셰익스피어의 부친 사망 직후 쓰였을 개연성을 언급하였다.

나 있으며 일반적으로도 잘 알려져 있다. 두 번째 특징 역시 명백하다. 예컨대 클로디어스는 (제4막 제7장에서) "그 애 어미 왕비가 거의 아들만 보고 살아.(The Queen his mother lives almost by his looks.)"라고 말한다. 그럼에도 불구하고 햄릿은 왕비에게서 어느 정도 떨어져 오필리아를 사랑하는 것처럼 보인다. 그러나 오필리아를 대하는 그의 본심의 정확한 성격은 다소 모호하다. 그 성격에 대해 가정해 보건대, 적어도 예비 신부에 대한 일반적인 사랑이 부분적으로 포함되어 있기는 하였을 것이다. 사용하는 말(절대적인 확신에 대한 맹렬한 욕망 등)이 무절제하여 약간은 병적인 정신 상태를 암시하기도 하지만 말이다. 여기에서도 어머니에 대한 지난날의 애정의 영향이 미침을 암시하고 있다. 몇몇 저자들[19]이 괴테[20]를 따라 왕비와 닮은 오필리아의 특징을 지적하지만, 왕비와 반대되는 특징들도 그와 마찬가지로 놀라울 것이다. 오필리아가 음란한 바람둥이라는 독일 사람들의 생각[21]—뢰닝 등이 지적[22]한 바 있는 잘못된 생각이다—이 얼마나 진실에 근접하건 간에, 그렇듯 어떤 호색적인 생각이 있다는 것을 드러

---

[19] 예를 들어 G. 브란데스는 햄릿이 오필리아에게 한 말은 "너는 나의 어머니와 같다. 너는 그분처럼 행동할 수 있었다."고 해석할 수 있다고 했다. G. Brandes: William Shakespeare, 1898, Vol. II, p.48.

[20] Goethe: Willhelm Meister, IV, 14. "그녀의 존재 전체는 성숙하고 발랄하고 요염한 모습으로 날고 있습니다." "그녀의 상상력은 발동하였고, 조용하고 부드러운 감정이 애정의 욕망을 속삭이는데, 자상한 기회의 여신이 이 나무를 흔들어준다면 열매는 일시에 떨어질 것입니다."

[21] Storffrich: Psychologische Aufschlüsse über Shakespeares Hamlet, 1859, S. 131; Dietrich, 앞의 책, S. 129; Tieck, Dramaturgische Blätter, II, S. 85 등.

[22] Loening: 앞의 책, Cap. XIII. "Charakter und Liebe Ophelias."

Hamlet and Oedipus

내기 위해 괴테가 적절하게 표현한 "광기의 순수함"이 있어야 했다는 바로 그 사실 자체로 그의 평소 품행이 조심스럽고 순결했음을 보여준다. 순수한 효성, 순종적인 단념, 분별 없는 단순성은 왕비의 성격과 완전히 대조적인데, 이 사실은 햄릿이 반대 극단으로 급격히 쏠려서 자신도 모르는 사이에 자신의 어머니와 가장 거리가 먼 여성을 택하게 되었다는 것을 암시한다. 그가 오필리아에게 구혼한 것은 애인에 대한 직접적인 애정 때문이라기보다는 상심하고 화가 난 애인이 대부분의 경우 더욱 적극적인 경쟁자의 팔에 의지하듯이 어머니와 오필리아를 대결시키려는 무의식적인 욕망 때문이라는 주장도 가능할 것이다. 그렇게 생각하지 않으면 햄릿이 나중에 오필리아에게 열렬히 애정을 표시하는 이유를 이해하기 힘들다. 예를 들어 연극을 관람하는 장면에서 그는 자기 옆에 앉으라는 어머니 말씀에 "아뇨, 어머님. 여기 더 끌리는 물체가 있습니다.(No, good mother, here's metal more attractive)"라고 대답하더니 오필리아의 발 앞에 눕는데, 이 태도의 직접적인 의미는 바로 알 수 있을 것 같다. 또 그가 최근에 너무도 무정히 차버린 여자에게 거칠게 친근감을 보이고 모호한 농담을 한다는 것은, 왕비가 주의 깊게 지켜보는 상황에서 한 행동이라는 사실을 염두에 두지 않으면 이해하기 어려울 것이다. 마치 햄릿의 무의식은 왕비에게 이런 생각을 전하려는 듯하다. "어머니께선 어머니께서 나보다도 더 좋아하는 사람에게 자신을 바쳤지요. 어머니의 호의 없이도 내가 잘 지낸다는 것과 난 내가 더 이상 사랑하지 않는 여자의 호의를 차라리 더 좋아한다는 걸 제대로 보여드리겠습니다."

이 장면에서 그가 멀쩡한 상태의 남성이 하기에는 분명 당혹스럽고 음란한 행동을 심하게 한다는 사실은 분명히 바닥에 깔린 심리적 동요의 성적 측면을 드러내는 것이다.

이제 아버지의 죽음과 어머니의 재혼 문제를 다뤄보자. 유아기 이후로 숨겨 온 성에 관한 생각과 어머니 간의 관계는 더 이상 그의 의식을 피해 숨어 있을 수 없다. 브래들리가 잘 표현했듯이 "왕비의 아들은 왕비의 행동 속에서 감정이 놀라울 정도로 약해진다는 것뿐만 아니라 '천박하고 상스러운' 성적 욕망이 폭발하여 끔찍한 쾌락을 향해 급히 달려가는 것을 보았다."[23] 오래 전 유아기에 잠시 지닌 유쾌한 욕망이었던 감정이 이제는 억압 때문에 그의 마음에 혐오감만을 가득 심어주고 있다. 어머니의 애정을 받는 아버지의 자리를 차지하고 싶다는 오랫동안 '억압' 된 욕망은, 자기 자신이 한때 하려고 갈망한 바로 그대로 행동해 그 자리를 빼앗은 자를 보자 자극을 받아 무의식적으로 활동하게 된다. 게다가 이 사람은 같은 가족의 일원이었으니, 실제의 강탈은 근친상간적이라는 점에서 상상 속의 강탈과 많이 닮았다. 그가 그것을 전혀 인지하지 못한 채 이 오래된 욕망들은 그의 마음 속에서 울리며, 또 한 번 의식적으로 표출되기 위해 애쓰며, 이 욕망을 '억압' 하기 위해 많은 에너지가 소모되어서, 그는 자신이 그렇게도 생생하게 묘사하던 처참한 심리 상태에 놓이게 될 것이다.

---

23 Bradley: 앞의 책, p.118.

아버지의 죽음은 의도된 것이었고, 타살로 인한 것이었다는 유령의 말이 다음에 나온다. 그 말을 듣는 순간 자연스러운 의분에 넘쳤던 햄릿이 순리적으로 이렇게 대사를 외친다.(제1막 제5장)

서둘러 알려주면 명상처럼,
아니면 사랑의 상념처럼 빠른 날개로
복수에 돌입할 것입니다.
(Haste me to know't, that I with wings as swift
As meditation or the thoughts of love,
May sweep to my revenge.)

죄를 범한 자, 즉 육욕에 사로잡혀[24] 그런 행동을 한 친척이 누구인지를 밝히는 중대한 대사가 이어진다. 죄를 범하려는 햄릿의 두 번째 소망은 이로써 숙부에 의해 실현되게 되는데, 이것은 직접적인 행동, 즉 아버지를 살해함으로써 첫 번째 소망—어머니를 소유하는 것—을 실현하는 것이었다. 아버지의 죽음과 어머니의 재혼이라는 최근의 두 사건은 세간에서 보기엔 서로 내적인 인과 관계가 없어 보이지만, 이들 사건은 햄릿의 무의식적인 환상 내에서는 항상 긴밀하게 연결되어 있던 생각을 표상하는 것이다. 모든 '억압' 하는 힘에도 불구하고 이 생각들은 한순간에 의식적으로 지각할 수 있게 되고, 햄

24 이것이 클로디어스의 전적인 동기라는 것은 전혀 아니지만, 이 동기도 틀림없이 크게 작용했고, 햄릿에게 심적으로 가장 강한 영향을 주었다.

릿의 반사적인 외침에 즉시 묻어 나온다. "아, 내 영혼이 예측했어! 숙부입니까?(O my prophetic soul! My uncle?)" 그의 무의식이 이미 직관적으로 예견한 그 놀라운 진실을, 그의 의식 역시 최대한 그와 비슷한 한도까지 인지하게 된 것이다. 대화의 나머지 부분에서 햄릿은 이렇게 다시 일깨워져 이후로는 결코 멈추지 않을 내적 갈등 때문에 어안이 벙벙해지는데, 그는 결코 이 갈등의 본질을 꿰뚫어보지 못하게 된다.

햄릿의 심리 안에서의 옛 갈등이 다시 깨어났다는 점은 오필리아에게 적대적으로 반응하는 그의 모습에서 처음으로 드러난다. 이 상황은 그의 마음 속에 있는 두 가지 상반된 태도 때문에 이중으로 조건지워진다. 우선, 자신의 어머니에 대한 태도가 복잡하다. 위에서 설명한 대로, 어머니에 대한 생각을 호색적인 모습과 결부하게 되자 그는 강한 성적 혐오에 빠지는데, 이는 앞에서 언급한 격렬한 분노 때문에 일시적으로 무너져 내렸을 뿐이다. 자신으로서는 사랑하거나 존경할 이유가 전혀 없는 다른 남자에게 어머니가 가는 것을 보자, 접근할 수 없는 근원 때문에 무의식적인 것으로 남겨졌던 강렬한 질투심은 분노의 감정과 결합한다. 예를 들어 기도 장면 이후에 이 감정은 어머니에 대한 극단적인 분노와 강렬한 비난의 모습을 하여 의식적으로 드러나기도 한다. 여성에 대한 그의 분노는, 오필리아가 새침한 태도를 꾸미며 아버지와 오빠를 따라 햄릿의 순수한 애정 속에서 악의를 느끼자 더욱 격렬해진다. 다른 모든 어린이처럼 그 역시 어린 시절에 자기 사랑이 상처 입는 경험을 반드시 했을 텐데, 이 태도 역시 똑같은 방법으로 자신의 사랑을 해치게 되었다. 그는 여자가 자신의 성적인 접근을 거부한 것, 그리고 다른 남자와 손을 잡은 것은 더욱 용서할 수 없었다. 브래들리가 잘 지적한 대로, 그가 가장 참지 못하는 것은 어떤 측면에서는 그가 유아기 때부터 간절히 벗어나고자했던, 호색적인 모습을 보는 것이었다. 모든 반감은 오필리아 앞에서 여성 혐오가 폭발할 때 절정에 이르렀으니, 그 애인은 자신의 공격성에 비해 지나치게 강한 분노를 견뎌내느라 마음이 무너져 버렸고, 햄릿이 자신을 욕하면서 사실은 그의 어머니에게 화를 내고 있다는 것도 알지 못했다.[25] "당신네들의 화장에 대해서도 충분히 들었어. 하느님은 여자들에게 한 가지 얼굴을 주셨는데, 여자들은 딴 얼굴을 만들어. 삐딱빼딱 걸음에 혀찌래기 소리 내며, 아무 데나 별 이름을 다 붙이고, 변덕을 무식으로 치부하지. 제기랄, 그 얘긴 그만하겠어. 내가 그 때문에 미쳤다고. (I have heard of your paintings too, well enough; God has given you one face, and you make yourselves another; you jig, you amble, and you lisp, and nickname God's creatures, and make your wantonness your ignorance. Go to, I'll no more on 't; it hath made me

---

25 이 두 여성에게 말하는 어조나 충고의 내용이 비슷하다는 점은 햄릿이 심리적으로 두 사람을 얼마나 동일시하는지 분명하게 보여준다. "수녀원으로 가. 아니 당신, 죄인들을 낳고 싶어?"(Get thee to a nunnery: why wouldst thou be a breeder of sinners?)(제3막 제2장; 저자의 오기. 실제로는 제3막 제1장—옮긴이 주)라는 대사와 "오늘 저녁 자제하면 그 때문에 다음 번 금욕은 조금 쉽고"(Refrain to-night; And that shall lend a kind of easiness To the next abstinence)(제3막 제4장)라는 대사를 비교해 보라. 극이 진행되면서 햄릿이 자신과 이 여성들 사이의 남자들(클로디어스와 폴로니어스)을 죽이는 것으로 이 동일시는 더욱 분명해진다.

mad)"(제3막 제1장) 오로지 단 한 장면에서만 햄릿은 자신의 사랑을 가득 채웠던 그 더러운 표현을 다 버리고 오필리아에 대해 좀 더 건전한 태도를 보였다. 즉 아직 흙을 덮지 않은 무덤에서 죄책감에 사로잡혀, 레어티즈가 감히 오필리아에 대한 자신의 사랑이 햄릿의 사랑과 결코 같을 수 없다고 하자 햄릿이 그와 충돌한 일을 말한다. 그러나 도버 윌슨의 주장대로,[26] 여기에서조차 그의 과장된 행동 뒤에 숨은 죄책감은 오필리아의 죽음에 대한 슬픔보다 사랑하는 사람을 죽인 자신의 꺼림칙한 마음의 고통에 더욱 기인한다. 그는 어쩔 수 없이 그런 모습의 애인으로서 행동한다.

오필리아에 대한 햄릿의 태도는 훨씬 더 복잡하다. 도버 윌슨[27]은 자신보다 먼저 퀸시 애덤스(Quincy Admas)가 제기한 주장,[28] 즉 햄릿은 폴로니어스가 옛 애인을 시험하기 위해 오필리아를 "풀어놓는" 계략을 엿들었다는 생각을 뒷받침하는 훌륭한 증거를 제시하였다. 이것은 아마도, 그의 애욕의 크기를 시험하여 그가 바보 같은 적인지 교활한 적인지를 확인해 보려고 왕이 한 소녀를 이용했다는, (삭소의) 옛이야기를 모방한 것인 듯하다. 이 사실은 햄릿이 오필리아의 여성스러운 미모를 공격하고 그를 매춘부만도 못하게 대하는 폭력적인 모습을 잘 해석하도록 도와준다. 그는 오필리아가 자신을 유혹하려

---

26 앞의 책, p. 270.
27 앞의 책, p. 128 등.
28 J. Q. Adams: "Commentary" in his edition of "Hamlet, Prince of Denmark," 1929, p. 255.

왔으며, 자신의 어머니와 똑같이 다른 남자 때문에 나중에는 자신을 배반할 것이라고 생각했다. 수녀원이라는 표현은 엘리자베스조(朝), 그리고 이후에 매춘굴을 가리키는 말로도 쓰였기 때문에 "수녀원으로 가."[29]라는 표현은 좀 더 악의적인 의미를 함축한다고 볼 수 있다. 런던의 역사를 배운 사람이라면 '코번트 가든(Covent Garden)'이라는 이름이 환기하는 바를 알 것이다.*

근본 주제는 궁극적으로, 유아기 때 무의식이 반대의 두 모습으로 그린 어머니의 이미지의 분리와 관련된다. 하나는 어떤 성적 접근도 생각할 수 없고 다가갈 수 없는 성자인 순결한 성모의 모습이고, 다른 하나는 누구라도 다가갈 수 있는 호색적인 동물의 모습이다. 사랑과 애욕〔티치아노(Tiziano)**가 그린 「성스러운 사랑과 세속적인 사랑(Amor sacro e amor profano)」〕*** 사이의 이 이분법의 표현은 나중에 대부분의 남성의 성적 경험에서도 발견된다. 햄릿처럼 성적 억압이 강하게 작용하는 경우에는 두 부류의 여성 모두 적대적으로 느끼게 된다. 순결한 쪽은 그 거부 때문에 적의가 생겨서이고, 음란한 쪽은 죄의 길로 가도록 유혹하기 때문이다. 이 극에서처럼 여성 혐오는 필연적인

---

29 이 훈계는 순결에 대한 통상적인 암시와 함께 나중에 어머니께 하는 대사 "숙부 침대로 가시면 안 됩니다.(Go not to my uncle's bed)"라는 표현과 같은 것으로 볼 수 있으며, 여기에서 햄릿이 심리적으로 두 여인을 동일시한다는 것을 알 수 있다.

* 코번트 가든은 런던에 있는 광장인데, 화초나 청과물 시장이 있었던 것으로 유명하다. 18세기 무렵 과일·채소 시장이 성장하고 커피점(문인이나 정치인이 사교 활동을 하기 위해 많이 이용)과 도박장과 매춘굴이 들어섰다. 이후 매춘굴이 많은 것으로 유명해졌다.

** 원문에는 Titian으로 되어 있다.

*** 원문에는 Sacred and Profane Love로 되어 있다.

결과이다.

대부분의 여성, 특히 오필리아에 대한 햄릿의 반감의 강도는 그의 성적 감정을 다스리는 강한 '억압'을 측정하는 한 척도이다. 어머니를 향한 이러한 감정의 배출구는 항상 단단하게 막혀 있고, 오필리아를 향해 난 좁은 길 역시 닫혀 있으니 어린 시절의 기억이 되살아난 결과로서 이 방향으로 흐르는 감정이 더 많아진다면 '억압'의 상태를 유지하기 위해 그는 온 힘을 다해야 할 것이다. 그의 억압당한 감정은 다른 방향들로 난 부분적인 길을 찾아간다. 성을 잘 내는 성격과, 길든스턴과 로젠크란츠, 그리고 특히 폴로니어스가 그를 짜증나게 하여 터져나온 감정은 분명히 이런 방식으로 풀이될 수 있으며, 부분적으로는 어머니를 향한 비난의 격렬함을 반영한다고도 할 수 있다. 사실, 어머니의 부정한 행실에 대한 생각은, 어머니와의 대화가 끝날 무렵 심하게 '억압'된 성적 감정의 대단히 특징적인 표현이기도 한 육체적인 혐오감 속에서 드러난다.

불어터진 왕이 침대로 당신을 다시 꼬여

음탕하게 뺨 꼬집고 내 생쥐라 부르며,

역겨운 키스 두어 번에, 혹은 그놈의

염병할 손가락으로 당신 목을 애무해 준 대가로

이 일을 다 불어버려요. (제3막 제4장)

(Let the bloat king tempt you again to bed,

Pinch wanton on your cheek, call you his mouse,

And let him for a pair of reechy kisses,

Or paddling in your neck with his damn'd fingers,

Make you to ravel all this matter out)

햄릿이 폴로니어스를 대하는 태도도 대단히 많은 정보를 준다. 가족적인 유대나 그와 유사한 다른 요인이 없으니 햄릿은 자신이 재잘거리고 독선적이고 노망난 늙은이라고 여기는 자에게 상대적으로 제약 없이 적개심을 가질 수 있었다.[30] 그가 폴로니어스와 입다[31] 사이에 그려본 유사점은 이 점에서 특히 두드러진다. 여기에서, 젊은이의 행복을 위협하기 위해 권력을 사용하는 연장자를 교화하려는 태도, 그리고 그가 아버지를 "모든 신들이 각자의 인장을 찍어 세상 사람들에게 참사람을 증명해 주려고 만든 듯한 진정한 융합체(A combination and a form indeed, where every god did seem to set his seal to give the world assurance of a man.)"라고 묘사했을 때의 과장되고 신파조의 모습이 아닌 그의 근본적인 태도가 드러나는 것이다.

앞에서 말한 것으로부터 숙부에 대한 햄릿의 태도가 일반적으로

---

30 얼마나 많은 연출자와 배우가 폴로니어스에 대한 햄릿의 왜곡된 평을 수용하는지 주목할 필요가 있다. 그의 말은 아마도 그의 세속적 지혜의 영민하고 견실한 측면을 간과한 것인데도 말이다. 결국 폴로니어스가 햄릿의 광기를 오필리아에 대한 보답 없는 사랑에 기인한 것이라 진단한 것은 사실과 그리 동떨어진 판단이 아니었으며, 그는 햄릿의 침울한 상태가 성적인 문제에 원인이 있다는 것을 분명히 알아챘다.

31 그 딸에 대한 입다의 행동에 대해 셰익스피어가 어떻게 생각했는지는 「헨리 6세」 제3부 제5막 제1장에서 찾아볼 수 있을 것이다. 이 주제에 관해 다음 책도 보라. Wordsworth: On Shakespeare's Knowledge and Use of the Bible, 1864, p. 67.

생각하는 것보다 훨씬 더 복잡하다는 것을 보게 될 것이다. 그가 숙부를 싫어하는 것은 물론이지만, 그것은 자신의 경쟁자가 잘 하는 것을 시기하는 악인의 혐오심과도 같다. 그가 숙부를 매우 싫어함에도 불구하고, 어머니를 비난할 때처럼 피에서 끓어오르는 격렬한 분노를 품고 숙부를 비난하는 일은 결코 없다. 왜냐하면 그가 숙부를 더욱 격하게 나무랄수록 자신의 무의식과 '억압'된 콤플렉스를 더욱 강하게 자극해 활동하도록 하기 때문이다. 그는 따라서 한편에는 자신의 끔찍한 소망을 더욱 자극할 성취로서, 숙부에 대한 혐오를 자유로이 놓아주는 문제와, 다른 한편에는 그의 뚜렷한 임무가 요구하는 복수를 무시하는 문제 사이에서 진퇴양난에 처해 있다. 그의 '악'한 성품은 그가 숙부의 악함을 완전히 혐오하지 못하게 하고, 그는 소망을 '억압'하면서, 복수를 무시하도록, 용서하도록, 가능하면 망각하도록 노력해야 한다. **그의 도덕적 운명은 좋든 나쁘든 숙부와 긴밀한 관계를 맺고 있다.** 사실 그의 숙부는 햄릿 자신의 인격의 가장 깊이 숨겨진 부분을 공유하고 있어서, 햄릿은 자신을 죽이지 않고서는 숙부를 죽일 수 없다. 우울증에 빠져 자살하는 동기로서 프로이트가 밝힌[32] 것과 대단히 유사한 이 해법을 햄릿은 정말로 마지막에 가서 선택하게 된다. 그가 계속해서 행동하고 행동하지 않기를 번갈아 한 것과 의심하는 숙부를 그가 도발한 것은 다름 아닌 자기 자신의 파멸을 초래할 수밖에 없었고, 이와 함께 우발적으로 숙부마저 최후를 맞게

---

32 Freud: "Trauer und Melancholie," Vierte Sammlung kleiner Schriften, 1918, Kap. XX.

되었다. 햄릿은 마지막으로 희생자를 만들고 스스로도 죽음의 문턱까지 갔을 때 거리낌없이 임무를 완수할 수 있었으니, 아버지의 복수를 할 수 있었고, 동시에 자신의 또 다른 자아인 숙부를 살해할 수 있었다.

그가 이 극에서 살인을 할 뻔한 순간이 둘 있는데, 두 번의 충동 모두 근친상간의 참을 수 없는 생각과 분리되어 있었다는 것은 주목할 만한 특징이다. 두 번째 순간은 물론 그가 정말로 왕을 죽인 때였는데, 이 때 왕비는 이미 죽어서 아들의 곁을 떠났으니, 그에겐 살인하려는 숨은 동기가 이미 사라진 터였다. 첫 번째 순간은 더욱 흥미롭다. 햄릿이 대단한 상상력을 지닌 인물이라는 것은 분명하다. 예컨대 비셔는 그를 두고 "공상적 인간(Phantasiemensch)"이라는 대단히 어울리는 이름을 붙였다.[33] 알려진 대로, 당시의 위험은 환상이 이따금씩 현실을 대체할 수도 있다는 것이었다. 같은 표현을 사용하는 오토 랑크[34]는 조카가 숙부를 살해하고(!), 간통이나 근친상간에 대한 언급이 없는, 감정적으로 격렬한 연극 장면이, 햄릿의 상상 속에서 임무가 수행되는 것과 동일하다는 그럴 듯한 지적을 했다.[35] 왕을 죽이는 것

---

33 F. T. Vischer: "Hamlet, Prinz von Dänemark," in Shakespeare Vorträge. Bd. I, 1899.

34 Otto Rank: "Das Schauspiel in Hamlet," *Imago*, Jahrg. IV, S. 45.

35 여기에 오로지 정신분석학자들에게 호소력이 있을 미묘한 부분이 있다. 꿈 속에서 꿈을 꾸는 일(꿈을 꾸는 내용의 꿈을 꿀 때)은, 그 꿈이 그 사람이 '꿈일 뿐'인 것으로 소망하지만 그렇지 못한 주제를 함축하는 것으로 해석될 때 항상 나타난다. 내 생각에는 『햄릿』에 나오는 것과 같은 '극중극' 역시 이와 유사한 의미를 지닌다. 따라서 햄릿은 (조카로서) 오로지 상상 속에서만 왕을 죽일 수 있는데, 이는 그것이 '단지 극'이거나 '단지 극 안'이기 때문이다.

은 어머니나 근친상간에 대한 언급이 없어 숨겨진 다른 동기가 존재하지 않을 때 더 쉽다. 극이 끝나면 그는 마치 진짜로 왕을 죽인 것처럼 환희하지만, 실제로 그가 한 일은 왕을 위협하여 사형 집행 영장에 서명을 강요한 것이 전부였다. 연극을 상연하려는 그의 핑계―클로디어스가 유죄라고 확신하는 것과 유령이 믿을 만한지 확인하는 것―는, **전에** 그가 이미 숙부의 죄와 유령의 말의 진실성을 확신했으며 자신의 태만함에 자책하던 터였다는 사실 때문에, 겉보기에만 그럴 듯하다는 사실이 자명해진다. 그가 기도하는 왕에게 다가가서, 말하자면 왕이 여태 살아 있음을 알고 놀랄 때, 그는 아직도 자신의 임무가 목전에 남은 것을 깨닫지만 "지금 해도 **괜찮겠다.**(Now *might* I do it)" ("하겠다(will)"고 하지 않고)라고 말할 수 있을 뿐이다. 그러더니 그는 공공연히 유아기 때 자신의 무의식적인 생각―어머니와 함께 누운 남자를 죽이고 싶다는 소망("침대에서 상피붙어 쾌락을 즐길 때(in th' incestuous pleasure of his bed)")―을 드러내지만, 그는 그렇게 하려는 떳떳하지 못한 동기 때문에 자신이 행동하지 못하게 될 것임을 너무나도 잘 안다. 따라서 그에게 이 딜레마를 벗어날 길은 없으며, 그는 우연히 파멸에 이르게 된다.

의붓아버지를 죽이라는 임무는 수행될 수 없는데 이는 첫째건 둘째건 어머니의 남편은 죽여야 한다는, 그의 본성의 무의식적인 요구와 연결된 것이기 때문이다. 앞의 충동이 완전히 '억압'된 것은 뒤의 충동을 내적으로 금지하는 것 역시 포함한다. 햄릿 스스로도 자신이 "천국과 지옥으로부터" 복수를 재촉받았다고 생각했을 리는 만무하다.

햄릿을 행동하거나 행동하지 못하게 하는 동기들을 이렇게 살펴보면서, 부수적인 요소들—클로디어스가 오이디푸스 콤플렉스의 일반적인 해결(순서를 따라 아버지를 계승하는 것)을 막아버려 왕위에서 햄릿이 배제된 일 등—은 역시 극 속에서 꽤나 중요하지만, 좀 더 중대한 요소가 두드러지도록 하기 위해 의도적으로 배제하였다. 보아온 바와 같이 이런 중대한 동기들은 햄릿 스스로가 인지하지 못하는 것에 기인하였으며, 그를 괴롭힌 내적 갈등은 '억압'된 심리 활동을 의식적으로 만들기 위한 노력의 일부라고 요약해 볼 수 있다. 의무를 부과하는 행위는 자동적으로 이러한 무의식적 활동들을 일으키며, 더욱 강력하게 그것들을 '억압'할 필요성과 대립한다. 행위로서 외부에 드러날 필요성이 더 강할수록 그 힘들을 억압하는 데 요구되는 노력은 더 커지기 마련이다. (클로디어스를 죽여서) 근친상간 행위를 끝내라는 것이 아버지에게서 받은 햄릿의 도덕적 의무였으나, 그의 무의식은 그 행위를 종식시키기를 원치 않았고(이 경우 그는 클로디어스와 동일시된다), 그렇게 하지도 못했다. 그가 수없이 자책하고 죄책감을 느끼는 것은 궁극적으로 바로 이 실패, 즉 단죄하기를 거부하는 자신의 떳떳하지 못한 소망 때문이다. 자기 자신의 근친상간적 소망을 단념하길 거부함으로써 그는 죄가 계속 남아 있도록 하기 때문에 날카로운 양심의 가책을 견뎌내야만 한다. 게다가 어머니의 남편을 살해하는 것은 스스로 원죄를 범하는 것과 다름없으므로, 이는 훨씬 더 큰 죄가 될 터였다. 따라서 이 두 가지 불가능한 선택 가운데서 그는 근친상간이 지속되게 하여 대리만족을 느끼고, 동시에 왕의 손에 파멸당할 것을 재촉하는 수동적인 해결에 의지하게 된다. 이처럼 잔혹하고 고통스러운 비극이 또 있었던가!

행동은 처음부터 장애물을 만났기 때문에, 햄릿과 희곡의 독자 모두가 이해하지 못할,[36] 겉보기엔 이유 없는 금제가 있는 것처럼 보였다. 그러나 이 장애는 육체적 · 도덕적 비겁함이 아니라 자신의 내적 영혼을 탐구하길 거부하는 지적인 비겁함에 기인한 것이었다. 햄릿은 인류의 다른 구성원들과 함께 이 비겁함을 공유했던 것이다. "따라서 양심 때문에 우리 모두는 비겁자가 되어버린다.(Thus conscience does make cowards of us all.)"

---

36 이 상황은 햄릿 자신의 외침 안에 탁월하게 묘사되어 있다.(제4막 제4장)

> 난 내가 왜
> "이건 하리라"고 살아 말하는지 모르겠다,
> 해치울 명분과 의지, 힘과 수단이 있음에도.
> (I do not know
> Why yet I live to say "this thing's to do,"
> Sith I have cause, and will, and strength, and means,
> To do' t.)

더 훌륭한 통찰력이 있었더라면 그는 "의지"라는 표현을 "경건한 소망"으로 바꿔 넣을 수 있었을 텐데, 그것은 이 단어가 뢰닝(앞의 책, S. 246)의 지적처럼 본의를 제대로 전달하기 때문이다. 이상하게도, 롤프(앞의 책, p. 23)는 햄릿이 상황의 외적 어려움 때문에 행동하지 못했다는 베르더의 가설을 뒷받침하기 위해 이 구절을 인용했는데, 이는 얼토당토않은 가설이 처한 난관을 짐작하게 할 따름이다.

5

모친 살해의 주제
The Theme of Matricide

배반당한 남자가 감정적으로 살인을 하려고 할 때, 그는 연적을 죽일 것인가, 여인을 죽일 것인가? 이것은 대답하기 어려운 질문이다. 어떤 이들은 말이나 행동으로써 전자라고 답하고 어떤 이들은 후자라고 답하는데(오셀로!), 그러는 동안 두 성(性)에 대한 자신들의 가장 내면적인 자세가 상당 부분 드러난다. 그렇다고 해서 비록 그 행동이 적대적이라는 점이 명백하기는 해도, 그가 죽인 사람의 성이 반드시 그가 더욱 싫어하는 성이라는 의미는 아니다. 순수한 적대감 외에도 살인의 동기는 존재하며, 그 동기들이 훨씬 더 자주 나타난다. 살해당하는 사람은 많은 경우 더욱 인내하지 못할 내면적 갈등을 폭발시킬 만할 행동을 하고, 살해자는 이 사람의 성을 양성 가운데 더 싫어할 수도 있고 싫어하지 않을 수도 있다.

성적 본능이 좀 더 순수한 욕망으로 차 있었으되 부드러운 사랑이 본능에 따라오는 일이 많지 않았던 원시 시대에는, 남자가 화가 났을 경우 항상 경쟁자를 죽이는 선택을 하고, 방해자를 죽이며, 아마도 여자가 복종하지 않는다는 이유로 그의 소유권을 심히 탓하였을 것이다. 그러나 본능이 죄의식을 수반하는(근친상간을 놓고 투쟁한 것에 그 기원을 둔다) 문명인의 경우에는 그런 식의 해결이 그렇게 간단하지만은 않게 되었다. 그렇다면 무수히 많은 시인들이 표현했던 것처럼, 이 경우에는 여성의 관능성이 단순히 매력의 원천에 머무르지 않고 죄, 파괴, 영원한 저주를 초래하는 덫으로 느껴질 수도 있다. 대부분의 사회에서 잔혹하리만큼 자주 여성의 순결을 강조한 것은 아마도 이런 까닭에서일 것이다. 남자들은 금욕을 억제되지 못한 욕망에 대항하는 방어 수단으로 사용한다. 비록 나중에 가서는 그 금욕이 욕망을 더욱 자극하는 것으로 바뀔 수도 있지만 말이다.

모든 것이 그러하듯, 여성의 정절의 중요성은 유아기 때 시작한다. 앞에서 이미 언급한 자연스러운 질투심에도 불구하고, 어머니가 남편에게 헌신하여 정절을 지키는 것과 특히 부부가 결혼하여 함께 느끼는 행복감은, 유아가 자신의 성적 충동에 맞서 방어벽을 쌓고 그 충동이 더욱 바람직한 방향을 따라 서서히 옮겨가는 것을 도와준다. 따라서 파혼한 부부의 자식에게 이혼은 부정적인 결과를 미친다. 어떤 아이들은 태생적으로 자신을 억제하는 능력을 기르기 위해 다른 아이들보다 더 많이 외부의 도움에 의존하며, 이 의존성이 대단히 강해지면 남자 아이 또는 그가 자라서 된 성인은 여성의 순결이나 호색의 문제에 특히 민감해지며, 극단적인 경우 여성에 좌우된다고 할 수 있다.

예를 들어 색정형 망상 장애에서 환자는 여자가―실제로든 상상으로든―자신에 대한 관심의 표시를 보여주고 **나서야** 그 여성에 대한 사랑을 느낄 수 있다. 의존성의 정도는 대부분 남성의 기질 내에 있는 여성성의 양과 관련이 있다.

어머니가 그 남편에게 헌신적이지 않다거나 과도하게 음란할 때, 특히 아들에게 지나치게 호색적일 때(따라서 상징적으로 근친상간을 할 때) 아들은 좀 더 사교적으로 성장하려는 노력에 부담을 느낄 뿐 아니라, 역겨움의 표현으로서 혐오감을 보이거나 심지어 어머니에게 진짜로 적의를 드러내 자신을 방어하기도 한다. 어머니의 행동은 이미 그가 인내하지 못하며 그의 삶과 정신을 해칠 수도 있는 그의 내면의 것들을 자극하였던 것이다. 어머니가 더 나아가 진짜로 근친상간을 범하려 했다면, 아들로서는 자신의 충동을 조절할 수 있게 해줄, 대단히 중요한 장벽을 무너뜨린 셈이다. 그러면 아버지를 살해하고 어머니와 동침하는 고전적인 오이디푸스적 방향으로 모든 것이 그에게 개방되고, 이로써 자라나는 공포와 죄의식은 그의 인내심으로는 어쩔 수 없게 될 것이다. 단 하나의 희망이 남아 있으니, 무슨 수를 써서라도 어머니의 행동을 저지하고, 어머니가 그를 노하게 해서 벌어지도록 야기한 적의감을 발산하여 어머니의 삶을 파괴하는 것이다. 때때로 발생하는, 모친 살해라는 기이한 행동은 이렇게 설명될 수 있을 것이다.

햄릿은 방금 묘사한 상황에 처한 듯하다. 이 비극의 말미에서 호레이쇼가 언급한 "음탕하고, 피비리며 천륜을 어긴 행위(carnal, bloody and unnatural acts)"(즉 간통, 살인, 근친상간) 가운데 햄릿은 극이 시작될 때 마지막 것에 대해서만 알았고, 나머지 두 가지는 유령이 알려준다. 그러나 맨 처음에, 도버 윌슨의 말대로 "근친상간의 끔찍한 생각은 첫 독백 전체에 걸쳐 햄릿의 마음 속에 나타난 괴물이었다. 추할 정도로 서두른 결혼보다 바로 이 근친상간이 '세상 만사'를 '지겹고, 맥빠지고, 단조롭고, 쓸데없어' 보이도록 했으며, 그의 육체를 더럽히고, 그로 하여금 죽음을 갈망하게 하고, '약한 자여, 네 이름은 여자로다.'라고 쓰라리게 외치도록 했다."[1] 또 그는 이렇게 썼다. "햄릿은 자신이 어머니의 욕망과 관련 있다고 느꼈다. 그는 모든 유약함과 추잡함이라는 성격을 어머니와 공유하고 있다는 것을 의식했다. 그가 태어난 근본은 썩어 있었다."[2] 이보다 더 노골적으로 표현할 수는 없을 것이다. 그럼에도 불구하고 저자는 어떻게든 해서 (어머니뿐 아니라) 햄릿 자신이 근친상간의 욕망을 회피하였다는 명백한 결론을 피해가는 듯하다. 그는 냉담하게 "근친상간 문제는 너무나도 중요하여 아무리 강조해도 지나치지 않을 것이다."[3]라고 하긴 했으나, 그는 분명히 **다른** 사람의 근친성향에 대한 햄릿의 민감함을 말한 것이지, 햄릿 자신의 그러한 기질을 이야기한 것은 아니다. 사실 햄릿이 견뎌내지 못할 고통의 궁극적 원인은 그 자신의 기질이었는데 말이다.

---

1 Dover Wilson, 앞의 책, p. 307.
2 같은 저자: 앞의 책, p. 42.
3 같은 저자: 앞의 책, p. 43.

그가 전부터 분명히 의심하였던, 간통과 살인을 유령이 말해 준 다음에도, 그의 감정은 여전히 어머니의 근친상간 문제에 크게 좌우 되었다. 실제로 월독(Waldock)은 햄릿의 망설임이 순전히 근친상간에 대한 혐오에 정신이 팔려 있는 동안 생겨난 것이라고 보았다.[4] 도버 윌슨의 표현대로 "그의 망상을 '불카누스의 대장간처럼 시커멓게 (as foul as Vulcan's stithy)' 바꾸어놓은 것은 살인보다는 '음욕과 저주를 부르는 상피붙는 잠자리(couch for luxury and damned incest)'"[5]였고, 퍼니벌도 이전에 같은 시각을 보였다.[6] 왕과 왕비 모두 햄릿이 사랑하던 아버지에게 죄를 지었지만, 의심의 여지 없이 햄릿은 숙부보다 어머니의 죄 때문에 더 불쾌감을 느꼈다.

따라서 마우어호프,[7] 불펜(Wulffen)[8] 등의 비평가들이, 햄릿이 어머니를 죄에서 구해주는 것을 아버지의 죽음에 복수하는 것만큼 중요하게 생각했는지의 여부에 의문을 제기한 것도 놀랄 일은 아니다. 헨더슨(Henderson)은 셰익스피어가 카스티글리오네(Castiglione)의 모습에서 나타나는 것과 같은 이상적인 조신(朝臣)을 작품 주인공의 모델로 삼았으며, 햄릿은 의협적인 도의심 때문에 왕을 죽이는 것보다 어머니를 구원하는 일을 더 중요하게 여겼다고 주장함으로써, 이 극의 주제를 영웅적으로 만들었다.[9] 근친상간을 종식시키고 아버지의 원

---

4 A. J. A. Waldock: Hamlet, 1931, pp. 78, 95.

5 Dover Wilson: 앞의 책, p. 306.

6 Furnivall: 앞의 책, p. 37.

7 E. Mauerhof: Uber Hamlet, 1882, S. 19.

8 Erich Wulffen: Shakespeare's Hamlet, ein Sexual problem, 1913.

수를 갚는 가장 확실한 방법은 물론 클로디어스를 죽이는 것인데, 앞 장에서 살펴보았듯이 그렇게 행동하는 것을 방해하는 이유들이 있었 다. 이 이유들을 극복할 수 있다고 하더라도 왕비의 상황은 어찌 될 것인가? 도버 윌슨은 왕비가 필연적으로 불명예를 입을 거라는, 그 자체로 상당히 미심쩍은 주장을 하면서 햄릿은 그러한 우발적 사태 를 마주하지 못할 것이라고 했다.[10] 다른 여러 가지 해석과 마찬가지 로 여기에도 같은 반박이 제기된다. 왜 햄릿은 한 번도 이 곤란을 독 백에서 다루지 않았으며, 왜 그는 계속해서 자신이 의무를 이행하지 못하도록 막는 것이 무엇인지 모르겠다고 말한 것일까?

이 모든 주장에 많은 진실이 함축되어 있을 것이다. 햄릿의 의무 에 대한 햄릿과 그 아버지의 생각은 서로 달랐다. 아버지는 (클로디어 스를 죽여서) 자신의 죽음에 복수하는 것은 분명히 했지만, 자신의 아 내는 용서할 것과, 질책하거나 어떤 방식으로도 해치지 않을 것을 강 조하였다. 한편 햄릿은 그것이 의무라는 것을 한 번도 의심하지 않았 지만, 시해에 복수하기보다는 근친상간의 관계를 끝내는 것에 더 관 심이 많았다. 그는 어머니에게 할 행동의 문제로 어려움을 겪었고, 아버지처럼 어머니를 쉽게 용서할 생각이 결코 없었다. 사실 그는 마 치 항상 확인해야 하는 위험한 벽이 있는 것처럼, 어머니를 해쳐서는 안 된다는 점을 계속해서 스스로 상기하고 있지 않은가. 도버 윌슨은

---

9   W. B. D. Henderson: "Hamlet as a Castiglionean Courtier," *The McGill News*, June, 1934.

10 Dover Wilson: 앞의 책, pp. 98, 172 등.

심지어 침실 장면에서 유령이 다시 나타난 것은 햄릿에게 숙부 문제에 집중하고 어머니를 용서하도록 다그치기 위해서라고 주장하기도 했다.[11]

어머니를 파괴한다는 무서운 생각만 남아 있었던 것이다. 겔베르는 어머니의 파멸과 자기 자신의 파멸 중에서 햄릿이 선택한다고 말하면서 이 점을 은연 중에 암시한 듯한데,[12] 사실 이 생각을 감히 꾸밈없이 드러낸 것은 미국의 정신병학자인 프레드릭 워덤(Fredric• Wertham)이 처음이었다.[13] 그는 모친 살해를 연구하였고, 한 청년이 어머니의 음란함과 자신이 무척 사랑하는 아버지를 배신한 것을 보고 어머니를 살해한, 끔찍한 실제 사례를 조사한 내용으로 책을 쓰기도 하였다.[14] 워덤은 어머니를 죽이려는 아들의 충동을 오레스테스 콤플렉스(Orestes complex)라고 불렀다. 재미있게도, 햄릿과 오레스테스 이야기를 연관지은 경우는 이것뿐만이 아니다. 60년 전 한 프랑스 사람은 자신의 책에서 둘을 비교하고 결론 짓기를 "햄릿 이야기는 사실상 다른 이름과 다른 공간이 설정된 오레스테스 이야기일 뿐이다."라고 하였다.[15] 길버트 머레이(Gilbert Murray)는 둘을 상세하게 비

---

11 같은 저자: 앞의 책, pp. 172, 252.

12 A. Gelber: Shakespeare'sche Probleme, 1891, p. 189.

• 원문에는 Frederic이라고 되어 있다.

13 Frederic Wertham: "The Matricidal Impulse," *Journal of Criminal Psychopathology*, April 1944, p. 455.

14 같은 저자: Dark Legend, 1947. 다음도 보라. H. A. Bunker: "Mother-Murder in Myth and Legend," *The Psychoanalytic Quarterly*, 1948, Vol. XVII, p. 470.

15 Ernest Dugit: "Orest et Hamlet," *Annales de l'enseignement supérieur de*

교하는 연구를 하였다.[16] 그러나 많은 유사점, 특히 머레이가 세심하게 지적한, 두 주인공에게 영향을 끼치는 "모친 살해에 대한 부끄러움"과 "광기의 그림자"에도 불구하고 그는 두 전설 사이에서 어떠한 역사적 관련성도 발견하지 못했기 때문에, 둘의 유사성은 분명히 인간 본성에 내재한 일반적인 호소력에 기인할 것이다. 그는 이렇게 썼다. "『햄릿』이나 『아가멤논』이나 『엘렉트라』와 같은 희곡들에는 분명히 훌륭하고 유연한 인물 묘사, 다양하고 완성도 높은 이야기, 시인과 극작가의 능숙한 기교도 발휘되지만, 오래도록 잠들어 있었음에도 항상 익숙하게 느껴지는 욕망과 두려움과 격정 또한 흐르고 있으니, 이것이 수천 년의 세월 동안 우리가 가장 깊숙한 감정의 뿌리 곁에 있었으며 우리의 가장 마법 같은 꿈의 재료로서 사용되어 온 것이다." 그러나 그가 두 이야기 모두 궁극적으로는 "여름과 겨울, 삶과 죽음의 선사 시대상의, 그리고 세계 보편적인 제의적 대결"에 기반을 둔다고 결론지을 때 그는 이 통찰력을 상실한 것 같다. 플로렌스 앤더슨(Florence Anderson) 역시 동일한 비교 작업을 했으며, "셰익스피어가 투박한 암렛(Amleth)을 예민하고 우울증적인 햄릿으로 변형한 것으로 보아, 분명 오레스테스에 대해 잘 알고 있었던 게 틀림없다."고 주장한다.[17] 그녀는 두 전승 사이에 대단히 오랜 관계가 있

Grenoble, 1889, p. 143.

16 Gilbert Murray: "Hamlet and Orestes," Annual Shakespeare Lecture of the British Academy, 1914. (reprinted in his Classical Tradition in Poetry, 1930.)

17 F. M. B. Anderson: "The Insanity of the Hero—an Intrinsic Detail of the Orestes Vendetta," *Transactions of the American Philological Association*,

136 햄릿과 오이디푸스
Hamlet and Oedipus

었던 게 확실하다고 생각한다는 점에서 길버트 머레이와 다르다.

워덤은 일면적 방식으로 그 생각을 발전시켜 햄릿의 딜레마에 대해 유례 없는 설명을 내놓았다. 사실 모친 살해의 충동은 정신병리학자에게는 친숙한데, 이것이 오이디푸스 콤플렉스에서 발생한다는 사실이 항상 드러난다. 오이디푸스 콤플렉스는 모친 살해의 충동이 생겨나는 뿌리의 하나이거나—은유를 달리하자면—오이디푸스 콤플렉스를 해결하기 위한 하나의 방법으로서 모친 살해가 시도되기도 한다. 이 주제는 이 장(章)의 도입부에서 제시한 문제와 유사하다. 분노한 남자는 여성을 죽이는가, 경쟁자를 죽이는가?

이런 것을 생각하면서 극으로 돌아가보자. 침실 장면은 분명히 아주 중요한 상황이다.[18] 그러나 그 전에 햄릿은 오필리아에게 독한 말을 하다가 말한다. "난 스스로 문책할 수 있는 죄들 때문에, 어머니가 날 낳지 말았으면 좋았을 거라고.(I could accuse me of such things that it were better my mother had not borne me.)" 이 불길한 말이 암시하는 바는 무엇인가? 이 말은 심지어 왕을 죽이는 일보다도 잔인해 보인다. 그리고 "내가 태어나지 않았으면"이라는 표현과 "어머니가 날 낳지 말았으면"이라는 말 사이에는 미묘한 차이가 있다. 어머니가 언급되어야 할 필요가 있었던 것이며, 저 가정이 실현된다면 누구를 위

1927, p. 431.
18 이쯤에서 이 사실을 상기시키는 게 적절하겠다. 덴마크 색슨 족과 아이슬란드의 암발레스(Ambales)의 햄릿 이야기에는 모두 그가 어머니의 방에서 **자곤** 했다고 되어 있다(!) (I. Gollancz: 앞의 책, pp. 88, 119)

해 더 좋았을 것이라는 말인가? 이 희미한 암시는 그것 자체로는 이목을 끌지 못하지만 더한 것이 따라 나온다. 같은 장면에서 햄릿은 오필리아에게 "이미 결혼한 사람들은 한 사람만 빼놓고는 그대로 둘 것(those that are married already, all but one shall live.)"이라고 한다. 대개 이 "한 사람"이 클로디어스를 지시한다고 여기는 경우가 많지만, 이 때 그는 여성을 비난하느라 여성에 대해서만 생각하던 상태였다. 이 문제의 생각은 왕과 왕비에게도 새로운 것이 아니다. 클로디어스는 아내에게 "그의 자유는 만인에 대한 협박으로 가득하오. 당신 자신에게도.(His liberty is full of threats to all, To you yourself.)"라고 경고했으며, 침실 장면에서도 왕비는 놀라서 "네가 어찌 하려느냐? 나를 죽일 셈은 아니겠지?(What wilt thou do? Thou wilt not murder me?)" 하고 외친다. 의도적이든 아니든, 햄릿이 클로디어스를 "사랑하는 어머니(dear mother)"라고 부르는 말실수 역시 그가 두 사람을 얼마나 비슷한 감정으로 대하는지 보여준다.

그는 심지어 이렇게 설명한다.

아버지와 어머니는 남편과 아내요
남편과 아내는 한몸이니, 내 어머니요.
(Father and Mother is man and wife,
Man and Wife is one flesh, and so my mother.)

유아기에 흔히 나타나는 이러한 생각은 정신분석학에서 '결합된 부모 개념(combined parent concept)'이라는, 다소 꺼림칙한 이름으로 불린다. 이것은 성교 중인 부모, 곧 한 몸에 대한 환상에서 비롯된다.

어머니의 침실로 가는 도중 햄릿은 (제3막 제2장 제394행) 이렇게 잔인한 말을 한다.

난 지금 뜨거운 피 마시고,

낮에 보면 덜덜 떨 독한 짓을 할 수 있다.

그만, 이제 어머니에게로. 오 마음이여,

효성을 잃지 마라. 확고한 이 가슴에

네로의 영혼은 절대 들게 하지 마라.

잔인하되 불효는 말아야지.

칼같이 말하지만 칼을 쓰진 않을 거야.

(Now could I drink hot blood,

And do such bitter business as the day

Would quake to look on: soft, now to my mother—

O heart, lose not thy nature, let not ever

The soul of Nero enter this firm bosom,

Let me be cruel not unnatural.

I will speak daggers to her, but use none.)

이와 관련해 도버 윌슨은 햄릿의 근친상간적 기질의 문제와 더불어, 비록 완전히 도달하는 것은 두 경우 모두 실패했지만 무시무시한 생각에 대단히 근접한다. 그는 이렇게 쓴다. "이 찌르는 칼은 누구를 위해 준비된 것인가?" 그는 어머니에게 가고 있다. 그러나 어머니를 죽이러 가는 것이 아닌 것은 확실한가? 그는 네로가 아니다. "이 살인 충동들은 필히 묶여 있어야 한다."[19] 그가 네로처럼 행동하지 않는 것은 분명하지만, 그렇다고 해서 네로의 마음도 없겠는가? 왜 그 많은 사람 가운데 어머니와 동침하고 어머니를 살해한 네로를 이 결정적인 순간에 언급했단 말인가? (아마도 어머니가 계속 살아 있음으로써 자꾸 생각나는 죄를 참을 수 없기 때문이라는, 비슷한 이유 때문일 것이다.)

T. S. 엘리엇은 이렇게 썼다. "이 극에서 가장 중요한 감정은 죄를 지은 어머니에 대한 아들의 감정이다. … 햄릿은 표현할 수 없는 어떤 감정에 지배되었는데, 이것은 감정이 겉으로 드러나는 사실을 **초과**했기 때문이다."[20] 그러나 드러나는 사실을 초과했다는 것은 옳지만, 햄릿의 영혼 속에서 실제로 일어난 일을 초과한 것은 아니다. 그의 감정이 표현 불가능했던 것은 그런 이유 때문이 아니라, 자기 자신에게조차 표현하고자 바랄 사람 하나 없을 생각과 소망이 존재하기 때문이었다. 여기에서 가장 어두운 심층을 이해하게 된다.

---

19 앞의 책, p. 244.
20 앞의 책, 같은 쪽.

6

셰익스피어 안의 햄릿
The Hamlet in Shakespeare

실제로 존재한 적도 없는 사람의 무의식을 살펴 비평가들과 맞서 싸워온 결과, 햄릿이 진짜 사람인 것 같은 착각을 빚어낸 극작가의 의도가 약해지지 않고 오히려 잘 구현되었길 바란다. 그러나 이 착각은 이면에 타당성을 지닌다. 햄릿에게 그러한 행동, 사고, 감정을 부여한 사람은 실제 인물이 아니던가. 이 모든 것은 셰익스피어 심리의 어딘가에서, 그리고 분명히 그 심리의 가장 깊이 숨겨진 곳에서 나왔다. 따라서 이제 이 탐구 역시 그러한 방향으로 진행될 것이므로, 착각에 관한 문제가 제기될 여지는 더 이상 없다. 맨 처음 시작한 주제, 즉 시적 창작으로 돌아가 이 연관성 내에서 햄릿의 갈등이 셰익스피어의 내적 상황과 어떤 관계를 맺는지 탐구해 볼 것이다. 여기에서 주장하려는 바는 정도의 차이는 달라도 다른 모든 인간에게도 마찬가지이듯이, 이 갈등에는 셰익스피어 자신의 갈등과 비슷한 것이 반영되었다는 점이다. 얼마나 위장 내지는 변형되었건 간에, 시인이 묘사하는 감정과 시인 자신이 직접 느낀 어떤 모습의 감정 사이에는 반드시 모종의 상응하는 바가 있을 것이다. 그렇지 않다면 창작 행위라는 것은 전혀 이해할 수 없는 것이 될 것이다. 무(無)에서는 무(無)가 나오는 법이다. (*ex nibilo nibil fit.*)

이 글의 앞에서 말한 대로, 셰익스피어가 「햄릿」에서 내적 자아의 가장 중요한 부분을 표현했다는 관점은 널리 퍼져 있으면서도 의심할 여지 없이 옳은 시각이다.[1] 특히 햄릿의 영혼이 그대로 드러나는 독백의 많은 구절—예를 들어 "압제자의 잘못, 잘난 자의 불손, 경멸받는 사랑의 고통, 법률의 늑장, 관리들의 무례함, 참을성 있는 양반들이 쓸모없는 자들에게 당하는 발길질(th'oppressor's wrong, the proud man's contumely, the pangs of disprized love, the law's delay, the insolence of office, and the spurns that patient merit of th'unworthy takes)"에 대해 불평하는 것—은 덴마크의 왕자이자 왕위의 후계자인 그에게 너무나도 부적절하며, 오히려 셰익스피어의 개인적인 경험이 반영되었을 가능성이 대단히 높다. 보아스는 이렇게 썼다. "셰익스피어는 흉중에 품은 생각을 전달할 수단으로서 주제를 택한다는 인상을 강하게 준다. 대단히 주관적인 충동으로써만 「햄릿」을 쓸 수 있었다고 자신 있게

---

1 특히 다음 저서를 보라. Döring: Shakespeare's Hamlet seinem Grundgedanken und Inhalte nach erläutert, 1865; Taine: Historie de la littérature anglaise, 1886, t. II, p. 254; Vischer: Altes und Neues, 1882, Heft 3; Hermann: Ergänzungen und Berichtigungen der hergebrachten Shakespeare-Biographie, 1884.

주장한다."[2] 그는 나아가 이렇게 주장한다. "셰익스피어는 때로 햄릿의 유약함에 감염되기 쉬운 자기 자신의 모습을 느꼈을 것이라고 추측하지 않을 수 없다." 여기에서 "유약함"이라는 단어는 근친상간적·살인적 충동의 억압에 의한 마비 상태로 해석해야 할 것이다. 셰익스피어가 『햄릿』에 자신의 내면을 표현했다고 하는 브래들리는 이런 흥미로운 평을 했다. "대부분의 비극 주인공에게 주어진 문제가 셰익스피어에게도 치명적이었을 거라고는 생각하지 않는다. 그는 대단히 식견이 넓고 지적으로 명료하기 때문에 오셀로, 트로일로스, 안토니우스 등의 운명에서 벗어났을 것이다. 그러나 내 생각에 사람들과 그 자신은 그가 햄릿의 문제를 잘 해결하고 넘어갔을 거라고 여기지 않을 것이다."[3] 이와 같은 맥락에서, 그러나 셰익스피어와 햄릿을 단순히 동일시하는 것보다는 훨씬 더 심층적인 차원에서, 엘라 샤프(Ella Sharpe)는 이런 통찰력 있는 말을 했다. "그 시인은 햄릿이 아니다. 햄릿은, 시인이 『햄릿』이라는 희곡을 쓰지 않았더라면 스스로 취했을 모습의 인간이다."[4] 여기에서 아리스토텔레스가 논한 비극의 기능이 관객뿐 아니라 시인에게도 적용된다고 하겠다. 하이네(Heine) 역시 (오늘날 '신경증'이라고 하는) 정신적 고통과 시작(詩作) 간의 내적 관련성을 잘 이해하였다.

---

2 F. S. Boas: Shakespeare and his Predecessors, 1896, p. 388.

3 Bradley: Oxford Lectures or Poetry, 1909, p. 357.

4 Ella Sharpe: "The Impatience of Hamlet," *International Journal of Psycho-Analysis*, 1929, Vol. X, p. 272.

이 충동, 나의 이 창작의 열정을

발견한 건 병 덕분이었다.

내가 회복된 나를 만들어냈듯이,

창작하는 나는 나의 행복을 만들어냈다.

(Krankheit ist wohl der letzte Grund

Des ganzen Schöpfungdrangs gewesen;

Erschaffend konnte ich genesen,

Erschaffend wurde ich gesund.)[5]

채프먼(Chapman)은 비슷한 생각을 유려하게 표현했다. "그는 마치 죽음의 그림자 계곡을 지나쳐 별들 가운데 나타난 듯하다."[6] T. S. 엘리엇은 "도대체 왜 셰익스피어가 그 문제와 씨름했는지는 풀지 못할 수수께끼이다. 무슨 충동 때문에 그는 우리가 알지 못할, 표현 불가능한 바를 표현하려고 한 것일까."[7]

이 주장들은 키츠가 초기 셰익스피어를 두고 "하나님께서 여태 창조하신 피조물 가운데서 유일하게 행복으로 완전히 충만한 사람"이라고 묘사한 것과 얼마나 다른가. 그 뒤로 어떤 비통한 일을 겪었기에 자신의 심금을 울릴 결심이 강하게 섰는가? 그가 36세가량 되었을 때 그의 인격에 대단히 중대한 변화가 일어났으리라고 추측할 만

---

5 Heine: Neue Gedichte, Schöpfunglieder, 7.

6 J. A. Chapman: Papers on Shakespeare. I. Hamlet, 1932, p. 24.

7 T. S. Eliot: The Sacred Wood, 1920, p. 94.

한 타당한 이유가 있다.[8] 도버 윌슨의 지적대로, "성 혐오는 셰익스피어가 1600년 이후에 쓴 거의 모든 저작에 고루 나타난다."[9] 그리고 여기에 질투라는 중요한 주제도 덧붙여야겠다. 전혀 다른 시기에 쓰인 『로미오와 줄리엣』을 제외한 모든 비극이 이 때 이후에 집필되었으니, 셰익스피어는 이제 비극을 쓰는 시기에 들어선다.[10] "셰익스피어의 전반적인 스타일 전환점은 1601년이나 그 전후임이 틀림없다."[11] "셰익스피어가 비극을 쓰던 큰 시기 전체에 걸쳐, 성의 문제에 대한 그의 주요한 태도 가운데 하나는 지독한 역겨움과 혐오를 느끼는 것이었다."[12]

인격의 중대한 변화는 오로지 대단히 감정적인 경험을 통해서만 가능하다. 개인적 생애가 이토록 적게 알려진 시인의 경험을 밝혀낼 가능성이 있기나 한 것인가? T. S. 엘리엇이 이를 결코 알지 못할 것이라고 표현한 것은 물론 옳지만, 최소한 그 본질에 더 다가가 그것

---

8 Dover Wilson: 앞의 책, p. 306. 그는 『햄릿』이 "셰익스피어의 정신적 · 예술적 성장의 전환점"이라고 생각한다. (Introduction to his Edition of "Hamlet," p. viii.)

9 같은 저자: The Essential Shakespeare, 1932, pp. 48-9.

10 A. S. 케언크로스(Cairncross: The Problem of Hamlet, 1936)가 최근 셰익스피어의 비극이 모두 그의 청년기에 쓰였다는 것을 증명하려고 한 것은 사실이나(특히 『햄릿』은 1588년 작이라고 한다!), 그는 이 놀라운 주장을 뒷받침할 만한 근거는 찾지 못했다. 그의 증거와 논리로는 기껏해야 10, 12년 일찍 키드(Kyd)가 당시 쓰던 『햄릿』에 셰익스피어가 관여했다는 정도를 주장할 수 있을 뿐이지만, **우리도 아는 바와 같이** 희곡 『햄릿』은 틀림없이 이후 세기가 바뀌면서 근본적으로 재집필되었을 것이다.

11 G. Brandes: "Hamlet" in William Shakespeare, 1926, Vol. I, p. 313.

12 D. Figgis: 앞의 책, p. 284.

을 살펴볼 수는 있을 것이다. 모든 것이, 햄릿의 창조는 모종의 방법으로 대단한 개인적 경험을 표현한 것이라거나—좀 더 조심스럽게 표현하자면—그에 대해 일종의 반응을 보인 것이라고 암시한다. 분명 그는 그 이후 2년 간 글을 쓰지 않았다. 따라서 그 특별한 시기의 셰익스피어 삶에 대해 알려진 것은 무엇이든 살펴볼 테지만, 그러기 위해서는 우선 그 사건이 무엇인지를 명확히 해야겠다.

셰익스피어가 극의 줄거리를 어디에서 가져왔는지, 그리고 그가 그 희곡을 쓴 시기가 언제인지는 영문학사에서 가장 풀기 어려운 문제일 것이고, 두 가지 난제 모두가 이 글의 목적과 관련해 상당히 중요하다는 점을 보게 될 것이다. 셰익스피어가 극을 쓰기 전에 햄릿 이야기의 어떤 판본들을 접할 수 있었을지를 안다면, 그가 극에 순전히 반영한 것이 무엇인지 알 수 있을 테고, 이는 그의 인격을 연구하는 데 귀중한 정보가 될 것이다. 게다가 창작 시점을 정확히 안다면 희곡을 쓰게 된 동기를 그의 생애에 일어난 중요한 사건과 연관 지을 수 있을 것이다.

현재까지 밝혀진 바에 따르면, 알 수 있는 사실은 대략 다음과 같다. 셰익스피어는 먼저 쓰인 작품들에서 줄거리의 뼈대뿐 아니라 세부 사항의 상당수를 빌려왔다.[13] 그러나 지금 소개할 글들 중 대다수를 접하는 것은 아마도 가능했을 테지만, 그가 실제로 다음의 글들 중 어느 것을 읽었는지는 정확히 알려져 있지 않다. 햄릿에 대한 글

---

13 그의 대부분의 작품에 비하면 적은 수준이지만.

은 모두 삭소 그라마티쿠스(Saxo Grammaticus)가 13세기에 쓴 『덴마크 사(Historia Danica)』 제3권에 나오는 햄릿 전설에 기원을 두고 있다. 이 책은 1514년에 라틴어로 나왔고, 한스 작스(Hans Sachs)가 1558년에 독일어로 번역했으며, 1570년에는 벨포레(Belleforest)가 프랑스어로 번역했다.[14] 벨포레 판본—번역이라고 하지 않고 판본이라고 한 이유는, 여기엔 삭소가 쓴 이야기가 수없이 많이 수정되어 있기 때문이다—의 조악한 영어 번역은 16세기 후반 내내 잔존하였는데, 『햄릿의 이야기(The Hystorie of Hamblet)』라는 제목이 붙은, 유일하게 현전하는 복사본은 1608년 것이고, 엘체는 누구든 이 책을 낸 사람은 영문본 『햄릿』을 읽었을 것이며, 그 책이 아마도 셰익스피어가 쓴 것이었으리라고 생각할 만한 이유를 제시하였다.[15] 셰익스피어가 자신의 『햄릿』을 쓰기 최소한 10여 년 전, 영국에는 같은 이름으로 상연된 연극이 있었다. 1589년에 내시(Nash)[16]가, 1596년에는 로지(Lodge)[17]가 그에 대해 언급한 적이 있다. 1821년에 말론(Malone)이 처음으로 제기한 주장은 이 극이 토머스 키드(Thomas Kyd)의 손으로 쓰였다는 것이었고,[18] 그 주장은 이후의 연구를 거쳐 확고히 뒷받침되었으며,[19] 지금은 거의 확실한 것으로 간주되고 있다. 그것이 뉴잉턴

---

14 Belleforest: Histoires tragiques (1564), t. V. 1570. 이 글은 삭소의 글에서 직접 나왔을 수도 있지만, 지금은 알 수 없는 중간 출처에서 나온 것일 가능성이 더 높다.

15 Elze: William Shakespeare, 1876.

16 Nash: "To the Gentlemen Students of both Universities," prefixed to Green's Menaphon, or Arcadia, 1589.

17 Lodge: Wits miserie, and the Worlds madnesse, 1596.

18 Malone: Variorum, 1821, Vol. II.

버츠(Newington Butts) 극장에서 1594년쯤 상연되다가, 셰익스피어가 당시 직원으로 있던 로드 체임벌린의 회사에도 공동 점유되었다는 동시대의 증거가 있다.[20] 헨슬로(Henslowe)가 우연히 밝힌 바에 따르면, 극작가들이 줄거리든 인물이든, 심지어 표현이 되었든, 이전 사람이나 동시대 사람이 이미 쓴 자료를 얼마든지 이용했으며, 셰익스피어가 이 극에 친숙했으며 이를 자기 목적에 맞게 사용했을 개연성 높은 사실과 별도로 극의 일부분을 자신의 『햄릿』에 넣었을 거라고 믿을 만한 그럴 듯한 이유가 있다.[21]

안타깝게도 키드의 극은 현전하지 않는다. 셰익스피어의 『햄릿』을 그가 참고했을 법한 두 저작, 즉 삭소의 산문을 벨포레가 번역한 것, 그리고 그 영문 수정본인 『햄릿의 이야기』와 비교할 수는 있다. 그러나 그가 거의 확실히 활용했다고 생각되는 엘리자베스 시대의 극과는 비교하지 않겠다. 따라서 근원 설화에서 벗어난 표현 가운데 어느 것이 셰익스피어가 처음으로 창작한 것인지, 그리고 어느 것이 단순히 키드의 것을 그대로 물려받은 것인지를 확실히 알 수는 없다. 그런데 저자의 인격에 대해 많이 알 수 있는 방법은 새로운 표현을 살펴보는 것이다. 첨가라는 적극적인 방법이든 생략이라는 소극적인

---

19 Widgery: 앞의 책, pp. 100 이하 참조; Fleay: Chronicle of the English Drama, 1891; Sarrazin: Thomas Kyd und sein Kreis, 1892; Corbin: The Elizabethan Hamlet, 1895; Furnivall: Introduction to the First Quarto in Shakespeare Quarto Facsimiles.

20 Henslowe's Diary, 1609, reprinted by the Shakespeare Society, 1845.

21 Sarrazin, 앞의 책; Robertson: The Problem of "Hamlet," 1919, pp. 34–41.

방법이든 그 변화는 의심의 여지 없이 그가 가한 것이기 때문이다.

그러나 문제는 겉으로 보이는 것만큼 절망적이지만은 않다. 우선—1710년에 나온 거라 늦기는 했지만—독일 희곡 『형제 살해의 단죄 또는 덴마크의 왕자 햄릿(Der bestrafte Brudermord oder Prinz Hamlet aus Dänemark)』의 사본이 있는데, 이것은 드레스덴(Dresden)에서 적어도 1626년에는 상연되었으며, 결정적인 증거에 따르면 어쨌든 상당한 정도로, 『햄릿』의 판본 가운데 꽤 오래되었고 아마도 셰익스피어 이전에 쓰인 것의 영향을 받았을 개연성이 크다.[22] 이것과 셰익스피어의 『햄릿』 간의 차이는 뒤에 가서 설명할 것이다. 둘째로 『햄릿』과 키드의 현전하는 희곡들, 가령 역시 주인공이 자신과 가까운 친척의 살인에 복수해야 함에도 별 동기 없이 주저하는 내용의 『스페인의 비극(The Spanish Tragedy)』 등을 비교해 볼 수 있다. 두 작가의 특징은 너무도 두드러져서, 전문적인 비평가가 특정한 구절이나 줄거리의 일부만 보고도 둘 가운데 누가 쓴 것인지를 가리는 것은 그리 어려운 일이 아니다. 세 번째 고려해야 할 점은 순전히 심리학적인 것이다. 이것은 결국 셰익스피어가 다른 글에서 줄거리의 일부만을 차용한 것인지 전부를 빌린 것인지 하는 대단한 흥밋거리에 속하는 것은 아니다. 핵심은 그가 가장 깊은 내면의, 그리고 개인적인 감정과 생각을 표현하기 위해 그러한 줄거리를 차용하거나 만들어냈다는 사실이

---

22 Bernhardy: "Shakespeare's Hamlet. Ein literar-historisch kritischer Versuch," *Hamburger literarisch-kritische Blätter*, 1857; Shakespeare in Germany, 1865; Latham: Two Dissertations, 1872.

다. 희곡에 나오는 진심 어린 표현은 셰익스피어가 내적인 영혼을 희곡에 투사했다는 사실을 분명히 보여준다. 그가 다른 곳에서 찾아냈건 직접 만들었건, 그 때문에 자신의 가장 심층에 있는 심리와 일치하는 것이 분명하므로, 그 줄거리는 자기 자신의 것이 되었다. 『햄릿』과 『스페인의 비극』에서 비슷한 주제를 다루는 방식을 잠깐만 비교해도 셰익스피어와 키드가 그 주제에 대해 보인 태도가 근본적으로 얼마나 달랐는지 알게 될 것이다.

이렇듯 명백한 출처에 더하여, 켈트 족과 노르웨이 쪽에 기원을 둔 암렛(Amleth)[23] 전설이라는, 좀 더 조야한 이야기가 있다. 이 이야기는 영국에 널리 퍼졌으며, 햄릿이나 그것이 변형된 이름 역시 스트랫퍼드 지방에는 흔하였다.[24] 오필리아를 암시한 캐서린 햄릿이라는 이는 스트랫퍼드에서 1마일 떨어진 에이번(Avon) 강에서 1579년 12월, 셰익스피어가 열다섯 살 때 익사하였다. 역시 윌리엄 셰익스피어라는 이름을 가진 셰익스피어의 친척도 우연히 6개월 전에 같은 강에서 이미 익사한 일이 있었다.[25] 잘 알려진 대로 셰익스피어는 1585년에 그의 하나뿐인 아들 햄닛(Hamnet)[26]에게 세례를 베풀었는데, 이

---

23 이 이름은 919년의 아일랜드 문헌에는 암라잇(Amhlaide)으로, 1230년의 아이슬란드 문헌에는 암로디(Amlodi)로 등장한다. 이스라엘 골란츠 경(Sir Israel Gollancz; The Sources of Hamlet, 1926, pp. 47, 54–6)은 이 이름의 기원이 웨일스어에 있다는 근거를 제시했다. 이와 유사한 것을 보려면 다음 글을 보라. *Notes and Queries*, July to October, 1907.

24 Elton: William Shakespeare. His Family and Friends, 1904, p. 223.

25 E. I. Fripp: Shakespeare Studies, 1930, p. 128.

26 햄릿과 햄닛은 같은 인물에 대해서도 서로 바꾸어 쓸 수 있는 이름이었다.(A.

는 햄릿이란 이름을 변형시킨 흔한 이름이었다. 햄닛은 1596년에 사망했다. 이러한 이유로 인해 이 비극의 줄거리는 새로운 형태로 창작되기 전부터 이미 셰익스피어의 마음 속에 있었음이 틀림없다. 창작을 정확히 언제 했는가는 다소 불확실하고 많은 인내력이 요구되는 문제이다.

『햄릿』은 1602년 7월 26일 스테이셔너스 홀(Stationer's Hall)에서 '최근에 상연되었듯이' 라는 말과 함께 등록되었다. 1603년에는 악명 높은 사절판(quarto) 해적본(Q.1)이 나왔고,[27] 이어서 1604~05년에는 공식본(Q.2)이 나왔다. 두 사절판에 대한 도버 윌슨의 최근 원문 연구에는 다음 두 가지 결론이 나온다.[28] 첫째, 분명히 셰익스피어의 작품인 해적판과 두 번째 판은 모두 1593년 이래로 극장에서 사용된 배우의 대본에서 나온 것이다. 그는 키드의 희곡을 1588년 이전 것으로 보며 셰익스피어가 이를 1591~92년에 수정했으리라고 본다. 당시의 수정은 아마 주로 유령이 나오는 장면에 한해서 가했을 것이다. 따라서 1690년대에 로드 체임벌린 극단에서 사용한 엘리자베스 시대의 『햄릿』은 키드와 셰익스피어 작품을 결합한 것이었을 수 있고, 심지어 이들과 다른 극작가들이 때때로 개작한 것일 수도 있다. 그러나 셰익스피어가 거의 다시 쓰다시피 한 희곡을 출판함으로써 1602년의

Rhodes: "Hamlet as Baptismal Name in 1590," *Notes and Queries*, Nov. 4, 1911, p. 395)

27 1823년에야 발견되었다!

28 Dover Wilson: The Copy for "Hamlet," 1603, and the "Hamlet" Transcript, 1593; 1919.

해적판에 대한 반대 의사를 보인 것은 분명하다. 그리고 이 시기는 부친의 사망이라는 정신적 삶의 전환점이 되는 사건을 그가 여전히 한창 생각하던 때였을 거라는 프로이트의 주장을 뒷받침한다.

도버 윌슨의 결론이 개연성 있게 보이는 것처럼 실제로도 옳다는 게 밝혀진다면, 가브리엘 하비(Gabriel Harvey)가 그의 『스페트의 초서(Speght's Chaucer)』에서 한 놀라운 말(에섹스의 죽음으로 미루어 보아 1601년 2월 이전에 쓰인 듯한)에 나오는 수수께끼에 답할 수 있을 것이다. 그는 셰익스피어의 『햄릿』을 언급한 것이었다. 무어 스미스(Moore Smith)가 한 세기가 넘도록 사라졌던 문제의 책을 다시 발견하자[29] 이에 대한 흥미는 다시 고조되었다. 하비의 글과 추정 시기는 전혀 뚜렷하지 않은데,[30] 그것이 셰익스피어의 『햄릿』이 흔히 추측하는 창작 시기보다 몇 년 앞선다는 것을 증명한다고 하더라도 그 『햄릿』이 단지 상연용 극본을 말하는 것이며, 당시 셰익스피어보다는 키드

---

29 Moore Smith: Gabriel Harvey's Marginalia, 1913, pp.viii–xii, 225, 232.

30 예를 들어, "우리의 번역하는 시인들"이라는 표현에는, 1601년 2월에 죽은 뒤라하더라도 에섹스가 포함될 수도 있는데, 이것은 그가 언급한 사람 가운데 하나[시인 왓슨(Watson)]가 1592년에 이미 죽었기 때문이다. 그를 가리키는 표현("에섹스 백작이 영국의 잉글랜드를 기린다.")은 아마도 역사적으로 당시였을 것이다. 하비가 그 글을 쓴 시점 자체는 분명하지 않은데, 1598년(Boas: Shakespeare and the Universities, 1923, p. 27, 256, 그리고 대개의 작가들), 1600년(Lawrence: "The Date of Hamlet," *Times Literary Supplement*, April 8, 1926), 심지어 1605년이라는 주장까지 제기되었다.(Gray: "The Date of Hamlet," *Journal of English and Germanic Philology*, 1932, Vol. XXXI, p. 51) 『햄릿』이 1600년에 창작되었다고 한 에드먼드 체임버스 경은 나중에, 그렇게 주장하면서 자신이 하비의 글에 너무 많은 무게를 두었다고 인정했고, 지금은 그 시기를 1601년으로 바꾸었다.(E. K. Chambers: Shakespearean Gleanings, 1944, p. 68)

와 관련성이 높고, 흔히 아는 '셰익스피어의 「햄릿」'을 의미하는 것이 아닐 가능성도 있다.

이 희곡이 씌어진 시기를 알기 위해 제시된 상세한 근거로는 이런 것들이 있다. "정치적 소요(innovation)"(제2막 제2장 제335행)는 에섹스가 어리석게도 1601년 2월 6일에 엘리자베스 여왕을 공격한 것을 가리킨다고 생각되는데, 당시 군중들은, 우연히도 극중에서 레어티즈의 위상이 올라가는 것을 생각나게 하는 방식으로, 그를 지지했다. "금지(inhibition)"(제2막 제2장 제336행)는 같은 사건을 지시하거나 1600년 6월 22일에 런던 극장의 수를 두 개로 제한한 추밀원의 명령을 지칭하는 듯하다. "한 떼의 어린 애들(aery of children)"(제2막 제2장 제342행)이라는 표현이 암시하는 '극장 전쟁'[31]은 이 극이 일러도 1601년 여름에는 쓰였을 것임을 보여준다.[32] 또 "우린 조그만 땅조각을, 오직 이름뿐 아무 이득도 없는 것을 얻으러 갑니다.(we go to gain a little patch of ground that has in it no profit but the name)"(제4막 제4장 제18행)라는 대사는 1601년 6월 말 시작된 오슈텐트(Ostend) 공성전을 가리킨다고 생각되어 왔다. 에드먼드 체임버스 경은 이 마지막 소재에 대해, 그가 매우 상세히 인용한 공식적인 증거가 극 요소의 상당한 가치를 보여준다고 주장했으나,[33] 군사적인 방식으로 표현되었기 때문

---

31 E. K. Chambers: The Elizabethan Stage, Vol. I, p. 381, Vol. III, p. 363.

32 C. W. Wallace: "The 'Hamlet' Passage on the Blackfriar's Children," Ch. XIV of The Children of the Chapel of Blackfriars, 1908, p. 173. 월리스(Wallace)는 「햄릿」의 창작 시기를 1601년 후반에서 1602년 초반으로 추측한다.

33 앞의 책, Gleanings, pp. 70, 110.

에―제1차 세계대전에서 쟁취하려고 한 피카르디(Picardy)의 많은 영토가 우리 군인들에게 그러했듯―보통 사람에게는 내키지 않게 보인다.[34]

여러 가지 주장을 살펴본 결과, 대부분의 훌륭한 평론가들은 『햄릿』의 시기를 1601년 여름이나 가을로 추정한 도버 월슨의 견해에 동의할 것이다.[35] 오슈텐트 공성을 언급했다는 점이 입증되기만 한다면 이를 다소 늦은 시기로 볼 사람도 있겠지만 말이다. 따라서 이 시기 즈음해서 또는 이전에 셰익스피어의 삶에 일어난, 중요한 사건들에 관해 알려진 바를 고찰할 필요가 있다. 알고 있는 것은 오로지 두 가지 사실과 한 가지 추측이 전부인데, 불행하게도 찾고자 하는 비밀을 함축할 여지가 높은 것은 이 셋 가운데 추측이다. 가장 확실한 사실은 에섹스 백작이 1601년 2월 25일, 즉 『햄릿』을 쓰기 전에 처형되었다는 것이다. 셰익스피어의 초기 후원자[36]였던 사우샘턴 백작(the Earl of Southampton)은 에섹스 백작의 모반 때 연루되었고, 현대의 '숙청'을 보면 알게 되듯이 그러한 사건의 끔찍한 영향은 지도부와 거리가 먼 부하나 관련이 적은 사람들에게까지 미친다. 셰익스피어의 후원자인 사우샘턴 백작은 불확실한 운명을 기다리며 여전히 수감되어 있었다. 셰익스피어와 그 동료들은 분명히 이 악재를 극복

---

34 사석에서 에드먼드 체임버스 경은 이 비판의 타당성을 인정하였다.
35 Dover Wilson: Introduction to "Hamlet," p. xvii.
36 물론 지속되었으리라 생각하지만, 1594년 이후 셰익스피어와 그의 관계에 관해서는 알려진 바가 없다.

해 냈지만, 그에게 이것은 아마도 실제적인 중요성 이상의 사건이었을 것이다. 에섹스는 당대에 영향력이 강한 멋진 사람이었고, 도버 윌슨은 햄릿의 충동적이고 불안정하며 지체하고 자기파괴적인 성격을 셰익스피어가 묘사할 때, 에섹스를 염두에 두고 있었다는 많은 증거를 제시하였다.[37] 또, 폴로니어스는 에섹스를 망친 인물인 벌리(Burleigh)의 풍자라고 생각되며, 클로디어스는 레이체스터 백작(the Earl of Leicester)의 풍자로 생각되는데, 그가 전 에섹스 백작의 부인과 간통하고 나서 백작을 죽였다고 믿어졌기 때문이다.(그 후 그는 이 미망인과 결혼했다.)

다른 한 가지 사실은 셰익스피어의 아버지가 1601년 9월에 사망했다는 것이다. 아쉽게도 그의 사인이나 어떤 치명적 질병으로 인해 얼마나 오래 고통을 받았는가에 관한 자료는 없다. 오래 해 전에 헨

---

37 같은 저자: The Essential Shakespeare, 1932, pp. 95-107. 다음 글도 참고하라. Hermann Conrad: "Robert Essex," *Shakespeare Jahrbuch*, 1881, Bd. XVI, S. 274, 1895, Bd. LXXXI, S. 58, Fr. Lucy: "Eine Shakespeare-Studie (ist Essex das Urbild Hamlets? Nach Briefen von Essex an seine Schwester Lady Rich)," *Deutsches Montagsblatt*, Aug. 1, 1881; Issac: "Hamlet's Families," *Shakespeare Jahrbuch*, Bd. XVI. S. 274.

후일 펨브로크 백작(Earl of Pembroke)이 되며, 소네트를 헌정한 "W. H. 씨"(셰익스피어의 소네트를 몰래 훔쳐서 해적 출판업자에게 넘긴 인물—옮긴이 주)로 의심되는 윌리엄 허버트(William Herbert) 역시 햄릿의 모델이라고 주장된 바 있으나 (A. Döring: Hamlet, 1898, S. 35), 그와 호레이쇼를 동일시하는 것이 더 잘 맞을 것이다.(J. T. Foard: "The Genesis of Hamlet," *The Manchester Quarterly*, 1889, Vol. XV) 후기베이컨주의자들이 자신들의 마지막 희망으로 굳게 믿은, 17대 옥스퍼드 백작 에드워드 드 베레(Edward de Vere) 역시 햄릿의 이미지를 제공한 후보자이다.(Percy Allen: Shakespeare and Chapman as Topical Dramatists, 1929, Ch. IV) 필립 시드니 경(Sir Philip Sidney)과의 동일시(Berawne: "Hamlet's Father," *The Stratford-on-Avon Herald*, Oct. 1, 1886)는 훨씬 거리가 먼 듯하다.

더슨은 이 위기의 사건을 지적하며 이것이 『햄릿』 창작에서 중요한 역할을 했다고 주장했다.[38] 그는 극 전체에 나오는 죽음의 기분을 강조하며, 셰익스피어가 이 때 희극 창작에서 비극 창작으로 전환했다고 했다. 로즈너는, 이 극을 쓰면서 셰익스피어가 아버지의 사망과 에섹스의 처형으로 인해 "극도로 불안한 상태"에 있었을 거라고 생각했다.[39] 쉬킹 역시 동일한 연관성에 주목했고,[40] 프로이트는 많은 사람에게 아버지의 죽음이 생애에서 가장 중요한 사건일 거라면서, 이 관련성에 대단히 큰 의미를 부여하였다.[41] 아버지를 뒤따르는, 즉 대체하는 순간은 자신의 유아기적 금지된 소망들을 되살릴지도 모른다는 것이다. 그러나 프로이트의 추측을, 영감을 얻어 내린 추정 이상으로 보기에는 그 때의 시기와 상황이 너무나도 불분명하다. 누군가는 이 관련성 내에서, 셰익스피어가 아들과 어머니의 친밀한 관계를 그린 유일한 희곡 『코리올라누스(Coriolanus)』〔"세상에서 가장 고귀하신 어머니"(the most noble mother of the world)라는 구절을 보라〕는 그 어머니가 1608년 사망한 직후에 창작된 것임을 덧붙이고 싶어 할지 모른다. 〔프랭크 해리스는 틀림없이 이 때가 메리 피턴(Mary Fitton)이 끝내 런던을 떠난 해라고 반박하겠지만!〕

끝으로 추측에 대해 이야기할 때가 됐다. 외적 증거보다 내적 증

---

38 W. A. Henderson: "The Heart of Hamlet's Mystery," *Notes and Queries*, May 7, 1982, Aug. 13, 1894.

39 K. Rosner: Shakespeare's Hamlet im Lichte der Neuropathologie, 1895.

40 L. L. Schücking: Character Problems in Shakespeare's Plays, 1922, p. 162.

41 앞의 책, 같은 쪽.

거에 더욱 의존해야겠지만, 이것은 들리는 것보다는 덜 가설적인 것이라고 밝혀질 것이다. 정황상의 증거가 직접적인 증거보다 훨씬 신뢰할 만하다는 것은 널리 알려진 사실이다. 셰익스피어가 「햄릿」을 저술하는 것으로 반응한 정서적인 경험이 본질적으로 이 비극의 저변에 깔린 주제와 틀림없이 상응하리라는 것은 지당하다. 방금 언급한 아버지와 아버지 대리자의 죽음이라는 두 가지 사건은 부분적으로 이 기준과 일치하나, 「햄릿」에 너무나도 지배적으로 나타나는 성에 대한 거의 기질적인 혐오의 암시를 그 안에서 완전히 놓치게 된다. 그러한 여성 혐오는 여성에게서 크게 실망하지 않고서는 생기기 어렵다. 이것이 사랑의 희극을 쓰는 행복한 젊은이인 셰익스피어를 연상하면서는 상상도 못할 어린 시절의 경험에만 순전히 기원한 기질이 아니라면, 어린 시절에는 부분적으로만 영향을 받았다가 후일 어른이 되자 동류의 끔찍한 경험이 이에 합세하였을 것이다. 따라서 이를 통해, 어떤 엄청난 열애가 배반을 받아 무너지게 되고, 그 무신(無信)한 남녀에 대한 살인 충동이 자라났지만 의식적으로는 그것을 허용할 수 없었다고 짐작할 수 있겠다.

잘 알려져 있듯이 셰익스피어는 자신의 소네트에서 바로 이와 같은 경험을 틀림없이 묘사하고 있고, 그 강렬함 때문에 대부분의 비평가들은 이를 개인적인 경험이라고 생각해 왔다. 그것은 셰익스피어 자신이 굳게 믿었던 잘 생기고 고상한 어느 청년의 이야기인데, 이 이야기에서 (아마도 그 믿음 때문에) 그는 바보처럼, 그 청년에게 완전히 반한 자신의 애인에게 그 청년을 소개한다. 뻔한 일이 뒤이어 일어난다. 1, 2년 안에 젊은 여자는 젊고 고상한 청년과 일—이를 애정 행각이라고 해야 할지 말아야 할지 모르겠다—을 벌이고, 이 중년의 시인을 버린다. 시인은 자신의 고통을 묘사하지만, 조만간 결국 화해 하게 되는 자신의 친구보다 애인을 더욱 강도 높게 비난하는 것은 주 목할 만하다. 그는 정황의 책임을 주로 애인에게 돌리는데, 그가 애 인의 상실보다도 친구의 상실을 더욱 절감한다는 것은 분명하다.

헤이우드 브라이트(Heywood Bright)는 130년 전에, 그리고 제임스 보든(James Borden)은 그보다 조금 후에 각기 독립적으로, 이 소네트 를 헌정받은 W. H. 씨를, 뒷날 1601년 1월 펨브로크 백작이 된 윌리 엄 허버트라고 생각했다. 50년 전 해리슨(Harrison) 신부와 타일러 (Tylor)[42]는 그렇기 때문에, 이 유명한 소네트의 '검은 여인(Dark Lady)'을 메리 피턴으로 볼 수 있다고 했다.[43] 타일러는 이 단서를 매 우 세밀하게 조사했고, 퍼니벌 등의 저자들은 그의 결론을 확장하였 다.[44] 재구성된 이야기는 다음과 같이 이어진다.

메리 피턴은 1595년, 17세의 나이에 엘리자베스 여왕의 궁녀가 된 다. 이미 그가 남몰래 결혼했으며, 아버지는 이를 나중에 알았다는

---

[42] T. Tylor: Shakespeare's Sonnets, 1890; Herbert-Fitton Theory, 1899. 다음 책도 참 고하라. Georg Brandes: 같은 책, Vol. I, Ch. VI. 이들은 이 주제를 대단히 자세히 다루었다.

[43] 타일러의 발견 이후 얼마 안 가서, 뉴디게이트(Newdegate) 부인이 소유한 메리 피턴의 초상화를 근거로 피턴이 **아름다운**, 붉고 흰 얼굴이었다는 혼란스러운 소 식이 들렸다.(검은 여인은 물론 검은 피부를 지녔을 것이기 때문이다. 흑인일 것 이라는 설도 있다.—옮긴이 주) 그러나 더 진전된 조사에 따르면 그것이 밀드레드 맥시(Mildred Maxey)의 초상화일 개연성이 더 높다는 게 밝혀졌다.

[44] F. J. Furnivall: Shakespeare and Mary Fitton, 1897.

암시들도 있다. 그가 셰익스피어의 동료[켐프(Kemp)]와 약간 친했다고 알려져 있긴 하나 셰익스피어를 알기라도 했다는 직접적인 당대의 증거는 없다(!). 그러나 1597년 이후부터 피턴에 대한 그의 애정을 암시하는 간접적인 증거는 있다. 그녀에 대한 언급이 궁중에서 공연된 『사랑의 헛수고』에는 여러 차례 나오는데, 그 해의 성탄절에 그녀는 틀림없이 자리에 있었을 것이다. 이러한 애정 덕택에 두 사람이 서로 친해졌으리라고 생각해 볼 수도 있다. 허버트는 1598년 봄 런던에 왔으며, 1600년에 피턴은 그를 몰래 만나고 있었다. 아이는 1601년 3월 초에 태어났는데, 이 때 피턴은 궁에서 쫓겨났으며 허버트는 옥에 갇혔다. 심한 압력에도 불구하고 그는 그녀와의 결혼을 거부했고, 셰익스피어와 그 사이에 불화가 오래 지속되지는 않았기 때문에 이는 부분적으로 셰익스피어가 그에게 피턴의 성격에 대해 말한 바 때문이라고 생각되어 왔다. 그 소네트들은 1598~1601년 사이 여러 시기에 쓰인 것으로 본다. 메리 자신은 1607년이 되어서야 [이 때 폴윌 함장(Captain Polwhele)*이라는 사람과] 공식적으로 결혼했으나, 리처드 리브슨 경(Sir Richard Leveson) 사이에서 사생아 둘을 더 낳았다. 메리는 아름답지는 않지만 대단히 명랑하고 약간은 남성적인 면도 갖춘 젊은이였던 것 같다. 소네트에 따르면 허버트를 길잃게 한 것은 **그녀**였다고 하는데, 셰익스피어가 그녀를 사랑했을 때는 그의 여성적인 면모 역시 발휘되어 수동적인 태도를 보였을 거라고 추측

---

* 원문에는 Potwhele이라고 되어 있다.

할 수도 있겠다. 그는 피턴과의 관계를 그 직후에 재개했을 것으로 여겨진다.

프랭크 해리스는 자신의 터무니없는 생각에도 불구하고 여기저기에서 상당한 통찰력을 보여주는 인물인데, 셰익스피어가 이중의 배신으로 인해 심한 절망감에 빠져서 『햄릿』을 썼을 거라는 설득력 있는 견해를 드러내기도 했다.

질투에 희생된 셰익스피어 희곡의 유명 인물인 오셀로, 레온티즈(Leontes), 포스튜머스(Posthumus)가 모두 관객들이 견디지 못할 정도로 대단히 잘 속으며 전혀 죄가 없는 부인을 두었다는 사실은 주목할 만하다. 그들 중에 가장 어리석은 레온티즈는 전형적인 망상적 질투심의 극치를 보여주는데, 카밀로(Camillo)에게 자신이 오쟁이를 졌다는 걸 확신하도록 부탁하기까지 한다. 이것은 셰익스피어가 이치에 맞는 질투심이라는 주제 설명을 너무나도 고통스럽게 여겼다는 걸 의미하거나,[45] 그가 근거 없는 질투에 너무 친숙해서 그것을 완벽하게 묘사할 수 있을 정도였음을 의미할 것이다. 두 해석 모두 사실일 법도 하다. 질투에 관한 여러 종류의 임상적 자료에 따르면, 질투는 객관적인 상황에 대한 반응이라기보다는 심중의 특정 동기들에 의해 형성된 태도인 경우가 훨씬 많고, 이렇게 말하면 이상하겠지만, 배반에 대한 억압된 소망을 표상하는 경우가 많다.[46] 이러한 형세는 상대

---

45 레온티즈의 극단적인 사례에서, 셰익스피어가 자신이 플롯을 차용한 그린(Green)의 소설에 서술된, 질투심의 실제 배경을 완전히 무시했다는 점은 주목할 가치가 있다.

에게도 작용해, 말하자면 그녀를 불신의 상태로 몰아넣고, 이 순간 소망했으면서도 두려워한 절정의 순간에 이르게 된다. 이는 특히 양성애적 성향의 사람에게 해당되는데, 이들은 따라서 삼각관계에서 남성의 역할과 여성의 역할을 모두 맡고자 한다. 이러한 경우의 연구에서 수집된 수많은 경험적 자료에 근거하여, 나는 셰익스피어가 자신에게 심대한 영향을 끼친 불행을 초래하는 데 적극적인 역할을 했다는 추측을 감히 피력하고자 한다. 그가 배반당하기 2년 전 허버트를 메리 피턴에게 소개한 것이 사실이라면, 그가 자신이 사랑하는 눈부신 청년(허버트)을 너무도 찬미하느라 피턴을 지겹게 하여 결국 화가 나서 그녀가 (그의 표현대로) 남자를 '호리었다'고 나는 자신 있게 말할 수 있다. 그러나 자인할 수 없는 욕망이 실현된 것만큼 끔찍한 일은 없으며, 배반이 현실화되는 것은 틀림없이 이전의 성가신 환상들—그의 극에 여러 차례 묘사된—보다 셰익스피어에게 더욱 강렬하게 느껴졌을 것이다.

이 글을 인용해 볼만 하다.[47] "왜 햄릿은 자기 어머니의 호색함을 혐오했는가? 대개의 남자라면 그것을 거의 비난하지 않았을 것이고, 틀림없이 그 순간 이후로는 그런 생각으로 고통스러워하지 않았을 것이다.[48] 그러나 햄릿에게 어머니의 신의 없음은 끔찍하고, 부끄럽

---

46 Freud: "Certain Neurotic Mechanisms in Jealousy, Paranoia and Homosexuality," (1922), Collected Papers, Vol. II; Ernest Jones: "La Jalousie," Address delivered at the Sorbonne, March 1929. (Reprinted as Ch. XVI of Papers on Psycho-Analysis, Fifth Edition, 1948.)

47 F. Harris: The Man Shakespeare, 1909, p. 269.

고, 품위 없는 것이었으니, 이는 단순히(!) 햄릿−셰익스피어가 어머니를 피턴과 동일시했던 까닭이고, 그가 스스로 생각해 낼 수 있는 가장 날카로운 표현으로 비난한 것은 피턴의 신의 없음이요, 피턴의 기만이었던 것이다. 따라서 그는 다른 방식으로는 '전혀 불가해한' 것이 되어버리는, 격정적인 상태로서 약간은 허위적인 비극에 갇히게 된다." 해리스에 따르면 "메리 피턴에 대한 그의 맹목적인 열정 이야기는 그의 삶 이야기"[49]이며, "셰익스피어는 자신의 명성 중 많은 부분을 메리 피턴에게 빚지고 있다."[50]

　이 모든 이야기는 상당히 그럴 듯하게 보이며, 셰익스피어의 인격에 대해 다른 측면에서 흔히 알려진 것과 전혀 모순되지 않는다. 그러나 안타깝게도 이 역시 허버트 스펜서가 내렸다는 비극의 정의—"불쾌하고 추악한 사실에 의해 살해당한 하나의 아름다운 이론"—에 맞는 예시 중 하나가 될 듯하다. 왜냐하면 이 모든 것이, 소네트의 헌사는 셰익스피어가 아는 상태에서 쓰였으며 특정인에 대한 그의 태도를 표현한다는 치명적인 전제에 근거하기 때문이다. 시드니 리 경(Sir Sidney Lee)으로 대표되는 균형 있는 셰익스피어 비평가들은 이와 전혀 다른 견해를 보인다.[51] 그들은, 셰익스피어가 자신의 희곡에 관여한 이상으로 그 출판에 관여하지 않았다고 주장하며, 토머스 소프

---

48 이 문제의 판단에 관한 한 브래들리(63쪽을 볼 것)가 해리스보다 얼마나 감정의 근원에 더 근접해 있는지 보라.

49 앞의 책, p. 217.

50 앞의 책, p. 231.

51 Sir Sidney Lee: A Life of Shakespeare, New Edition 1915, pp. 623 등.

(Thomas Thorpe)가 이 소네트를 출간하면서 바친 대상인 "유일한 사람(onlie begetter)"이 시를 쓰는 데 영감을 준 사람이 아니라 단지 친한 범인(凡人)인 윌리엄 홀(William Hall)이었다고 생각하는데, 그는 이 원고의 "유일한 획득자"이거나 소유자였다. 허버트의 기독교식 이름이 윌리엄이었던 것은 사실이나, 그는 그의 아버지가 사망하기 전까지 예의상 늘 허버트 경이라는 격식 있는 이름으로 알려져 있었고, 소프는 그에게 무엇을 바칠 때건 아첨하듯 그 이름을 사용했다. 그를 건방지게도 "W. H. 씨"라고 부르는 것은 성법원(星法院)의 악독한 대응을 초래할 여지가 있었다. 따라서 유감스럽지만 이 권위자들의 의견을 받아들여야 하며, 메리 피턴의 이야기를 단지 그럴 듯한 이야기에 불과한 것으로 여겨야 하겠다. 그럼에도 소네트라는 자료는 여전히 남으며 그렇게 쉬이 무시할 수는 없다. 그 소네트들은 분명히 1593~1603년에 창작된 것이나, 정확한 시기는 논란의 여지가 있다. 시드니 리 경과 같은 당대 문학 연구자들은 소네트 내에서 개인적 경험을 암시하는 것을 찾을 어떠한 이유도 발견하지 못했다. 다른 많은 사람들도 그렇다. 셰익스피어가 그 안에서 '자신의 마음을 열어놓았'을지, 아니면 "만약 그랬다면 그는 셰익스피어답지 않다."고 한 브라우닝의 말이 옳았을지의 여부는 오랫동안 수수께끼로 남을 것이며, 마찬가지로 검은 여인이 누구였는지도 알아내지 못할 것이다.

그러나 심리학자로서, 셰익스피어가 소네트에서 묘사하는 일들을 겪지 않았다고 생각하긴 어려운데, 그 경험은 셰익스피어가 자신의 모든 명(名)비극에서 생생하게 그리는 감정과 잘 어울리기도 한다.

또, 심리학자라면 그 경험에 대한 셰익스피어의 자세가 구속이 없는 사람, 즉 무의식적인 '콤플렉스'에 얽매이지 않은 사람의 자세라고 여기지도 않을 것이다. 오히려 내적 갈등으로 괴로워하는 양성애적인 남성의 태도를 지녔다고 해야 옳을 것이다. 해리스가 왕비 거트루드의 이면에 메리 피턴과 같은 사람이 있다고 표현하는 것이 사실임은 당연하지만, 왕비의 뒤편에 정말로 자리하는 것은 셰익스피어의 모친이다. 아마도 이 이야기에서 가장 특징적인 사실은, 셰익스피어가 고뇌에 찬 질투심—이 감정을 그보다 더 잘 묘사한 사람도 없다—에도 불구하고 내적 동기로 인해 자신이 받은 대우에 대한 자연스러운 분노를 억제해야 할 상황에 처했으며, 신의 없는 친구에게나 신의 없는 애인에게나 이를 표현하지 못했다는 점일 것이다. 이것은 인위적인 인내요, 틀림없는 억압이다. 그의 대응 방식은 자신의 상처 입은 감정(또는 부모의 불명예)에 복수하지 못하는 어떤 고통받는 남자의 아픔을 주제로 삼아 비극을 창작하는 것이었다. 그렇게 하면서 그는 스스로의 고통을 달래고 정신적 안정을 찾았다. 다시는 예전의 행복한 사람이 되지 못할 것이었고, 자신 앞에는 때 이른 죽음에서 해방되기 전까지 지나야 할 관문이 여전히 많았지만 말이다.

⚜

여기에서는 셰익스피어가 『햄릿』을 창작한 영감의 원천이 가장 깊은, 즉 가장 오래된 그라는 존재의 일부(part of his being)에 깔려 있으며, 그가 이 비극(주제가 그의 내면에서 오래도록 울렸던)을 집필하기 조금 전에 겪은 고난의 경험으로 인해 이 부분이 재차 일깨워졌다고 주장했으나, 그가 여타 많은 경험의 영향 역시 받았다는 점도 분명하다. 그렇게 암시로 가득한 희곡은 한번도 없었으며, 그 암시 가운데 일부만이 이제까지 풀이되어 왔다. 사람들은 심지어 햄릿을 묘사하면서 셰익스피어가 자신 외에 어떤 사람을 염두에 두었는지도 어느 정도 알고 있으며, 어떤 이들은 자신들이 극 중의 각각의 요소에 반영되었다고 생각하는 정확한 당대의 동시대적 특징들을 나타내는 완벽한 대강을 보여주기도 한다.[52] 오필리아가 사생아를 임신하는 위험을 반복해서 암시한 것은, 아마도 당시 사생아의 아버지라는 이유로 수감된 허버트와, 다른 궁녀(버논(Vernon))에게 오명을 씌우지 않고자 그 궁녀와 성급히 결혼하여 1598년에 아내와 함께 영구히 여왕의 총애를 상실한, 셰익스피어 후원자인 사우샘프턴과 관련이 있을 것이다. 유사한 상황에서 자의에 반해 성급히 결혼한 시인 자신도 마찬가지이다. 그는 이 행동에 관한 한 아내를 결코 용서하지 않았는데, 이 행동을 그의 양성애적인 측면의 부분적인 원인으로 볼 수도 있다.•

셰익스피어가 『햄릿』 다음에 쓴 희곡은 아마도 『법에는 법으로』였을 텐데, 매슨은 그 주제를 "상호 용서와 자비"라고 생각했다.[53] 아마

---

52 French: Shakespeareana Genealogica, 1869, p. 301.

• 셰익스피어는 여덟 상 연상인 앤 해서웨이(Anne Hathaway)와 강제로 결혼했을 가능성이 있다. 앤은 결혼 전에 이미 아이를 밴 상태였다.

『햄릿』보다 한 해 앞서 창작된 듯한 『율리우스 카이사르』에는 다소 신중한 판단이 요구된다. 이 극에는 어떠한 성적인 문제나 동기도 전혀 없으며, 오토 랑크의 훌륭한 분석에서 드러났듯이, 그 주제는 『햄릿』에서 살펴본 것과 동일한 콤플렉스에서 끌어온 것이다.[54] 랑크의 견해는 카이사르와 브루투스가 각각 전형적인 오이디푸스적 상황의 아버지와 아들을 표상한다는 것이다. 정신분석학적 연구에 따르면 왕이 되었든 황제나 대통령 등이 되었든, 지도자는 무의식 내에서는 아버지의 전형적인 상징이며, 실제 삶에서는 아버지에 대한 아들의 감정이 지니는 양면적인 태도를 유발하곤 한다. 한편으로 지도자는 현명하고 사려 깊은 부모로서 경건한 공경과 존경, 사랑의 대상이다. 다른 한편으로 지도자는 어떤 반란으로 맞서도 그 반란이 정당하다고 할 수 있을 정도의 폭군으로서 증오의 대상이기도 하다. 매우 적은 삶의 경험만으로도 긍정적이건 부정적이건, 어떤 지도자에 대한 일반적 감정은 언제나 불균형함을 알 수 있다. 자신이 왕위라는 특별한 지위에 있음을 그가 스스로 인지하기만 한다면 가장 보잘것없는 부분조차 존경받아 마땅한 덕의 표상으로 여겨지겠지만, 아니라면 그가 권좌에서 물러나도록 강요하는 것이 의로운 행동이 될 정도로 냉혈한인 폭군으로 간주될 것이다. 앞에서 아버지에 대한 최초의 반항에 내재된 혁명적 경향의 심리학적 연원을 지적한 바 있는데, 여기에서는 그 경향을 주로 다루려고 한다. 『햄릿』에는 두 종류의 사람을

---

53 Masson: 앞의 책, p. 133.

54 Rank: 앞의 책, S. 204-9.

향해, 아버지에 대해 일반적으로 나타나는 양면적인 태도의 상호 모순되는 두 가지 요소가 표현된다. 그 요소의 하나는 아버지의 기억에 대한 경건한 존경과 사랑이며, 다른 하나는 클로디어스와 폴로니어스라는, 아버지의 대리자에 대한 증오와 경멸과 반항이다. 다시 말해 본래의 아버지는 좋은 아버지와 나쁜 아버지의 두 사람으로 변했으며, 이는 아들의 감정이 양분되는 것에 상응하는 것이다. 다른 한편 카이사르의 경우 상황은 더욱 단순하다. 그는, 심지어 자신을 살해한 자에게서조차 사랑과 미움을 동시에 받는 본래의 아버지였다. 혁명가에게 살해당해야 하는 카이사르의 폭군적 면모가 셰익스피어의 심리에서, 살해당해야 하는 '사악한' 아버지인 폴로니어스와 관련이 있다는 점은 『햄릿』에 나타난 특이한 동일시에 암시되어 있다. 어떤 역을 연기해 보았느냐는 물음에 폴로니어스는 "율리우스 카이사르 역을 했지요. 카피톨 신전에서 살해당했습니다. 브루투스가 절 살해했습니다.(I did enact Julius Caesar: I was killed i' the Capitol; Brutus killed me.)"(제3막 제2장)라고 대답한다. 사람들의 심리적 삶 전체를 구성하는 지극한 엄정함을 항상 과소평가하는 사람이라면 이를 그냥 지나칠 것이다. 반면, 엄격한 세부 사항에 담긴 결정적 요소들을 추적하는 데 익숙한 이들에게 이 구절은, 생각을 연결하는 인간의 구조가 얼마나 견고한지 알게 해주는 또 하나의 사례가 될 것이다. 연극의 다른 장면을 고를 수도 있었음에도 불구하고 폴로니어스가 하필이면 이 장면을 언급했다는 것은 부인할 수 없는 사실이다.

잘 생각해 보면, 셰익스피어가 자신의 글들에서 과거의 어떤 인물보다 카이사르를 더 많이 언급한다고 크레이크(Craik)가 처음으로 지적한, 이상한 사실의 비밀을 알 수 있다.[55] 카이사르는 역사적 인물 전체를 통틀어 셰익스피어의 상상력을 가장 매료시킨 이였던 것 같다. 카이사르의 매부리코와 그의 뽐내는 태도를 흉내낸 구절이 어찌나 많은지 매슨은, 이들 특징으로 인해 틀림없이 셰익스피어가 그를 상기하는 데 특징적인 이미지가 형성되었을 거라고 결론 내렸다.[56] 이러한 자기 과시적인 상징들은, 자기 아버지에 대한 남자 아이의 '억압'된 반감이 항상 아버지의 모습 가운데 자신의 시기심과 질투심을 가장 자극하는 측면에 특히 관련된다는 사실과도 잘 들어맞는다.

햄릿과 브루투스라는 두 고결한 인물이 여러 면을 공유한다는 사실은 자주 주목을 받아왔다.[57] 두 희곡에서 표현되는, '아버지'에 대한 '아들들'의 태도에서 드러나는 유사점과 차이점은 대단히 중요하다. 『율리우스 카이사르』에서 아들들은 세 명의 서로 다른 '아들들' 안에 섞임으로써 표현된다. 이렇게 해서 랑크의 지적대로[58] '아버지'는 그대로 같은 사람으로 남아 있는 채로, 브루투스는 아들의 반항을, 카시우스는 양심의 가책을, 안토니우스는 효성심을 표상한다.[59]

---

55 Craik: The English of Shakespeare, 3rd Ed., 1864.

56 Masson: 앞의 책, p. 177.

57 Brandes: William Shakespeare, 1896, p. 456.

58 Rank: 앞의 책, S. 209.

59 브루투스, 카시우스, 안토니우스를 이런 방식으로 해석하는 것에 대해, 그들이 결국 모두 역사적 인물이었다고 반론할 수도 있겠다. 그러나 여기에서는 셰익스피어의 작품 안에 묘사된 모습을 다루는 것이고, 그들 모습의 대부분은 셰익스피어가 그려낸 것이다. 흔히 아는 그들의 역사적인 모습은 비교적 개성도 특징도 없다.

반면 『햄릿』에서는 세 명의 다른 아버지를 등장시킴으로써 아들의 태도에 대해 다양한 측면을 그려냈으니,[60] 진짜 아버지에 대한 사랑과 효심, 아버지 부류의 폴로니어스에 대한 증오와 경멸, 숙부이자 아버지인 클로디어스에 대한 양 감정의 갈등이 그것이다.(의식적인 혐오와 무의식적인 공감과 동일시가 있는데, 전자가 후자를 억제한다.)[61] 셰익스피어의 살부(殺父) 소망은 다른 두 가지 방식으로 은폐되어, 두 가지 희곡을 통해 표현된다. 『햄릿』에서 이 소망은 진짜 아버지에게서 옮겨와 아버지의 대리자들을 향한다. 『율리우스 카이사르』에서는 '아들' 형(型)과 '아버지' 형인 두 사람 간에 어떠한 혈연적 관계도 없는 것으로 되어 있다. 그러나 셰익스피어가 이 비극을 쓸 때, 브루투스가 서출이기는 하나 진짜 카이사르의 아들이었다는 사실을 감추었다는 상황은 여기에서 채택한 해석을 뒷받침하는 대단히 중요한 증거이다.[62] 셰익스피어의 플롯의 소스인 플루타르코스도 분명 이 사실을 언급한 바 있는데, 그는 거의 글자 그대로 반대 방향으로 나아갔다.[63] 카이사르가 죽으며 외치는 유명한 말인 "너마저, 내 아들, 브

---

[60] 주로 그렇다는 말이다. 글의 다른 곳에 나타나듯이, '아들' 로서의 모습은 레어티즈와 같은 인물도 나타내고 있다.

[61] 햄릿이 침실 장면에서 두 그림을 비교하는 모습은, 마치 유아가 감상적으로 상상하는 것처럼 '좋은 아버지' 와 '나쁜 아버지' 를 서술하는 방식을 제대로 보여준다.

[62] 그러나 셰익스피어가 알고도 감춘 이 사실은, 카이사르를 죽인 것에 대해 브루투스가 안토니우스에게 사과하는 장면에 살짝 나타난다. "우리의 명분이 너무도 정당하여, 카이사르의 아들 안토니우스, [내가 그러하듯] 자네는 만족하겠군.(Our reasons are so full of regard that you, Antony, the son of Caesar, [i. e. as I am], you should be satisfied.)"(제3막 제1장)

[63] Delius: "Cäsar und seine Quellen," *Shakespeare-Jahrbuch*, Bd. XVII.

루투스!(Et tu, mi fili, Brute!)"조차 셰익스피어의 글에서는 약화되어 "너마저, 브루투스!(Et tu, Brute!)"라고 나온다. 랑크는 두 희곡 간의 더 많은 차이점에 대해 언급하기를, 온전한 오이디푸스 콤플렉스의 다른 측면인 아들의 어머니와의 관계가 앞에서 보듯이 『햄릿』에는 매우 명확하게 드러나는데, 『율리우스 카이사르』에서는 생략되었다고 하였다. 이에 대해서는 『율리우스 카이사르』에서 살짝 암시만 되었을 뿐이다. 브루투스는 시민들에게 명연설을 하던 중에 "내 카이사르를 덜 사랑하였음이 아니요, 로마를 더욱 사랑하였음이라.(Not that I loved Caesar less, but that I loved Rome more.)"(제3막 제2장)라고 했다. 이 관련성 내에서는 국가와 꼭 같이, 도시가 어머니의 무의식적인 상징―이것은 애국심이라는 의식적 감정의 한 가지 중요한 원천이다―이라는 것[64]이 전혀 중요하지 않다고는 못할 것이기 때문에, 이 구절은 마치 브루투스가 강렬한 감정이 격동한 순간에 대중에게 자신의 행위를 유발한 무의식적 연원을 드러내는 것처럼 보인다. 어머니에게 못되게 굴고 횡포를 가한 아버지를 죽이기 위해 거사를 일으켰다고 말이다.

두 극 모두에서, 살해당한 통치자의 유령이 하나는 실제 살해자(브루투스)에게, 다른 하나는 복수를 해줄 자, 즉 예비 살해자(햄릿)에게 나타나는 것은 적절해 보인다. 두 경우 모두에서 행위는 자기 파괴로 치닫는다. 극적으로 유령은 다른 존재이지만, 심리학적으로 유령은

---

64 Rank: "Um Städte werben," *Internationale Zeitschrift für Psychoanalyse*, Bd. II, S. 50.

살인에 대한 양심의 가책을 상징한다. 『햄릿』의 경우 두 사람은 이름도 같다.(셰익스피어가 원작을 수정했기 때문이다.)

위에서 말한 카이사르에 대한 셰익스피어의 명백한 관심 외에도, 그 중 일부가 셰익스피어에게도 알려졌을지도 모르는, 브루투스와 햄릿의 연결에 대해 생각해 보아야 할 것들이 있는데, 이런 점들이 그가 희곡 한 편을 쓰고 나서 그렇게도 금방 또 한 편을 쓰게 하는 데 추가적 영향을 주었을 법도 하다. 벨포레는, 삭소의 암렛 이야기와 청년 브루투스[루키우스 유니우스 브루투스(Lucius Junius Brutus)]의 로마 전설 간의 놀라운 유사성을 지적했는데,[65] 삭소가 자신의 이야기 가운데 상당수를 라틴 문헌에서 끌어왔을 법도 하다.[66] 셰익스피어는 확실히 플루타르코스와 벨포레 둘 다 읽을 수 있었다. 두 경우 모두에서, 아들은 왕위를 찬탈한 사악한 숙부—찬탈자인 타르퀴니우스 수페르부스(Tarquinius Superbus)는 브루투스의 형제뿐 아니라 자신의 처남인 브루투스의 아버지도 살해하기 때문이다[67]—에게 살해된 아버지의 복수를 해야 하고, 두 경우 모두에서 젊은이는 이 폭군의 의심을 일으키지 않기 위해서 미친 척을 하며, 마침내 군주를 몰아낸다. 물론 셰익스피어는 몰랐겠지만, 햄릿[68]이라는 이름이 브루투스와

---

65 요크 포웰(York Powell)의 책에서 엘턴(Elton)의 삭소의 『덴마크사』 번역문을 참고함, 1894, pp. 405 이하 참조.(The First Nine Books of the Danish History of Saxo Grammaticus—옮긴이 주)

66 삭소의 두 주요한 소스는 로마의 문헌[리비우스와 발레리우스 막시무스의 『기억할 만한 행동과 격언들(Memorabilia)』]과 아이슬란드의 롤프(Hrólf) 이야기이다.

67 Dionysius Halic: Antiquitates Romanae, 1885, Vol. IV. pp. 67, 77.

68 Detter: *Zeitschrift für deutsches Altertum*, 1892, Bd. VI, S. 1. 이하 참조.

똑같이 '얼빠졌다,' '멍청하다'는 의미라는 점도 중요하다. 이 사실의 중요성은 곧 언급하겠다.

셰익스피어 작품, 특히 초기작들에서 그의 오이디푸스 콤플렉스 영향이 암시된 부분은 수없이 많지만—『헨리 6세』와 『티투스 안드로니쿠스(Titus Andronicus)』에는 실제로 부자 간의 살육도 일어난다—이 주제는 랑크가 자신의 저서 『문학과 전설에 나타난 근친상간의 모티프(Das Inzest-Motiv in Dichtung und Sage)』에서 철저히 고찰했기 때문에 여기에서 재차 다룰 필요는 없을 것이다.

7

신화학에서 『햄릿』의 위치

Hamlet's Place in Mythology

첫째로는 셰익스피어가 햄릿 전설에 개인적으로 공헌한 바를 살피기 위해서, 둘째로는 이를 아는 것이 앞에서 제시한 심리학적 해석을 확고히 하고 확장하는 데 도움이 되기 때문에, 이 시점에서 햄릿 원(原)설화의 신화학적 관련성을 살펴보는 것이 좋겠다.

지금까지 이 글에서는 대체로 건조하고 논리적인 방식으로 논의를 진행하려고, 그리고 프로이트가 제시한 설명 이전에는 이 수수께끼에 대한 어떤 풀이도 종래에는 막다른 골목길과 마주할 수밖에 없음을 보여주려고 했다. 내가 이해하는 한 햄릿이 주저하는 이유가 자신의 임무를 꺼리는 모종의 무의식적 연원 때문이라는 결론을 내릴 수밖에 없다. 그러나 이 혐오의 동기를 밝혀놓은 다음 단계에서는, 비록 일반적으로 받아들여지는 몇몇 사실을 활용하여 그 어려움을 최소화하려고는 했으나, 보통은 납득되지 않는 생각에 기초한 것이 분명했다. 프로이트의 해석이 곧바로 명백하게 느껴진다는 점에서 이 노력을 필요 이상의 것으로 보는 관점도 있겠다. 신화와 전설의 정신분석학적 연구에 근거한 현대적 해석을 친숙하게 느끼는 사람이라면, 이 희곡을 처음 읽는 동안 햄릿의 문제에 대해 이러한 해석을 떠올릴 수 있었을 것이다. 이런 과감한 표현이 가능한 이유는 햄릿의 이야기가 프로이트와 그 협력자들 덕분에 심리학적 중요성을 잘 이해할 수 있게 된 수많은 설화 가운데 특히나 잘 다듬어진 형태에 지나지 않기 때문이다.

여기에서는 신화의 심리학적 의미와 관련해 쓰려고 한다. 많은 학문적 작업 덕택에 신화와 동화를 분류할 수 있었는데, 각각의 분류마다 수많은 변형이 들어 있다. 이 범주의 내용을 분석해 보면 그 내용들이 상대적으로 적은 수의 근본적인 주제와 연관됨을 알 수 있다. 게다가 이들 주제는 틀림없이 유아기의 환상과 유사한 것에서 생겨났다.[1] 물론 무의식적 환상의 의식적 산물로 치장하고 나온 것이 외부 세계의 사건과 사람과 섞이는 경우도 있지만 말이다. 어떤 전형적인 이야기가 이 지역에서 저 지역으로 옮겨간 경로를 아는 것은 대개 가능하다. 그러나 경로는, 이야기를 새로이 받아들이는 사람들의 사고가 이야기를 허용했다는 사실만큼 중요하지는 않다. 따라서 무리의 무의식적인 삶에 공통되는 몇 가지 보편적 근본 주제—융이 '집단 무의식'이라고 이름 붙인, 다소 불분명한 표현이 지시하는 심리

---

1 K. Abraham: Traum und Mythus, 1909; F. Riklin: Wunscherfüllung und Symbolik im Märchen, 1908.

상태—가 존재하는 듯하며, 그런 주제를 표현하는 방식으로서 시대에 전혀 뒤떨어지지 않은 것으로는 신화, 전설, 민담 등의 창작이 있어왔다.

햄릿 전설과 이 범주에 속하는 다른 부분 간의 역사적 관계[2]를 상세히 살피는 것은 글의 의도에서 벗어나므로, 여기에서는 그 심리학적 유사성을 지적하는 것으로 만족하려고 한다. 지리첵(Jiriczek)[3]과 레스만(Lessmann)[4]은 이 전설의 노르만적 · 아일랜드적 변형이 고대 이란의 카이호스로* 전설을 계승한 것을 보여주는 많은 증거를 제시하였고, 그 부류 전체가 매우 오래되었다는 사실에는 의심의 여지가 없으며, 그 일부는 역사가 시작된 시기까지 거슬러 올라갈 수 있을 정도이다. 이란 전설과 매우 닮은 내용이 『마하바라타**』[5]의 치라카린*** 전설에 나오며, 헬라스의 벨레로폰(Bellerophon) 영웅담과 로마의 브루투스 이야기를 섞은 것에서도 찾아볼 수 있다.[6] 그 전형적인

2　Zinzow: Die Hamlet-Sage an und mit verwandten Sagen erläutert. Ein Beitrag zum Verständnis nordisch-deutscher Sagendichtung, 1877.
3　Jiriczek: "Hamlet in Iran," Zeitschrift des Vereins fur Volkskunde, 1900, Bd. X. S. 353.
4　Lessmann: Die Kyrossage in Europa. Wissenschaftliche Beilage zum Jahresbericht der städtischen Realschule zu Charlottenburg, 1906.
●　원문에는 Kaikhosrav라고 되어 있다. Kaikhosraw, Kai Khosraw 등으로도 쓴다.
●●　원문에는 Mahabharata라고 되어 있다.
5　다음 책에서 논의되었다. C. Fries: "Ein indischer Hamlet," Shakespeare Jahrbuch, 1911, Bd. XLVII, S. 195.
●●●　원문에는 Cirakarin이라고 되어 있다.
6　R. Zenker: Boeve-Amlethus, Das altfranzösische Epos von Boeve de Hamtone und der Ursprung der Hamletsage, 1905.

예는 핀란드의 쿨레브로(Kullevro)* 전설이다.[7] 이 영웅은 자신의 형제에게 살해당한 아버지의 복수를 임무로 부여받은 터였다. 주인공은 아기일 때 유기되었으나, 장성하여 숙부를 찾아 복수를 하러 가는 도중에 숲에서 한 아가씨를 만난다.(삭소의 옛 글에서도 햄릿은 같은 일을 겪는다.) 그가 여자를 유혹하고 난 뒤에, 여자는 자신이 주인공의 누이라는 것을 밝히고 (햄릿의 옛 이야기에도 등장하는 주제) **물에 들어가 죽는다.** 주인공은 숙부를 속이기 위해 미친 척하지만, 목적을 달성하지는 못하고 누이가 죽은 그 자리에서 자살하게 된다.

이 부류에 속하는 모든 이야기[8]에 공통으로 나타나는 근본 주제는 젊은 영웅이 경쟁자 아버지를 쫓아내는 것에 성공한다는 것이다. 아주 간단히 표현해 영웅은, 자신이 몰락할 것이라는 경고를 여러 차례 받아온 폭군인 아버지에게 박해를 받지만, 구사일생으로 살아나 대부분의 경우 뜻하지 않게 아버지를 살해해 원수를 갚는다. 박해는 주로 영웅이 태어난 직후에 그를 죽이려고 시도하는 모습을 띠는데, 익사나 동사, 아사 등의 방식으로 죽이라는 명이 내려진다. 방금 언급한 모든 특징을 담고 있는 가장 단순하고 좋은 예가 오이디푸스 전설인데, 현대 정신병리학에서 너무나도 친숙한 '오이디푸스 콤플렉스'라는 전문 용어는 물론 여기에서 나왔다. 영웅이 아버지를 살해하고

---

* 원문에는 Kullero라고 되어 있는데, 이것은 오기이다.

7 E. N. Setälä: Kullervo-Hamlet, Ein sagenvergleichender Versuch, 1911.

8 이 일군의 신화를 다루는 것에 관해, 나는 오토 랑크의 명저 『영웅 탄생의 신화 (Der Mythus von der Geburt des Helden, 1909)』의 도움을 많이 받았는데, 이 책에는 거의 모든 원출처가 나와 있다.

자신의 어머니 이오카스테와 결혼하는 것으로 전체적인 주제는 노골적으로 드러나게 된다. 유다 이스가리옷과 성 그레고리우스 등에 대한 여러 기독교적 전승에도 같은 상황에서 이러한 근친상간적 혼인을 하는 이야기가 나온다.

영웅과 그 어머니 간의 친밀한 관계는 결혼이 아닌 다른 방식, 예컨대 둘 다 박해를 받으며 같은 위험에 처해진다는 페레이둔,* 페르세우스, 텔레포스(Telephos) 등의 전설에 나오는 방식으로도 드러난다. 어떤 판본에서는 아버지에 대한 적개심이 주요한 주제로 나타나고, 다른 판본에서는 어머니에 대한 애정이 주로 표현되지만, 대체로 두 가지 모두 어느 정도 명확하게 나타난다.

신화의 더욱 복잡한 변형태가 다듬어지는 데에는 주로 세 가지 요인이 있다. 첫째는 강한 심리적 '억압'이 야기하는, 증대하는 수준의 왜곡이다. 둘째는 그에 부수적이면서 그와 유사한 것들이 초래하는 주제의 복잡화이다. 셋째는 이야기를 꾸미기 위한 작가의 상상력에 기인한, 이야기의 반복적인 확장이다. 이 세 가지 과정을 설명하면서 셋을 완전히 분리하는 것은 어려운 일이겠으나, 다음의 예에서 모두 부연하기로 한다.

첫째 요인은 가장 중요하고 난처한 것으로, 더욱 강해진 '억압'의 요인인데, 프로이트가 일반적인 꿈,[9] 신경증 증상 등과 관련하여 기술한 심리 과정과 동일한 방식으로 현시된다. 이러한 신화 형성 과

---

* 원문에는 Feridun이라고 되어 있다. Fereydun, Faridūn, Frēdōn 등으로도 쓴다.
9 다음 책과 비교해 보라. Abraham: Traum und Mythus, 1908.

정에서 가장 흥미로운 개념은 '분해(decomposition)'라고 알려진 것으로, 이것은 꿈에서 너무나도 특징적인 '응축(condensation)'의 반대 개념이다. 응축 과정에서는 마치 합성 사진을 만들 때처럼 몇 가지 요소가 하나의 형상 안에 뒤섞이는데, 분해 과정에서는 특정 요소에 담긴 여러 가지 속성이 해체되어 본래의 속성 각각에 상응하는 서로 다른 개체가 새로 생겨난다. 이러한 방식으로 복잡한 성격을 가진 한 사람은 분해되어 여러 사람으로 대체되는데, 그 각각은 좀 더 단순한 신화의 형태에서는 한 사람 안에 존재했던, 성격을 구성하는 여러 측면을 나누어 갖는다. 서로 다른 개인들은 대개 다른 측면에서, 가령 나이가 서로 닮았다. 헬라스 신화의 많은 부분은 필경 이런 방식으로 생겨났을 것이다. 지금 다루고 있는 부류에서도 그 과정의 훌륭한 예로서 난폭한 아버지의 상이 아버지와 폭군, 두 사람으로 나뉘는 것이 나타난다. 따라서 자상한 아버지와 증오하는 폭군이라는 두 손윗사람과 관계하는 젊은 영웅의 이야기가 생긴다. 본 모습의 분해는 대부분 완벽하게 진행되지는 않아서, 산출된 두 모습은 상호 밀접한 관계를 이루게 되는데, 실은 두 사람이 대체로 한 가족의 일원인 경우가 많다. 영웅을 파멸하려는 폭군은 쿠로시,● 길가메시, 페르세우스, 텔레포스 등의 전설에서 보이듯 대개 할아버지이거나, 로물루스와 레무스, 그리고 그 헬라스 선조인 암피온(Amphion)과 제토스(Zethus)의 전설에 나오듯 종조부인 경우가 가장

● 원문에는 Cyrus라고 되어 있다. 영어로는 '사이러스'로, 헬라스어로는 '쿠로스'라고 읽는다.

많다. 『햄릿』에서[10]나 브루투스 전설에서처럼 숙부로 나오는 경우는 그보다 덜하다. 그 중요한 예로서 호루스와 그 숙부 세트가 등장하는 이집트 신화가 있지만 말이다.[11]

분해가 좀 더 완전하게 진행된 경우 폭군은 사회적으로는 연이 있을지라도 아버지와 영웅은, 그 아버지 데라가 폭군 니므롯의 수장인 아브라함과 마찬가지로 한 가족이 아니다. 그러나 폭군은 모세와 파라오, 페레이둔과 조학,• 예수와 헤롯[12] 등의 예에서 보듯 서로 완전히 무관한 사람일 수도 있다. 증가하는 분해의 정도는 '억압'이 더욱 진행된 단계에 상응하며, 틀림없이 그 단계에 기인한다. 아버지가 증오스러운 폭군이라는 생각이 더욱 '억압'될수록 박해하는 폭군의 상상적인 모습은 실제로 인정하는 아버지의 모습과 더욱 분리된다. 앞의 두 가지 사례와 그 밖의 여러 사례에는 훨씬 더 높은 수준의 '억압'이 있는데, 이것은 모자(母子)뿐 아니라 진짜 아버지 자신 또한 폭군에게 박해를 받기 때문이다. 예수와 요셉과 마리아가 다함께 헤롯을 피해 이집트로 갔으며, 이 도주 행위가 압제자에게서 자신의 아들

---

10 셰익스피어 이전 삭소의 이야기에서 암렛이 펭(Feng, 클로디어스)을 죽일 때, 그는 시민들에게 "압제자의 멍에"에서 해방되었음을 연설하면서 자신의 적이 지닌 폭군의 이미지를 강조했으며, "나는 그대들에게서 예속 상태의 옷을 벗기고 자유의 옷을 입혔다."고 하였다. (『햄릿의 출처(Sources of Hamlet, 1926)』에서 I. 골란츠의 판본의 삭소 글에서 인용함.)

11 Flinders Petrie: The Religion of Ancient Egypt, 1908, p. 38.

• 원문에는 Zohâk이라고 되어 있다. Zahhāk, Zohhāk 등으로도 표기한다.

12 로버트 그레이브스(Robert Graves)는 최근에 저서 『예수 왕(King Jesus, 1946)』에서 장문에 걸쳐 예수가 헤롯 왕의 손자였다고 주장하기는 했다. 이는 위에서 언급한 기본적 형태의 주제와 잘 어울리는 재미난 주장이다.

을 구하려는 부모의 바람에서 나온 것임을 상기할 때, 공포의 대상인 폭군의 상으로부터 정답고 자식을 걱정하는 아버지의 모습이 이보다 훌륭하게 분리되는 예를 생각해 낼 수는 없을 것이다.

그런데 훨씬 더 위장된 형태의 이야기가 있으니, 이 이야기에서 자애로운 아버지는 아들과 어머니와 더불어 대체로 압제자에게 박해받을 뿐 아니라 살해당하기까지 한다. 페레이둔 전설에 잘 나타나는 이 이야기의 변이형에서, 아들은 아버지를 동경하며 두 부자(父子)의 적을 죽임으로써 아버지의 죽음에 복수한다. 이 이야기는 특히 중요한데, 삭소 그라마티쿠스가 기술한 햄릿 전설의 원형이기 때문이다. 그 이야기에서 펭(클로디어스)은 자신의 형제 호르웬딜(Horwendil)을 죽이고 그의 아내 거루타(Gerutha)와 결혼하는데, 그는 뒷날 암렛에게 살해된다. 충성스러운 레어티즈가 살해된 아버지 폴로니어스의 원수를 갚으려고 봉기하는 것 역시 이 신화의 발전에 나타나는 같은 단계의 한 예이다. 아버지 살해자가 아닌 복수자로서의 아들로 여기에 제시된 이미지는 최고 수준의 심리적 '억압'을 드러낸다. 여기에서, 실제 삶에서 수많은 가족들 내의 '억압'된 적개심과 질투심, 즉 과장된 걱정, 배려, 존경의 정반대 태도를 은폐하는 동일한 기제에 의해 이 이야기의 참 의미가 감추어진다. 완전히 반대의 상태를 강조하는 것만큼 현재의 상태를 잘 감추는 방법도 없다. 아버지에 대한 사랑과 그 죽음에 복수하려는 바람이 자신의 숨겨진 죽음의 소망에 대한 반응이었다는 말을 들으면 페레이둔, 암렛, 레어티즈가 얼마나 당황할지 상상이 갈 것이다! 아들의 근본적인 적개심을 이보다 더 거부할 수는 없을 것이다.

그러나 전설의 이러한 형태에서조차 '억압'된 죽음의 소망은 결국 표현된다. 증오하는 압제자에 의해서이긴 하지만 아버지는 결국 정말로 살해된다. 상상의 산물일 뿐이란 점에서 신화는 꿈과 같은데, 만약 정신분석의 대상인 어떤 사람이 자기 아버지를 제3자가 죽이는 꿈을 꾸었다면 그는 제3자가 그런 생각을 품었다고 비난할 수 없다. 그 꿈은 분명히 자기 자신의 마음에 떠오른 것이기 때문이다. 이 정신 과정은 심리학적으로 프로이트가 '억압된 것의 회귀(the return of the repressed)'라고 명명한 것을 구성한다. 죽음의 소망에 대한 가장 완고한 의식적 부인에도 불구하고 죽음이라는 사건 자체는 정말로 일어나는 것이다. 이 관점에서 살인을 저지르는 '압제자'는 이 생각을 부정하는 아들의 대리자라고 할 수 있다. 페레이둔의 아버지 압틴*을 살해하는 조학은 페레이둔의 대리자이고, 펭은 암렛의 대리자이며, 셰익스피어 희곡의 폴로니어스에 대해서라면 햄릿은 레어티즈의 대리자이다. 따라서 엄청나게 복잡한 신화의 변이형에서 '압제자'의 모습은 사실 동시에 증오받는 아버지와 잔인무도한 아들을 모두 표상한다. 한편 그는, 마침내 그를 물리치는 젊은 영웅에게 증오받는 근본적인 아버지와 동일시된다. 다른 한편으로 그는 영웅의 아버지를 살해한다는 점에서 젊은 영웅 자신과도 동일시된다.[13]

● 원문에는 Abtin이라고 되어 있다. Abteen, Obteene 등으로도 표기한다.
13 이 이유에서 클로디어스는 항상 햄릿 부자 연령의 한가운데 나이쯤 되는 사람에게 그 역이 맡겨져서, 부자를 심리적으로 결속해야 한다. 근래에 윌리엄 폴

셰익스피어가 개작한 햄릿 전설에는 주제가 더욱 복잡하게 변형되었으니, 젊은 영웅이 복수하는 아들의 역할을 회피하는 것이다. 심리학적으로 이는 '억압'이 아니라 '퇴행(regression)'이 더욱 진행된 것을 보여준다. 아들은 살해의 소망을 부인하기를 정말로 거부한다. 그는 일을 저지른 자를 단죄하지 못한다. 클로디어스는 신화에 나오는 본연의 아버지 상과 거의 동일시되는[14] 정도만큼 아들과 동일시된다. 대단히 무의식적으로, 셰익스피어는 놀라운 직관을 통해 암렛본(本)의 부드러운 표면 아래를 꿰뚫었다. 그는 숨은 '억압'의 층을 하나 이상 들추어내어 그 아래에 숨어 있는 격정의 일부를 드러낸다.[15]

위에서 언급한 부성과 압제라는 아버지의 두 가지 측면만이 분리된 형상들을 만들기 위해 쪼개지는 것은 아니다. 예를 들어 부모의 힘과 권위는 진짜 아버지와 대조적인 왕이나 다른 특별한 사람의 인격 안에 담겨 있을 수도 있다.[16] 이미 말했듯이 앞의 전설에서 폴로니어스의 모습은 아버지의 원형이 '분해'된 결과로서, 젊은이가 연장자의 모습에서 드물지 않게 발견하는, 일종의 짜증나는 특징을 표상

(William Poel)의 런던 공연에서는 이것이 잘 지켜지지 않아, 클로디어스가 햄릿보다 고작 10여 세 더 나이가 많은 듯 보였다.

14 첫 번째 사절판에서 햄릿은 다섯 차례나 클로디어스를 아버지라고 부른다. 셰익스피어는 두 번째 사절판과 이절판에서는 그 대목들을 삭제했다. 그 부분이 너무 진실에 근접했기 때문이다!

15 내 친구 중 한두 명은 햄릿에 대한 내 연구가 그 희곡을 미학적으로 감상하는 것을 방해했다며 나를 나무랐다. 그러나 나로서는 셰익스피어의 저작, 그 심오한 진실, 도처에 나타나는 심리학적 정확성, 영감의 깊이에 대한 더욱 깊은 이해가 희곡의 놀라움을 감상하는 데 지대한 도움을 줄 것이라고 생각할 수밖에 없다.

16 이것의 가장 훌륭한 예는 예수의 이야기에 나타난다.

한다고 볼 수 있다. 요란하게 잘난 척하는 모습 뒤에 숨겨진, 이 나이든 수다쟁이는 교훈적인 상투어를 반복함으로써 관객을 지루하게 만드는 신기한 능력이 있다. 호기심 많은 이 참견꾼의 간섭은 평소와 다름없이 자신의 '선의에서 나온' 것이라고 변명되고, 그의 지난날의 능력과 충성[17]을 동정적으로 여기는 이에게만 가련하게 느껴질 이미지를 형성한다. 왕족의 일원이 아니어서 그는 원래의 오이디푸스적인 상황과 매우 거리를 두고 있기 때문에, 그는 어떤 의혹이나 갈등에도 누그러지지 않고 아들 영웅의 공공연한 혐오심을 받아내고, 햄릿은 양심의 가책을 느끼지 않고 그를 죽일 수 있었다. 그가 의붓아버지의 대리자, 즉 아버지 **이마고(imago)**일 뿐이라는 사실은 그 두 사람이 햄릿의 심중에서 쉽게 동일시된다는 사실에서 드러난다. 폴로니어스를 찌르고 나서 햄릿은 말이 안 된다는 것을 말면서도 "왕입니까?" 하고 외친다.

본래의 오이디푸스 도식의 **두 번째** 방해 요소는 질투와 부모·자식 간의 근친상간이라는 주제가 유사한 다른 주제와 섞인 것에 기인한다. 위에서 말하기를 아버지의 속성이 분해되는 가장 단순한 형태에서, 압제자의 역할은 할아버지가 맡는 경우가 가장 흔하다고 했다. 이것은 결코 단순한 우연이 아니고, 분해가 불완전하게 진행되었기 때문이라고 볼 수 있는 것만도 결코 아니다. 할아버지가 압제자 역할을 맡는 것이 적절한 데에는 더욱 심오한 이유가 있으며(장차 어머니

---

17 콜리지는 그의 시대에는 명백히 주류였던, 폴로니어스를 재미난 인물로 그리는 통념을 비난했다.

가 될), 자신의 딸 결혼에 그가 온갖 훼방을 놓은 전설이 얼마나 많은 가를 상기해 보면 이를 쉽게 이해할 수 있을 것이다. 그는 예비 구혼자의 앞길을 막으며 그의 길에 거의 이루지 못할 듯 보이는 조건과 임무를 깔아놓으며—그러나 딸의 애인은 이러한 장애물을 대부분 놀라울 정도로 탁월하게 해결한다—심지어는 최후의 수단으로 자신의 딸을 접근할 수 없는 장소에 감금하기도 하는데, 이것은 길가메시, 페르세우스, 로물루스, 텔레포스 등의 신화에서 찾아볼 수 있다. 이 모든 행동에 깔려 있는 동기는 딸과 헤어지고 싶지 않아 딸을 다른 남자에게 주기를 꺼린다는 것이다.〔부녀 콤플렉스(father-daughter complex)〕여기에서 다시 한 번, 이 사실들을 깨달은 사람들이라면 일상 속에서 볼 수 있을 법한 사실들을 상기하게 될 텐데, 그 이기적인 동기는 대개 딸의 행복을 위한 애타적인 걱정이라는 변명 아래 가려져서 희미하게만 드러난다. 그레트나 그린(Gretna Green)●은 그러한 복잡한 사연으로 가득한 곳이다. 부모 콤플렉스에 대한 분석을 한 두 편[18] 하면서 나는 그 콤플렉스가 궁극적으로는, 오이디푸스 형(型)의 유아기적 형태로서 퍼트넘(Putnam)[19]이 '그리셀다 콤플렉스(Griselda complex)'[20]라고 명명한, 자기 딸에 대한 아버지의 콤플렉스에서

● 스코틀랜드의 마을로, 결혼 승낙을 받지 못한 연인들이 도주하여 식을 올린 곳으로 유명하다.

18 "The Significance of the Grandfather for the Fate of the Individual" and "The Phantasy of the Reversal of Generations," Ch. XXXVII and XXXVIII of my Papers on Psycho-Analysis, 1938.

19 J. J. Putnam: "Bemerkungen über einen Krankheitsfall mit Griselda-Phantasien," *Internationale Zeitschrift für Psychoanalyse*, 1913, Bd. I, S. 205; reprinted in his Addresses on Psycho-Analysis, 1921.

나왔음을 보인 바 있다. 이 콤플렉스는 어머니에 대한 자신의 오이디푸스 콤플렉스가 이후에 발달하여 현시된 것이다.

할아버지는 자기가 내린 명령이 어겨지고 기만당했을 때, 자신의 딸에 대한 사랑이 비통함으로 변해서 결국 지독한 증오심으로 딸과 딸의 자식을 추적한다. 신화의 젊은 영웅인 손자가 잔인한 할아버지를 죽여 자신과 부모의 원수를 갚을 때, 그는 마치 그 박해의 진의를 알아챈 것처럼 보이는데, 사실 그는 자기 어머니의 사랑을 얻어내어 계속 지니려는 자, 즉 자신의 경쟁자를 죽이기 때문이다. 따라서 이러한 의미에서 영웅에게는 할아버지가 단지 그 **이마고**일 뿐인 본원의 아버지 문제로 논의는 돌아가야 하며, 영웅의 관점에서 아버지와 할아버지 간의 차이가 처음 보았을 때처럼 근본적인 것은 아니라는 것도 알게 된다. 따라서 두 가지 이유로 인해 본연의 아버지가 자상한 아버지와 난폭한 할아버지의 두 사람으로 분해되는 것이 그다지 대단한 것은 아님을 알 수 있다.

좀 더 생각해 보면 지금 다루는 문제의 희곡에 나타난 폴로니어스의 모습을 명확히 할 수 있다. 햄릿과 오필리아 간의 관계를 대하는 그의 태도는 방금 언급한, 신화에 나오는 할아버지에게서 나타나는 부녀 콤플렉스 유(類)의 여러 가지 특질을 지닌다. 합리화 기제로 인해 그런 특징은 현실적이고 신중한 충고로 가장되어 효과적으로 은폐되지만 말이다. 이렇게 그에 대한 햄릿의 적의는, 첫째로 '분해'의

---

20 O. Rank: "Der Sinn der Griseldafabel," *Imago*, 1912, Bd. I, S. 34.

기제로 인해 폴로니어스가 일군의 불쾌한 연장자의 특징을 표상한다는 점에서, 또 둘째로는 심술궂은 아버지로서, 자신이 소유했으나 정작 스스로는 즐기지 못하는 것을 타인에게 주기 싫어하는, 한결같이 못마땅한 태도를 표상한다는 점에서 이중으로 조건 지워진다. 따라서 이런 방식으로 폴로니어스는 신화의 아버지와 할아버지가 지닌 반감이라는 특징을 나타내기 때문에, 페르세우스가 일전에 딸 다나에(Danae)의 처녀성을 지키고자 딸을 감금했던 할아버지 아크리시오스(Acrisios)를 '우연히(accidentally)' 죽였듯이, 햄릿이 '우발적으로(accidentally)' 폴로니어스를 죽이는 것을 보아도 놀랍지 않은 것이다. 이 행위는 신화적 관점에서 그러한 것과 꼭 같이 극의 관점에서도 상황을 해결해 낸다. 이 순간부터 비극은 잔인하게 끊임없이 가속하면서 영웅과 그의 고난이 종말을 맞는 절정을 향해 올라가기 때문에, 이 막을 희곡의 전환점이라고 부른다.

부녀 콤플렉스의 특징은 이와 유사한 오누이 콤플렉스(brother-sister complex)에서도 발견된다. 분석적 연구가 보여주듯이, 오누이 콤플렉스 역시 부녀 콤플렉스처럼 근본적인 오이디푸스 콤플렉스에서 파생된 것이다. 소년기에 일찍부터 근친상간 금기가 발달할 때 우선은 어머니와의 관계에 대해서 콤플렉스가 자라고, 누이와의 관계에 대해서는 약간 더 늦게야 생길 뿐이다. 사실, 초기 유년기에 오누이 간의 성애적 경험은 지극히 흔한 일이다. 누이는 대개 성애의 대상으로서 어머니의 첫 대리자가 된다. 누이를 통해 남자 아이는 다른 여성으로의 길을 찾는 방법을 배운다. 누이와의 관계는 부모가 서로 맺는 관계를 모방하며, 살면서도 그는 흔히 누이에게 아버지의 역할(돌보기, 보호하기 등)을 하게 된다. 문제의 희곡에서 자신의 누이 오필리아를 대하는 레어티즈의 태도는 오누이의 아버지 폴로니어스의 태도와 구별할 수 없을 정도이다.

신화적으로 말하자면 햄릿의 레어티즈와의 관계는 서로 반대되는 두 개의 기본적인 오이디푸스적 체계가 혼합된 모사적인 관계이다. 한편으로는 오필리아와 햄릿을 대하는 태도로 보아 폴로니어스와 동일시되는 레어티즈는 젊은 영웅 햄릿에 대해 억압자로서의 아버지를 표상한다. 무덤 장면에서 햄릿은 오필리아에 대한 헌신적인 사랑을 공공연히 드러내는 레어티즈에게 격렬히 분개할 뿐 아니라 극의 말미에서는 폴로니어스를 죽인 것과 같이, 신화적 모티프를 완벽하게 마무리하면서 레어티즈를 죽이고 만다. 그런데 다른 한편으로는, 이미 말한 대로 부왕 햄릿과 클로디어스가 왕자 햄릿의 아버지가 '분해' 된 것과 마찬가지로, 다른 관점에서는 햄릿과 폴로니어스를 레어티즈의 아버지가 '분해' 된 것으로 여길 수도 있다. 세 사람의 이러한 관계에서, 전형적인 페레이둔 신화 형태에서 억압자 아버지가 선한 아버지를 죽이듯 햄릿은 아버지 폴로니어스를 죽이며, 이 관점에서는 젊은 영웅이 되는 레어티즈가 끝내 햄릿을 죽임으로써 부친의 죽음을 보복하기 때문이다. 랑크는 흥미롭게도 두 사람 간의 대결이 부자 간의 경쟁을 표상한다고 함으로써 이 관점을 뒷받침하였다.[21] 숙

---

21 Rank: Das Inzestmotiv in Dichtung und Sage, 1912, S. 226, 227.

명적인 대결의 순간에 칼이 바뀌는 독특한 장면은 근원 설화에 나오는 비슷한 이야기를 대신하는 것이 분명한데, 그 이야기에서 햄릿과 의붓아버지 사이의 마지막 대결 도중 햄릿은 의붓아버지를 찌르고는 상처 입지 않은 채로 달아난다.

이 관점에서 보아 레어티즈와 클로디어스가 심리학적·신화학적으로 동등자 내지는 모방자라는 흥미로운 결론에 이르게 된다. 각각은 살해당할 아버지, 그리고 저항적이며 잔인한 아들〔이 점에서 순전히 아버지 상(像)만을 지닌 폴로니어스, 유령, 부왕 햄릿과 다르다〕, 즉 두 세대를 표상한다. 두 사람의 동일성은 극적으로 훌륭하게 드러난다. 옛이야기에서 왕의 칼이었던 것이 극에서는 레어티즈의 칼이 될 뿐 아니라, 대결 장면에서 레어티즈는 한때 자신의 무기였던 것으로 자신의 뜻을 이루려는 클로디어스의 도구에 불과하다. 따라서 부자 간의 갈등이라는 주제가 지극히 복잡하게 엮인 가운데 여러 차례 반복되는 것을 볼 수 있다.

오누이 콤플렉스가 햄릿 근원 설화에 나타난다는 사실은 몇 가지 점에서 분명하다. 종교적인 시각에서 클로디어스와 왕비는 오누이와 같은 관계를 고수하는데, 이 때문에 '근친상간적' 이라는 수식어가 그 관계에 항상 적용되었으며, 그들의 죄가 단순한 간통[22]의 정도를 넘었다는 사실이 강조되었다. 더욱 흥미로운 사실은—삭소의 글에

---

22 셰익스피어가, 왕비가 첫 번째 남편이 살아 있는 동안에 근친상간을 범한 것으로 설정함으로써, 삭소의 원 이야기에 대한 벨포레의 변형을 받아들였다는 점은 주목할 만하다.

는 명백히 진술되어 있고 벨포레의 글에는 암시만 되어 있는데—오필리아(아니, 차라리 그 원조 격인 이름없는 아가씨)가 암렛의 수양 누이였다는 것이다. 삭소에게 영향을 준, 더 오래된 노르웨이 문헌인 스카네(Skaane)에서 이 아가씨는 실제로 주인공의 누이로 나오며,[23] 틀림없이 이것이 이 신화적 주제의 원형이었을 것이다. 따라서 신화적으로 클로디어스(=햄릿)와 거트루드 간의 관계는 레어티즈(=햄릿)와 오필리아 간의 관계와 동일한 것으로 생각할 수 있다. 개인의 일반적인 성장 과정에서 흔히 나타나듯이, 이러한 오누이 간 근친상간의 주제는 모자 간의 근친상간에서 파생된 것임이 틀림없다. 쿠로시, 카르나(Karna) 등의 전설에서는 더욱 드러내놓고 나타나긴 하지만 햄릿의 사례만 가지고서도 충분한 것은 분명하다. 옛이야기에서는 오필리아가 폴로니어스와 아무런 연관도 없는데, 그 관계는 틀림없이 명백한 동기를 가지고서 후대의 극작가가 덧붙였을 것이다. 그렇다면 햄릿이 오필리아를 혐오하여 그에게서 돌아선 것과 오필리아에 대한 레어티즈의 사랑에 대해 질투하며 분개한 심층적인 이유를 추적할 수 있을 것이다.

세 번째로 다루어볼 요인은 신화학자들에게는 본래 인물의 '대리(doubling)'라는 전문적인 표현으로 알려진 과정이다. 대리를 하는 주요한 동기는 주요 인물의 눈에 띄는 행동과 대비되어 중립적인 행동을

---

23 Kemp Malone: "The Literary History of Hamlet," *Anglistische Forschungen*, 1925, Heft 59.

보이는, 개성 없이 시시한 인물로 무대를 가득 장식함으로써 본래 인물의 중요성을 부각하고, 특히 영웅을 미화하기 위함인 듯하다. 이 복제 혹은 반복은 상상의 산물 가운데 음악에서 가장 두드러진다. 이 세 번째 요인은 때때로 첫 번째 요인과 구별하기가 쉽지 않은데, 이것은 상(像)들을 배가하는 어떤 방식이 분해와 대리의 기능도 동시에 담당할 수도 있기 때문이다. 일반적으로 분해 작용은 본 인물과 관련된 새로운 인물을 창조함으로써 이루어지고, 대리 작용은 관련이 없는 만물을 만듦으로써 이루어진다. 그러나 이 원칙에는 여러 가지 예외가 있다. 이 전설에서 클로디어스는 두 가지 기능을 모두 하는 듯하다.

여러 설화에서 형제가 생김으로써 대리되는 것은 아버지의 상이 아니라 할아버지의 상이라는 사실이 흥미롭다. 페르세우스 신화의 몇 가지 판본, 그리고 앞에서 언급한 대로 로물루스와 암피온 이야기의 몇몇 판본에 그러한 점이 드러난다. 이 세 가지 이야기 모두에서, 햄릿 설화에서처럼 왕의 형제는 분해와 대리 기능 모두를 수행한다. 간단한 대리 과정의 좋은 예는 모세 이야기에 나오는 파라오 딸의 하녀의 경우나 쿠로시 이야기의 여러 인물에서 찾아볼 수 있다.[24] 『햄릿』의 경우 가장 전형적인 예는 호레이쇼, 마셀러스, 버나도의 모습에서 보이는 햄릿의 몰개성적인 모사물일 것이다. 이 중 호레이쇼는 옛이야기에 나오는 햄릿의 수양 형제에서 끌어온 것인데, 틀림없이 원래는 친형제였을 것이다. 반면, 레어티즈와 포틴브라스 왕자는 주

---

24 이 점은 랑크가 매우 명확히 지적하였다. Rank: Der Mythus von der Geburt des Helden, 1909, S. 84, 85.

요 인물의 대리와 분해가 모두 이루어진 경우이다. 둘 중에서 레어티즈는 좀 더 복잡한 인물인데, 그가 클로디어스와 마찬가지로 위에서 언급한 방식으로 햄릿 심리상의 아들과 아버지의 측면을 모두 표상할 뿐 아니라, 햄릿보다 더 분명한 형태로 오누이 콤플렉스의 영향역시 나타내기 때문이다. 오필리아와의 관계에 레어티즈가 끼어들어서 햄릿이 질투하는 것은, 더 나아가 그가 길든스턴과 로젠크란츠가 참견하는 것에 화를 내는 것과 비교해 볼 수 있다. 따라서 그들은 신화에 나오는 형제의 모방에 불과하며, 그와 똑같이, 영웅에게 살해된다. 햄릿과 레어티즈와 포틴브라스는 모두 선친의 죽음이나 피해에 대한 복수라는 요소를 공유한다. 뒤의 두 사람 가운데 누구도 이 임무를 수행하는 데 어떤 금제에 매이지 않았고, 두 사람의 어머니에 대한 언급이 없다는 점은 특기할 만하다. 반면에 햄릿의 어머니에 대한 마음 속 '억압'된 사랑은 적어도 아버지에 대한 적대감만큼 강한데, 그에게는 금제의 억압이 있다.

신화와 전설의 기원이 지닌 실제 형태라는 흥미로운 주제와 그것이 유아기와 갖는 관련성은 여기에서 다루지 않을 것이다.[25] 그 주제에 관한 관심은 셰익스피어의 희곡 『햄릿』에 대한 것에 비하면 그다지 중요한 게 아니기 때문이다. 햄릿 전설의 비교 신화 연구에 관한 가정은 충분히 이야기했기 때문에, 극 안에 모든 형태의 근친상간적 환상이 나타난다는 암시가 상당 부분 보일 것이다. 이러한 측면에서

---

25 정신분석학적 관점에서 이 주제를 살펴보고 싶은 사람은 프로이트, 랑크, 아브라함의 글들을 읽어보라.

행한 아까의 고찰을 요약하자면, **이 이야기의 주제는 어머니에 대한 남자 아이의 사랑과 그 결과로서 생긴 아버지에 대한 질투와 증오를 대단히 세심하게 손질하고 은폐한 바라고 할 것이다.** 중요성이 덜하긴 하지만, 형제와 누이가 각각 아버지와 어머니가 맡은 것과 같은 역할을 한다는 유사한 사실 역시 앞에서 다루었다.

이와 관련해서, 끝으로 그 심리학적 중요성 때문에 끊임없는 논쟁을 야기한, 햄릿의 이른바 '미친 행세'를 언급해야겠다. 나는 이 문제에 대해 쓰인 무수한 글을 살펴볼 생각은 없다.[26] 정신병리학이라는 신학문이 등장하기 전까지 그러한 논의는 억측 수준을 넘어서지 못하기 십상이었고, 이제는 역사적인 중요성만 지닐 뿐이기 때문이다. 물론, 단어의 엄밀한 의미로 보자면 그가 정신 이상자라는 사실에는 의심의 여지가 없다. 햄릿의 행동은 정신신경증 환자의 행동이며, 그의 주변 사람들도 자연스럽게 그가 모종의 내적 갈등에 시달린다고 생각했다. 흔히 '위장된 광기'라고 불리는 햄릿 행동상의 특질들은 셰익스피어에 의해 정교하고 세밀한 방식으로 표현되었기 때문에, 그에 상응하는 부분을 원작과 비교해 보지 않으면 알아채기가 힘들다. 햄릿은 극에서 훌륭한 반어로써 자신의 경멸과 적의를 간접적이고 위장된 형태—가령 그가 폴로니어스와 대화할 때 아름답게 다듬어져 있다—로 드러내는데, 이 반어는 옛이야기에서 채택한 표현

---

26 그 초기 주장을 보고 싶으면 다음 도서를 참고하라. Furness: Variorum Shakespeare, "Hamlet," Vol. II, pp. 195–235. 더 알고 싶은 독자는 이 책을 참고하라. Delbrück: Über Hamlets Wahnsinn, 1893.

방법을 훨씬 더 은폐된 형태로 변이시킨 것으로, 옛이야기에서는 영웅이 하는 말의 의미를 듣고 납득하는 데 실패하는 경우가 많다. 그는 이상할 정도로 세심하게 자기 말의 진실성을 이야기하면서, 상당히 모호한 표현과 기만하려는 의도를 섞어 불분명한 말투를 쓰는 것이다. 삭소는 이러한 구절을 여럿 제시하면서 덧붙인다. "그는 어떤 문제에 대해서든 거짓말을 자주 한다고 보이기 싫어했고, 거짓과는 관계 없는 사람으로 비치길 바랐다. 따라서 그는 술책과 진실을 혼합하여, 말에 진실성이 결여되어 있지는 않지만, 진실을 암시하지도 않고 자신의 예리함을 들키지도 않는 식으로 말을 하였다."[27] 그러나 옛이야기에도 이런 구절이 있다. "따라서 어떤 사람들은 그가 영리하다고 공언하면서, 그가 교활한 속임수로서 바보 흉내를 내면서 자신의 생각과 비밀스러운 의도를 숨기려 한다고 생각했다."[28] 왕과 주인공의 친구들은 이 사실을 확인하려고 온갖 시험을 다 했으며, 주인공은 물론 시험을 무사히 통과한다. 암렛 자신이 전심전력으로 바라온—이 점에서 햄릿과 다르다—복수를 하기 위해 의도적으로 이상한 행동을 했다는 것은 분명하다. 그가 속임수를 사용하는 방식은 정신 과정의 심도 있는 심리학적 해석에 단서를 주기 때문에 살펴볼 가치가 있다. 이 측면에서 그의 행동은 세 가지 특징을 지닌다. 첫째, 방금 언급했듯이 그의 대화 방식은 모호하고 위장되었다. 둘째, 그의 행동거지는 게으르고 둔하며, 그는 무의미한 짓을 많이 한다. 셋째,

---

27 Saxo Grammaticus: Danish History, translated by Elton, 1894, p. 109.
28 Saxo: 앞의 책, p. 108.

유치하고 때때로는 바보스러운 행위라는 점이다. (바보 흉내(Dumm-stellen)) 세 번째 특징을 잘 보여주는 예가 있다. 그는 궁으로 들어갈 적에 당나귀 위에 거꾸로 앉아서 갔으며, 바닥을 구르고 수탉 우는 소리와 홰치는 소리를 흉내내는 등의 비슷한 어리석은 짓을 했다. 그는 해가 될 것 없는 바보 흉내를 내어 왕과 신료가 복수 계획을 눈치채지 못하도록 하고자 그런 행동을 한 것이었다. 그는 멋지게 성공했다. 벨포레는 암렛이 라틴어 학자이기 때문에 브루투스를 모방해 이 방법을 사용했다는 내용을 덧붙였다. 앞에서 말했듯이 두 사람의 이름은 '얼빠졌다', '멍청하다'는 의미이다. 게다가 노르웨이의 파생어 '암롯(amlod)'은 '바보'라는 뜻의 구어이다.[29] 벨포레는 이런 특징이 얼마나 많은 영웅에게서 나타나는지 필경 몰랐을 것이다. '위장된 어리석음'을 보이는 비슷한 예는 햄릿과 브루투스 말고도 다윗, 모세, 쿠로시, 카이호스로, 윌리엄 텔, 파르지팔 등의 이야기에도 있다.[30]

암렛이 옛이야기에서 보인 행동은 전혀 광기 어린 것이 아니다. 이는 어떤 히스테리에 나타나는 것으로 잘 알려진 일종의 행동 유형이다. 이 히스테리는 '위장된 어리석음'(존스), '바보 흉내(Dumm-stellen)', '농담증(Moria)' (야스트로비츠(Jastrowitz)), '기시 체험(ecmné-sie)'• (피트레(Pitres)), '아동기로의 귀환(retour à l'enfance)' (간디

---

29 Assen: Norsk Ordbog, 1877.
30 Rank: Das Inzest-Motiv, S. 264, 265

• 이 단어는 '데자뷔'와 비슷한 의미도 지니고 있다. 이 맥락에서 의미하는 것은 새로운 경험을 이미 경험한 적이 있다고 착각하는 심리 현상과는 다르지만, 어린 시절에 이미 한 (또는 했을 법한) 행동을 다시 한다는 점에서 맥이 닿는다고 생각하여 이렇게 번역하였다.

194 햄릿과 오이디푸스
Hamlet and Oedipus

(Gandy)〕, '해학증(Witzelsucht)'〔오펜하임(Oppenheim)〕, '어린 아이 같은 심리(puérilisme mental)'〔뒤프레(Dupré)〕 등 여러 가지 이름으로 불린다. 나는 다른 곳에서 전형적인 사례에 대한 설명과 함께 그에 대한 임상 연구에 대해 쓴 적이 있다.[31] 랑크는 자신의 광범한 신화학 연구에서 비슷한 결론에 도달했다.[32] 이 행동 유형의 온전한 형태에는 멍청하고 바보 같은 행동, 우습고 정신 나간 듯 얼빠진 모습, 유치함이 나타난다. 삭소가 서술한 암렛의 '바보 같은' 행동의 수많은 예를 읽으면서, 행동 곳곳에 드러나는 **유치(幼稚)한(childish)** 특징이 인상적이라고 생각할 수밖에 없었을 것이다. 유년기(幼年期, childhood)의 순수함을 제대로 모방하는 수수께끼와 같은 그의 특이한 말, 악담과 자기 자신을 더러운 말로 모욕하는 것을 좋아하는 것, 일상적인 무기력함, 그리고 무엇보다도 기만 자체에 대한 선호(분명한 동기가 있는 경우를 제외하고)와 말의 진실성에 대한 꼼꼼한 관심이 대단히 독특하게 결합되어 있는 것은 분명히 아이 같은 특징이다. 이 모든 행동 유형은 대부분의 아이들이 때때로 보이는 특정 종류의 행동이 과장된 것이며, 이에 대한 정신분석으로 이러한 행동의 동기는 의심할 여지 없이 자신이 '너무 어려서 이해하지 못하는' 아이인 듯 손윗사람들을 속이거나, 심지어 자신의 존재 자체에 무관심하게 만들기 위해

---

31 "Simulated Foolishness in Hysteria," *American Journal of Insanity*, 1910; Reprinted as Ch. XXV of my Papers on Psycho-Analysis, 3rd Ed., 1923.

32 Rank: Die Lohengrin-Sage, 1911; "Die Nacktheit in Sage und Dichtung," *Imago*, 1913; 『근친상간모티프』와 『영웅탄생의 신화』의 수많은 구절이 그에 앞서 인용됨.

서 순진함, 그리고 대개는 극도의 유치함, 심지어 '어리석음' 까지 가장하려는 것이다. 이 속임수의 의도는 이렇게 함으로써 아이가 들어서는 안 될 여러 가지 사적인 일을 보고 엿듣기 위함이다. 이런 식으로 빠지게 되는 호기심이 대부분의 경우 성적인 것과 직접적인 관련이 있다는 것은 굳이 말할 필요도 없으리라. 매우 어린 아이는 강한 포옹조차, 일반적으로 추측하거나 가능하다고 생각하는 것보다도 훨씬 더 자주, 그런 방식으로 간주하게 된다. 암렛의 행동의 핵심은 은폐와 감시이다. 은폐한다는 것은 자신의 생각, 앎, 계획을 감춘다는 것이다. 감시한다는 것은 자신의 적인 의붓아버지의 사람들을 지켜본다는 의미이다. 이 두 가지 특질은 필경 비밀, 즉 성적인 문제에 대한 초기 유년기의 금지된 호기심에서 나온 것이다. 때때로 정신병리적 거짓말이라는 것에까지 이르기도 하는 특질인, 자기 자신을 위한 기만을 좋아하는 것도 마찬가지이다. 이는 아이에게 거의 항상 들려주지만 아이가 항상 알아채는 거짓말에 대한 도전적인 반응이다. 그렇게 행동하면서 아이는 속이려는 경향과 때때로 결합되는 말의 진실성을 따지는 꼼꼼한 태도로써 어른의 행동을 풍자하는 것이다. 부모가 아이에게 진실을 말하는 척하듯이, 아이도 부모에게 진실을 말하는 척하여, 두 상황 모두에서 속임수가 사용된다. 암렛 모티프의 주제가 유아기의, 그리고 성적인 근원에서 나왔다는 사실은 옛이야기의 내용 자체를 보아도 쉽게 알 수 있다. 펭이, 그가 진실로 어리석은 것인지 단지 그런 흉내를 내는 것인지 확인하기 위해 그에게 한 시험은 한 소녀(오필리아의 원형)로 하여금 그를 유혹해 민가에서 멀리 떨어진 숲으로 데려가게 하고, 가신들을 보내 그가 성적인 행동을 할 줄 아는지 모르는지 확인토록 하는 것이었다.[33] 이어서 암렛은 그 계략에 대한 경고를 듣게 되고 감시자들을 속이며 자신의 성욕도 채운다. 글자 그대로 암렛 나이와 지적 능력의 남자에 적용시킨다면 너무나도 부적절한 이 구절은 주제의 무의식적인 연원과 관련해서만 이해될 수 있으며, 이는 항상 유년기의 충동에서 발산하는 것이다. '앎'이란 흔히 '성적 앎'과 동일한 의미로 여겨지는데, 두 단어는 여러 문맥에서 상호 교환이 가능하다. 예를 들어 "여자에 대해 알다.(to have a knowledge of a girl)"라는 율법 표현이나 (지혜(knowledge)의 나무 열매를 먹고 난 뒤에) "그리고 아담은 그 아내 하와를 알았더라.(and Adam knew Eve his wife)"●라는 표현 등에서 알 수 있다. 아이가 이 거대한 비밀을 알고 나면 그는 삶에서 중요한 것을 배웠다고 생각한다. 알지 못했다면 그는 깨어나지 못한 것이다. 그리고 암렛 전설에서처럼, 누군가가 이 근본적인 사실에 무지하다고 입증하는 것은 자신의 어리석음과 '순진함'을 드러내는 최고의 방법이다.

엿보기와 엿듣기는 암렛 전설에 끊임없이 등장하기 때문에 그것이 핵심적인 주제와 연관되지 않았으리라고 생각하는 것이 불가능할 정도이다. 방금 언급한 계략이 폴로니어스의 원형인, 펭의 고문의 뜻

---

33 폴로니어스의 약간 모호한 제안에서 이 사건이 반복되는 것을 볼 수 있다. "제가 딸년을 풀어놓겠습니다.(I'll loose my daughter to him.)"

● 히브리어에서 '~를 알다', '~에 대한 앎을 얻다'는 표현은 흔히 '~와 동침하다', '~와 성관계를 갖다'는 표현으로 바꾸어 쓸 수 있다. 여러 판본의 한국어 성경에서는 이 문장을 "아담이 그 아내 하와와 동침하매……"로 번역하였다.

대로 풀리지 않자, 그는 어머니의 침실에서 암렛이 대화할 때 암렛을 엿보려는 다른 계획을 세운다. 영국으로 가는 동안 왕의 가신들은 암렛의 대화를 듣기 위해 그의 침실에 들어간다. 그 전에 암렛은 자신의 일행을 이미 감시하여 그들의 편지를 자신의 것과 바꿔치기한다. 셰익스피어가 활용하지 않은 전설의 후반부에서도 엿보는 장면이 두 군데 더 나온다. 『햄릿』에서 셰익스피어는 엿보는 장면 가운데 두 가지를 그대로 두고 하나를 추가했다. 그 첫 번째는 물론 위에서 말한 시험에서 따온, 햄릿과 오필리아 사이의 대화를 왕과 폴로니어스가 살피는 장면이다. 두 번째는 햄릿이 어머니와 대화를 나눌 때 폴로니어스가 이를 엿보는 장면인데, 이 때문에 폴로니어스는 목숨을 잃게 된다. 세 번째는 유령이 같은 대화를 보는 장면이다. 성적 호기심이라는 기본 주제와 관련해, 이들 장면 가운데 두 장면이 어머니의 침실을 배경으로 취한다는 점은 적절한데, 이 장은 그러한 호기심이 반영된 참신한 장면이다. 두 장면 모두에서 햄릿과 그의 어머니 **사이에는** 마치 그들을 갈라놓으려고 하는 것처럼 아버지 또는 아버지의 대리자가 등장하는데, 이것은 일반적인 태초의 우주 창조론에 공통으로 나타나는 주제와는 정반대이다. 『햄릿』에 나타난 엿보는 장면의 가장 주목할 만한 예는 유명한 '극중극' 장면인데, 랑크의 탁월한 분석에 따르면 이 장면은 위에서 언급한 유아기의 호기심을 위장된 형태로 표상하기 때문이다.[34]

---

34 Rank: "Das 'Schauspiel' in Hamlet," *Imago*, Bd. IV, S. 41.

엿보기와 속임수는 극 내내 대단히 중요한 역할을 하기 때문에 게스너(Gessner)가 이 극을 "속임수의 연극(das Schauspiel der Verstellung)"이라고 부르는 것도 당연할 정도이다.[35] 그의 말대로 "무대에 속임수를 사용하지 않는 장면이 거의 없고 상대방 앞에서 가면을 쓰지 않는 배우가 거의 없고, 속임수가 드러나지 않을 법할 때 정말로 드러나지 않는 경우가 거의 없다." 이 모든 속임수가 외부적인 목적에 한정된 것은 아님을 덧붙여야겠다. 이미 보았듯이 햄릿의 경우 속임수는 무엇보다도 자기기만 형태를 띠는데, 이것은 그의 고통스러운 갈등이 자기 자신으로 하여금 내면의 끔찍한 면을 알지 못하게 하기 위한 것이기 때문이다.

이러한 시각에서 '분해'된 인물인 폴로니어스가 표상하는 정확한 면을 더욱 자세히 들여다볼 수 있다. 그는 햄릿이 그의 일생의 두 여자인 오필리아와 자신의 어머니와 대화를 나눌 때 각각의 순간에서 지켜보았다. 이 모습은 명확히 감시하는, 엿보는, '모든 것을 아는' 아버지의 모습으로서, 그는 교활한 청년에게 제대로 당하고 만다. 펄스타프, 그리고 레이날도와 곤자고[36]라는 사소한 이름을 제외하면, 폴로니어스는 셰익스피어가 자신의 극에서 이름을 바꾼 유일한 인물

---

35 Th. Gessner: "Von welchen Gesichtspunkten ist auszugehen um einen Einblick in das Wesen des Prinzen Hamlet zu gewinnen?," *Shakespeare Jahrbuch*, 1885, Bd. XX, S. 228.

36 곤자고 연극의 내용은 1538년에 아마도 귀에 독을 부어 같은 이름의 공작을 살해한 사건에서 따왔다. 나는 이러한 형태의 살인의 중요성을 이미 논한 바 있다. "The Death of Hamlet's Father," *International Journal of Psycho-Analysis*, 1949, Vol. XXX.

이므로, 그 이유를 궁금하게 생각하는 것도 당연하다. 키드의 희곡과 첫 번째 사절판에서 그의 이름은 코람비스(Corambis)라고 되어 있다. 폴로니어스라는 이름이 엘리자베스 여왕 시대의 영어로 폴란드 사람(a Pole)을 의미하는 폴로니언(Polonian)에서 왔다는 주장이 제기된 바 있는데,[37] 이는 당시에 폴란드가 정략과 음모로 가득한 땅이었기 때문이다. 그러나 더욱 일반적으로 수용되는 설명은 골란츠의 해석인데,[38] 그에 의하면 폴로니어스는 폴란드 사상 최대의 정치인인 고슬리키우스(Goslicius)가 쓴 유명한 글〔「고문(顧問, De optima senatore)」, 1568〕에 묘사된, 훌륭한 참모를 가리키는 것이다.

전설에서 암렛의 어리석은 척은 상당히 노골적으로 묘사되었고, 그 의미는 대단히 명확하다. 좋은 결과를 확신할 수 없는 이 소재를 셰익스피어가 활용한 것과 그가 이 옛이야기를 완전히 탈바꿈시키려는 목적에 부합하도록 사용한 방식은 『햄릿』에 발휘된 탁월한 솜씨라 하겠다. 암렛의 상스러운 행동은 대단히 의도적인 목적 하에서, 섬세하게 묘사한 모습으로 바뀌었다. 수수께끼 같은 말을 하는 오랜 습관과 더불어 무자비한 풍자, 신랄한 반어, 예리한 통찰력, 이 모든 것은 암렛의 경우처럼 주변에게서 자신의 비밀을 지켜야 하는 한 인간의 신중함만을 단순히 드러내는 것이 아니라, 흉중의 끔찍한 것들

---

37 Furness: 앞의 책, p. 242.

38 I. Gollancz: "The name Polonius," *Archiv für das Studium der neueren Sprachen und Literatur*, 1914, Bd. CXXXII, S. 141. 다음의 책도 참고하라. A. Brückner: "Zum Namen Polonius," *Archiv* 등, Bd. CXXXII, S. 404.

을 알지 않으려고 애쓰면서 가슴이 찢어지는 듯 괴로워하는 이의 사무친 고통마저 드러낸다. 때때로 자신의 고통으로 인해 정신적 균형이 깨져서 더 이상 그가 자기 자신이 아님을 깨달았다는 사실은, 그가 유일하게 진실을 말한 대목인, 마지막 장에서 레어티즈에게 한 대사에서 드러난다. 존슨 박사는 어리석게도 이 대목에서 햄릿이 죽을 때까지 거짓말을 한다고 비난하였지만 말이다.

암렛에게 위장된 어리석음은, 외부적 어려움과 신중한 적들과 싸우는 과정에서 다른 마음을 품지 않고 사용한 무기였다. 햄릿에게 위장된 어리석음—아니면 차라리 그것에 상응하는 그의 특이한 행동—은 고통스러워하는 인간의 비밀이, 이전에는 의심하지 않고 지내던 적에게 드러나게 한 원인이었기 때문에,[39] 이전에는 존재하지 않던 어려움이 자신의 앞길에 점점 나타나게 되었다. 결국 암렛은 승리하였다. 그러나 햄릿은 파멸을 맞았다. 이 이야기의 특징이 빚어내는 새로운 효과는 다른 어떤 것보다도 셰익스피어가 가한 변형을 훌륭하게 상징한다. 유리함을 이유로 가장한 무력함이, 그의 내면에서 영웅을 필연적으로 압박하는 무력함이 된다. 여기에서 그는 인간의 비극이란 자신에 내재한 것이며, 옛말처럼 "기질은 운명이다."라는 것을 보여준다. 이것이 선사시대 인간과 문명인의 본질적인 차이이다. 전자가 극복해야 하는 어려움은 근원이 외부에서 왔지만, 후자가 극복해야 하는 어려움은 자신의 안에서 온다. 현대 심

---

39 햄릿의 행동이 필연적으로 자신의 위험을 계속 증가시키게 한 방식에 관해서는 다음을 참고하라. Loening: 앞의 책, S. 385 이하 참조.

리학자들은 이 내적 갈등을 신경증이라고 부르며, 신경증 연구를 통해서만 인간을 움직이는 근본적 동기와 본능을 이해할 수 있다. 다른 면에서와 마찬가지로 이 점에서도 셰익스피어가 최초의 근대적 인간임을 알 수 있다.

셰익스피어의 『햄릿』 변형
Shakespeare's Transformation of Hamlet

끝으로 『햄릿』의 줄거리가 원래의 이야기에서 벗어난 측면을 살펴보는 것은 대단히 유익할 것이다. 물론 옛이야기를 단순히 부활시킨 것이 아니라 천재적으로 완전히 새로운 것을 만들어낸 시적·문학적 표현은 다루지 않을 것이다. 셰익스피어가 준 변화는 주로 둘인데, 그는 변화에 관한 한 다른 이들의 영향을 받은 것이 매우 미미하다고 할 수 있을 것이다. 첫 번째는 이런 것이다. 옛이야기에서 펭(클로디어스)은 공공연히 형제를 죽였기 때문에 그 행동은 잘 알려지게 되었으며, 나아가 거짓말과 위증으로써 그것이 마치 왕비를 잔인한 남편의 협박에서 구하기 위한 행동이었던 것처럼 정당화하기까지 했다.[1] 그

---

1 정신분석학 연구에 친숙한 이들은 이러한 펭계의 유아기적 사디스트적 연원을 통찰하는 데에 어려움이 없을 것이다.(Freud: Sammlung kleiner Schriften, Zweite Folge, 1909, S. 169) 어린이는 우연히 성교하는 소리를 들을 때 대개 성교를 어머

는 이 관점을 인민들에게 확실히 각인시켰으며, 그로써 벨포레의 말처럼 "백성은 그의 죄를 용서하였으며 귀족은 그것을 정당화하였다. 그리하여 그를 형제 시해(parricide)²와 근친상간을 범한 자로 여기는 대신 조신들 각각이 그의 공적을 기려 찬양하고 아첨하였다.(son péché trouva excuse à l'endroit du peuple et fur reputé comme justice envers la noblesse—et qu'au reste, en lieu de le poursuyvre comme parricide et incestueux, chacun des courtisans luy applaudissoit et le falttoit en sa fortune prospere.)" 그러면 공공연한 살인을 은밀한 살인으로 바꾼 것은 셰익스피어인가, 키드인가? 이것은 물론 삭소나 벨포레의 글에는 흔적이 나타나지 않은 유령의 등장과 관련이 있을 것이다. 비록 셰익스피어가 했을 가능성을 배제할 만큼 결정적인 증거는 아니지만, 로지가 1596년에 유령의 등장을 언급한 바 있고,³ 『형제 살해의 단죄』에도 유령이 나타나기 때문에, 엘리자베스 시대 『햄릿』 가운데 초기작에 이미 그러한 각색이 되었던 것이 분명하다. 그러나 로버트슨이 지적했듯이 문학적으로만 생각해 보면, 키드가 부분적으로 유령 장면의 집필에 도움을 주었을 것 같고, 이 장면의 각색은 그가 처

니에게 가하는 폭행이라고 이해하며, 어떤 식으로 성에 관한 사실을 알게 되건 간에 이러한 결론을 내리게 된다. 이러한 믿음은 틀림없이 아버지에 대한 무의식적 적대감이 악화되는 원인이다.

이 점은 클로디어스가 부분적으로 햄릿의 '억압'된 소망을 형상화한다는 결론을 다시 한 번 확고히 하는데, 전설에서 그는 부왕을 살해할 뿐 아니라 아들의 전형적인 판단을 핑계로 대기 때문이다.

2 삭소 역시 'parricidium'이라는 표현을 썼는데, 이는 물론 때때로 부모가 아닌 다른 근친의 살인을 의미하는 말로 쓰였다.

3 Lodge: 앞의 책, 같은 쪽.

음으로 했을 수도 있다.[4] 옛이야기에서는 왕의 철저한 경호를 뚫고 들어가는 데 외부적 어려움을 겪기 때문에 행동이 지연되었다. 키드는 지연의 이유로서 이처럼 곤란한 상황을 그대로 두었던 것 같다. 비록 그가 자신만 아는 특별한 이유로 유령을 나오게 한 장면—아마도 처음에는 서곡의 형태로—때문에 이 난점이 타당한 이유로서 약간 설득력을 잃었지만 말이다. 유령이 등장하려면 살해가 은밀한 것이 되어야 하기 때문이다. 그렇지 않으면 유령이 등장해야 할 이유가 없을 것이 아닌가. 그러나 옛이야기에서처럼 키드의 햄릿은 복수하리라는 일념만을 품은 터였다. 그는 즉시 호레이쇼에게 일을 털어놓고, 그의 도움을 약속받고, 자신의 임무에만 절대적으로 몰입한다. 자책도, 의심도, 정신적인 문제도 없다. 반면 셰익스피어는 극을 외부적 갈등에서 내적 비극으로 전환하려는 의도에 맞게—만약 그가 직접 유령 장면을 창작한 게 아니라면—이를 줄거리를 변형할 기회로 잘 사용하였다. 그 변화는 햄릿의 의무를 방해하는 외적 어려움을 최소화하는데, 이는 분명히 인민으로 하여금 범죄를 비난하고 복수하는 이를 돕도록 하는 것이, 나쁘게 은폐될 때보다는 공개적으로 해명되고 널리 용서되었을 때 더욱 어렵기 때문이다. 옛이야기에서조차 햄릿은 이루기 힘든 과업임에도 그것을 성공적으로 해내긴 하지만, 본래의 줄거리가 남아 있었다면 클라인과 베르더의 가설에 더 많은 근거를 제공했을 것이다. 변화된 표현은 햄릿의 불순종을 더욱 돋

---

4 Robertson: 앞의 책, pp. 44, 55, 56.

보이게 하는데, 이 표현에는 오로지 지연을 정당화하는 유일하게 타당한 이유가 빠졌기 때문이다. 셰익스피어가 이렇듯 부지중에 키드가 가한 변형의 가치를 발견했다는 점은, 이후에 그가 살해에 관해 상대적으로 알려져 있다는 흔적마저 지우려 애썼다는 사실 덕분에 드러난다. 첫 번째 사절판에서 햄릿은 자신의 복수 계획을 돕겠다는 어머니의 약속을 받아내고, 나중에 호레이쇼는 왕비와 햄릿의 복수 계획에 대해 아는 상태로 대화를 하며, 왕비가 그들과 뜻을 같이한다는 것도 알게 된다. 이 두 대목 모두 두 번째 사절판에서는 삭제되었다. 이 삭제는 햄릿을 외부의 어려움에 힘겨워하고 자연스럽게 자신이 믿을 수 있는 동지를 찾으려는 인간이 아니라, 자신의 심리가 복수 문제를 놓고 내적으로 심히 갈등한다는 이유만으로 복수하겠다는 당연한 소망을 가장 친한 벗에게도 말하지 못하는 인간으로 그리려는 셰익스피어의 의도를 분명히 암시한다.

둘째로 설명할 매우 중요한 것은 극의 줄거리를 바꾸어 비극을 뿌리부터 송두리째 전환한 셰익스피어만이 사용한 표현인데, 끊임없이 행동상의 장애를 겪는 햄릿이 자신의 임무에 대해 보이는 동요와 주저의 태도이다. 이전의 모든 판본에서 햄릿은 가능하다면 신속히 결정을 내리고 행동하는 인물이었지, 결코 셰익스피어 본(本)에서처럼 모든 일에 신속히 대처하지만 복수의 문제에서만큼은 주저하는 인물이 아니었다. 셰익스피어의 햄릿도 생각하기로는 그래야 한다고 보았던 것처럼, 원래 햄릿은 어떠한 의심이나 주저도 없이 복수를 해버렸고, 임무를 수행하기 위한 가장 빠른 길에서 절대로 물러서지 않았다. 그의 천성은 자신의 임무에 적합했다. 그는 자신이 해야 한다고 믿었던 바를 진심으로 하고 싶어 했기 때문에, 자신의 양심과 피의 부름에 모두 따랐다. 셰익스피어의 햄릿에게 그토록 힘겨웠던 내면의 깊은 갈등은 없었다. 마치 셰익스피어가 이 이야기를 읽으면서 만약 **그 자신이** 그와 유사한 상황에 처했다면, 그는 너무도 당연하다고 생각되는 행동 방식을 찾지 않고, 반대로 그 본질을 이해하지 못한다는 사실로 인해 더욱 강렬한 갈등을 겪었을 거라는 점을 깨달은 것 같다. 브래들리가 앞서 인용한 구절에서 이것이 셰익스피어 자신이 견딜 수 없는 유일한 비극적 상황이라고 한 것도 당연하며, 이제 그 이유가 필경 그가 의식적으로는 이해하지 못했을지라도 무의식적으로는 이야기의 본질적 의미를 납득했기 때문이었을 것임을 우리는 알 수 있다. 그의 오이디푸스 콤플렉스는 암렛과 레어티즈처럼 간단히 거부하기에는 너무 강했고, 그는 그러한 싸움에서 도망칠 수 없었던 한 영웅을 창조할 수밖에 없었다. 셰익스피어는 어린 시절에 모든 어린이가 처하는 '삼각 관계'라는 문제 상황을 극복할 해결책을 전혀 발견하지 못했다. 몇 년 동안 그는 햄릿의 전설에 친숙해진 터였고, 그 이야기의 의미를 무의식적으로 조금씩 꿰뚫어보았다. 그 후 자신의 친구와 애인이 청천벽력처럼 동시에 자신을 배신하자 그는 어떤 행동으로도 상황에 대처하지 못했다. 그러나 이 일은 자신의 내면에 잠자던 관념을 깨웠고, 그에 대한 응답으로 햄릿을 만들어냈으니, 햄릿은 셰익스피어 스스로는 표현하지 못하는 공포감과 절망감을 대신하여 표현해 주었던 것이다.

이러한 변형을 하면서 셰익스피어는 비극의 줄거리를 정반대로 바꾸었다. 옛이야기의 줄거리는 일념을 품은 영웅이 외부의 어려움과 위험을 극복해 나가는 내용으로 구성된 데 반해, 희곡에서는 그러한 장애물이 제거되고 영웅의 내적 갈등에 기인한 결과들이 숙명적으로 전개된다. 영웅의 투쟁에는 처음에는 존재하지 않았지만, 자신의 소용없는 노력의 결과로서 파멸의 순간까지 계속 커지다가 그를 삼켜버린 위험이 등장한다. 더욱이 그가 뚜렷한 임무를 수행하기 위해 해야 하지만 몹시도 꺼려하는 모든 행동은, 적의 의심과 적대감을 자극하여 행동의 목적 자체를 이루지 못하고 자기 자신의 파멸을 초래하는 식으로 행해졌다는 점에서 바보 같아 보인다. 그의 내면적 갈등은 그로서는 해결할 수 없는 것이며, 그가 취할 수 있는 조치는 냉혹하게도 자신을 죽음으로 조금씩 가까이 가도록 할 뿐이었다. 강력한 무의식적 갈등의 모든 희생자와 마찬가지로, 그의 내면에서 '죽음의 의지'는 근본적으로 '삶의 의지'보다 강하며, 실로 그의 투쟁은 그나마 가장 견딜 수 있는 해결책인 자살에 대항하는 길고도 절망적인 싸움이었던 것이다. 그는 숙명으로 인해 너무도 비극적으로 통렬한 딜레마에 빠져, 삶보다는 죽음을 선호하게 된 것이다. 과거의 지배에서 벗어날 수 없자 그는 필연적으로 '숙명'의 명령을 받아 자신이 걸을 수 있는 유일한 길인 '죽음'으로의 길을 걷는다. 그렇게 필사적이지만 무익하게 '숙명'에 맞서는 어느 강한 인간의 투쟁을 선명히 그려내면서 셰익스피어는 비극의 헬라스적 본질을 성취해 내지만, 그는 이를 넘어서서 인간 '숙명'의 본질은 내적 영혼에 본디 지니고 있는 것이라는 것을 보여주었다.

　이로써 셰익스피어가 옛이야기에 부여한 새로운 생명이, 자신의 가장 어두운 심리 영역에 근원을 둔 영감의 표출이라고 생각할 만한 이유가 설명되었다. 그는 자신의 가장 심오한 생각과 감정을 이야기에 투사함으로써 독특한 매력에 응답하였고, 그로써 이후 여태까지 그 비극을 듣거나 읽은 모든 이에게서 그러한 감동을 얻어내어 왔다. 세계적인 시성이 쓴 최대의 걸작이, 태초 이래로 인간의 심리를 지배해 온 가장 깊숙한 문제와 가장 강렬한 갈등, 즉 시샘 많은 연장자가 그어놓은 제한에 맞서서 젊은 사랑의 충동이 일으키는 반란과 연관되어 있음은 지극히 자연스러운 일이다.

9

『햄릿』 연기에 관하여

A Note on the Acting of Hamlet

다소간 흥미로울 수 있는 몇 가지 고찰을 매우 간략히 덧붙이려고
한다.

　햄릿 역할을 맡은 배우가 완전히 실패하기 위해서는 엄청나게 실
력이 형편없어야만 할 것이다. 한편 이 인물은 모자람이 없을 정도로
많은 것을 갖추고 있으며, 그 특징이 너무나 많아 어느 배우라도 그
것들을 다 보여줄 수 있으리라 기대하는 것은 어리석은 일이다. 몇몇
사람은 어떤 배우에 대해서 물을 때 간단히 "그 사람은 어떤 측면을
특별히 강조했습니까?"라고 하기도 한다. 온화한 우울증 환자가 다
시 나올 것 같지는 않다. 그의 시대는 끝났다. 그의 중요한 특징은,
확실히, 감히 견딜 수 없는 특수한 상태에서 햄릿이 겪는 강렬한 고
통이다. 그는 자신의 타들어가는 마음의 주의를 흩뜨리거나 정서적
긴장을 완화할 기회가 생길 때마다 충동적으로 멈춰서는데, 그가 집

중할 수 있는 앞길을 찾을 수 없음을 스스로 알기 때문이다. 그는 달아날 수 없는 혼란에 갇혔기 때문에, 그의 모든 통찰력과 열정을 다한다고 하더라도 지속적으로 힘을 행사할 수는 없다. 그는 투쟁하지만 결국 불운한 운명에 매여 있다.

내가 본 햄릿 가운데 헨리 어빙(Henry Irving)의 햄릿이 기억에 남는데, 그는 갑작스럽고 강한 열정과 절제된 흥분을 번갈아 보여주었다. 사라 베른하르트(Sarah Bernhardt)는 자신의 고통을 잊지 못할 감각으로 표현했다. 비어봄 트리(Beerbohm Tree)는 감상적인 연기를 보여주었다. 포브스-로버트슨(Forbes-Robertson)은 뛰어난 외모와 세련된 모습을 지녔으나 너무도 멀쩡하고 이성적인 행동을 보여주었다. H. B. 어빙(Irving)은 유약하고 분개를 잘 하는 햄릿을 표현했다. 마틴 하비(Martin Harvey)는 낭만적인 햄릿을, 매디슨 랭(Matheson Lang)은 다정한 햄릿을 보여주었다. 존 길것(John Gielgud)은 강한 환멸을, 로렌스 올리비에(Laurence Olivier)는 거칠고 맹렬한 모습을 드러냈다.

클로디어스는 복잡하지 않은 역이기 때문에 대개 완벽하게 연기된다. 거트루드는 일반적으로 지나치게 품위 있는 왕비로 그려진다. 천박할 수 있지만, 관능적이라는 점이 두드러진 특징일 텐데 그 점은 거의 표현되지 않는다.

무대에 거의 오르지 않기 때문에 오필리아 역시 틀림없이 관능적인 여성으로 묘사해야 한다. 그녀가 '순결'하고 유순하긴 하겠지만, 자신의 몸에 대단히 신경을 쓰는 것도 사실이다. 반면 햄릿은 때때로 억지스럽게 음란한 모습을 보이긴 하지만, 결코 호색적인 인물은 아니며, 특히 어머니를 대할 때는 더욱 아니다. 폴로니어스는 대개 익살꾼이 되며, 그의 자녀는 폴로니어스가 충고하는 동안 그에게 코웃음을 치는 식으로 표현되는데, 그들은 아버지를 존경하고 따르는 것이 틀림없기 때문이 그러한 묘사는 잘못된 것이다. 그에게 호의적이지 않은 시각을 지닌 것은 오로지 햄릿뿐이고, 이것은 객관적이라고 하기에는 어려운 개인적인 이유 때문이다.

나이. 모든 배우는 햄릿의 나이를 배우 자신의 나이와 비슷하게 정해야 하는데, 20대—후반이면 더 좋다—를 넘지 않는 것이 좋다. 나는 18세의 미숙한 청소년이 햄릿을 연기하는 것과 40세의 성숙한 철학자가 햄릿을 연기하는 것을 본 적이 있는데, 둘 다 허용 가능한 도를 넘은 것이었다.

유령은 흔히 100세를 넘지만, 극에서는 그렇게 해선 안 된다. 50세가 적절하다. 클로디어스는 많아도 40세, 거트루드는 45세가 좋다. 그런데도 그 역할을 너무 어린, 심지어 햄릿보다 어린 배우가 맡는 경우가 흔하다.

무엇보다도 나는 연출자들과 배우들에게 희곡을 마치 현대 희곡처럼 단순히 읽기만 하거나 끝까지 암기해야 하는 대사에만 의지하는 것은 소용이 없음을 이야기하고 싶다. 이 희곡을 훌륭하게 연출하기 위해서는 많은 숙고와 이해가 요구된다. 수많은 암시, 모호한 표현, 고문체를 비롯해 엘리자베스 시대에 대한 지식을 다 알 수는 없는 일이니, 그러한 분야를 열심히 연구해 온 이에게 자문을 구하는 것이 현명할 것이다. 다행히도 그러한 목적에 필요한 것이 도버 윌슨 교수의 『햄릿에서 일어난 사건(What Happens in Hamlet)』에 나와 있는데, 이 책 한 권조차 읽지 않고 연극을 하겠다는 것은 용서하기 힘든 발상이라 하겠다.

Hamlet and Oedipus

부록

1

성령의 정신분석학적 연구[1]
A Psycho-Analytic Study of The Holy Ghost

시간이 흘러 기독교 창시자의 역사적 정체성에 대해 어떤 점이 밝혀지건 간에, 여러 가지 종교의 비교 연구를 한 사람은 주(主)에 대한 수많은 믿음이 어떤 기본 바탕에 덧붙여진 점과, 외부의 이교적 출처에서 나왔다는 점과, 이들 첨가물의 연구에 기독교 신화학이라는 이름이 적용되는 것도 당연하다는 점에 의심을 품지 않을 것이다. 프레이저가 표현한 대로, "신화들이 과거의 위대한 역사적 인물 주변에 잡초처럼 자라난다는 사실보다 분명한 것은 없다."[2]

이 신화학의 몇 가지 더욱 중요한 요소들은 프로이트에 의해 정신분석학적인 방법으로 연구되었다.[3] 그에 따르면 기독교의 주요 교리 자

---

1 1922년 9월 27일, 제7차 국제정신분석학 대회(International Psycho-Analytical Congress)에서 낭독되었다.
2 Frazer: Adonis, Attis, Osiris, 3rd Ed., 1914, p. 160.

체—예수 그리스도가 십자가에 매달려 희생함으로써 인류는 그 죄에서 구원받았다는 믿음—는 원시적 토테미즘 체계의 세련된 모습을 표상한다. 그는 이 체계의 핵심에서 오이디푸스 콤플렉스, 즉 원시 시대에 충족된 부친 살해와 근친상간 충동에서 생겨난 죄의식을 완화하려는 노력을 발견했고, 이 콤플렉스가 신학자들이 말하는 '원죄'의 궁극적인 연원이라고 생각할 만한 타당한 이유를 발견했다. 이것은 인류가 저지른 최초의 대죄였고 우리의 도덕적 양심과 죄의식이 생겨난 근원이었다. 이 대죄와 그에 대한 도덕적 반응에 대한 경향이라는 측면에서 보면 인류의 초기 역사는 세상에 태어나는 모든 아이들에 의해 반복되며, 종교 이야기란 오이디푸스 콤플렉스를 극복하고 자신의 아버지에게 속죄함으로써 마음의 평화를 이루려는 끊임없는 시도이다. 프로이트는 미트라교와 같은 다른 종교와 대조적인 기독교적 해결책의 가장 결정적인 특징을, 아버지를 완전히 부인하고 극복하는 대신 아버지에게 복종함으로써 속죄를 이루는 방식이라고 보았다. 그 원형이 십자가 책형인 이 복종은 미사 때나 성찬식 때 주기적으로 반복되는데, 이것은 심리학적으로 토테미즘적 향연과 동일하다. 이렇게 하여 아버지의 분노를 막고 아들은 주(主)와 동등한 지위에 오른다. 향연에서는 아버지를 살해하고 먹는 원래의 행위와, 아버지와 재결합하고 일치되고 싶어 하면서, 양심의 가책을 느끼고 경건해지는 것 두 가지 모두를 축하한다. 이 관점에 따르면 아버지와의 기독교적인 화해는 여성적인

---

3   Freud: Totem und Tabu, 1913, S. 142.

요소의 과도한 발달을 희생하여 얻어지는 것이다.

이 논문에서는 동일한 선에서 연구를 진행하여 프로이트의 결론을 더욱 확고히 할 것이다. 대략 10년 전에 나는 《정신분석 연보(Jahrbuch der Psychoanalyse)》에 성모의 수태에 대한 글을 썼으며, 내가 여기에 제시하려는 것은 영어로도 나오게 될, 그 글의 최신 확장본에 상당 부분 근거한다.[4] 그 논문에서 했던 연구 때문에 우연히 다음과 같은 문제를 생각하게 되었다.

기독교 신화에는 한 가지 놀라운 사실이 있다. 유일하게 기독교에서만 원형 그대로 있지 않아, 더 이상 숭배 대상인 삼위(三位)가 성부, 성모, 성자가 아니다. 성부와 성자는 여전히 있지만, 성모는 성령이라는 신비한 상(像)으로 대체되어 수많은 논란을 낳았다.

방금 밝혀낸 결론 이외에 다른 결론을 내리는 것은 불가능한 듯하다. 삼위의 다른 두 위(位)를 성부와 성자가 차지했다면 성모가 논리적으로 나머지 자리를 차지해야 할 뿐 아니라, 또 알려져 있는 무수한 여타 삼위에서도 이러하며 실제로 기독교 신화 자체 내에서도 그러했음을 암시하는 상당한 양의 직접적인 증거가 존재한다. 프레이저는 이러한 취지로 몇 가지 증거를 제시했으며, 역사적인 근거만 가지고도 이 결론이 대단히 개연적임을 보여준다.[5] 오파이트 교도 등에 의해 삼위

---

4 『응용정신분석논문집』의 제8장을 보라.("The Madonna's Conception through the Ear: A Contribution to the Relationship between Aesthetics and Religion"―옮긴이 주)

5 Frazer: The Dying God, 1911, p. 5.

의 세 번째로 인정받은 본래의 성모는 바빌로니아와 이집트 종교가 혼합된 것에 기원하는 듯하다. 히브리의 신학에서 역시 성모의 상이 어렴풋이 이면에 존재했다는 암시가 없는 것은 아니지만 말이다. 따라서 『창세기』의 제1장 제2절에서 "하나님의 신은 수면에 운행하시니라."라고 한 구절은 "신(하나님)들의 어머니는 혼돈 위에 임하시고 (또는 날고 계시고) 생명을 잉태하시니라."로 적절히 읽혀야 할 텐데, 이러한 성모의 새와 같은 수태는 성스러운 영(Holy Dove, 즉 성모를 대체하는 성령)*뿐 아니라, 이시스가 오시리스의 시신 아래에서 매의 모습을 하고 호루스를 잉태했다는 신화도 상기시켜 준다. 그러나 대단히 가부장적인 히브리 신학에서는 성모를 덜 중요한 부분으로 추방하고 구세주인 성자를 머나먼 미래로 내쫓았는데, 그럼에도 불구하고 이 신학에서는 그 셋의 일반적인 관계를 유지했다. 따라서 성모가 성령으로 바뀐 이유를 설명한다면 유대교가 기독교로 발전했을 때 일어난 심리학적 변혁의 내적 특질을 밝혀낼 수 있을 법하다.

여기에서 채택한 접근 방법은 구세주의 수태의 맥락을 고찰하는 것이다. 이 접근은 두 가지 근거에서 타당하다. 첫째로, 잘 알려진 바와 같이 성령의 상은 신화에서 오로지 성자의 수태에서 출산력을 지닌 동인으로서 등장하며, 성자가 세례의 통과의례를 거칠 때 성스러운 축복으로서(나중에는 성자의 추종자들과 관련해서도) 뿌려진다. 둘째로, 오토

● 영어에서 도브는 비둘기(dove)뿐만 아니라 성령(Dove)을 의미하기도 한다. 비둘기는 성모의 상징이기도 하다. 이와 관련해서는 『마태복음』 제3장 제16절, 『마가복음』 제1장 제10절, 『누가복음』 제3장 제22절, 『요한복음』 제1장 제32절 참고.

랑크는 오래 전에 자신이 『영웅의 탄생 신화』라고 이름 붙인 책에서, 신화의 의도는 이미 초기 단계들에서 드러남을 보였다.[6] 기독교 신화를 고찰해 보면 이 법칙이 여기에서도 유효할 법하며, 따라서 예수의 잉태 연구가 그 신화 전체의 주요 목적과 의도를 이해하는 데 도움이 될 수 있을 것 같다.

우선, 초자연적이고 비범한 수단으로 수태한다는 개념은 신화적 의도의 실마리를 준다. 이 사실은 곧바로 아버지에 대한 태도에 모종의 갈등이 있다는 점을 의미하는데, 다른 연구들에서 알 수 있듯이 기이한 잉태 방식은 그 잉태에 아버지가 관여했다는 생각을 거부하려는 소망을 함축하기 때문이다. 여기에는 그 반대 의도인, 아버지의 특별한 능력을 존경하여 과장하려는 소망이 담겨 있을 수도 있고 그렇지 않을 수도 있다. 이 양면성은, 아버지가 아니라 부족의 특정 토템으로 인해 어머니가 잉태하여 아이들이 태어났다는 믿음에 뚜렷이 나타나는데, 토템은 아버지나 초월적 아버지의 고대적 대리물이기 때문이다. 따라서 기독교 신화도 다른 대부분의 종교적 신화와 마찬가지로 부자 간의 오랜 투쟁과 연관되어 있는 것이 분명하다고 하여도 전혀 놀라울 것은 없다.

예수의 잉태가 지극히 이상한 방식으로 일어났음을 기억할 것이다. 대개 어떤 신이 인간 여성을 임신시키고 싶어 할 때면, 그는 항상 지상에 나타나—인간의 형상을 하거나 남근 상의 특질을 많이 지닌 동물

---

6 Otto Rank: Der Mythus von der Geburt des Helden, 1909.

(황소나 뱀 등)로 변하여—성적 교합이라는 평범한 방식으로 여자를 임신시킨다. 반면 성모 신화에서는 대천사 가브리엘이 주의 인격화라고 보지 않는 이상 성부인 신이 전혀 등장하지 않는다. 잉태는 이 천사의 인사말과 영의 숨결이 이와 동시에 성모의 귀에 들어가자 이루어졌다. 성령을 표상한다고 여겨지는 이 영 자체는 성부의 입에서 나온 것이다. 따라서 성령과 주의 숨결은 여기에서 성적인 작인의 역할을 하며, 논리적으로 각각 남근과 정액을 찾을 것으로 기대되는 곳에 나타날 것이다. 성 제노네(Zenone)*의 말을 인용해 본다. "마리아의 자궁은 정액이 아니라 말씀으로 부풀었다." 또 성 엘레우테리우스(Eleutherius)는 "오, 축복받은 성처녀는… 남자와 동침하지 않고 어머니가 되었다. 그 귀가 아내요, 천사의 말이 남편이었기 때문이라."라고 하였다.

문제가 즉시 복잡해졌다는 게 보일 것이다. 성모를 대체한 수수께끼의 상이 남성이며, 성부의 창조적인 면을 상징한다는 것을 알자 수수께끼만 두 개로 늘었다. 그렇지만 이를 논의하기 전에 잉태 자체의 구체적인 내용을 좀 더 면밀하게 살펴보아야겠다.

이 세부 사항들을 비교하여 분석해 보면 예상치 못한 결론이 나온다. 숨결의 관념이 어떻게 원시적인, 즉 무의식적인 심리 내에 방금 언급한 정액에 관한 함축성을 띠게 될 수 있었는지 밝히다 보면, 상당히 우회적인 방식으로 그것이 진행되었음을 알게 된다. 위에서 언급한 글에서 자세히 보인 바와 같이, 숨결의 관념은 원시적인 심리에서는 지

---

* 원문에는 Zeno라고 되어 있다.

금처럼 편협하고 고정된 의미를 지니지 않았다. 특히 헬라스와 힌두의 생리 철학 연구에 따르면 숨결은 훨씬 더 넓은 함의, 이른바 영적 잉태의 함의를 지녔으며, 이 잉태의 중요한 한 가지 구성 요소—아마도 최소한 성적인 측면의 상당한 부분—는 다른 기체의 배설 작용, 즉 소화관의 아래쪽 끝에서 나오는 배설 작용에서 끌어냈을 것이다. 『베다』에 쓰인 것처럼 말이나 숨결을 통한 창조에 대한 다양한 믿음에서 수태시키는 요소는 바로 이 하향하는 숨결이다. 마찬가지로 귀를 여성의 수용 기관으로 여기는 관념을 분석해 보면, 귀가 소화관의 아래쪽 구멍에 관련된 상응 개념의 상징적인 대체로서 '아래로 내려가는 것이 위로 올라가는 것으로 전치된 것'이라는 결론이 나온다. 이 두 가지 결론을 함께 놓고 보면 지금 논의 중인 신화적 이야기가, 내가 다른 곳에서 주목한 바 있는[7] '유아기의 성 이론'을 대단히 정제하고 위장시켜 다듬어진 형태를 표상한다는 추론을 하지 않을 수 없다. 이 성 이론에 따르면 수태 작용은 아버지의 장에서 나온 기체가 어머니에게로 옮겨가서 일어나는 것이다. 나는 왜 성적인 환상의 이 지극한 반발이 다른 어느 것보다도 심리로 생각해 낼 수 있는 가장 숭고하고 영적인 관념을 품는 것에 더 많은 도움이 되는 것인지도 지적한 바 있다.

이 유아기의 이론과 관련된 자료들의 비교 연구뿐만 아니라 이 이론을 믿는 사람들을 개인 정신분석하면 몇 가지 특징이 나타난다. 피상적으로 생각해 보면, 이 이론은 아버지의 능력을 부정하고 거세 소망

---

7 *Jahrbuch der Psychoanalyse*, 1912, Band IV, S. 588 이하 참조.

을 표상하는 것으로 보일 수 있는데, 이것은 부분적으로는 틀림없는 사실이다. 그러나 다른 한편으로, 바람[風]과 관련된 창조 관념에 대한 무수한 의미를 살펴보면, 이 관념에는 거의 언제나 바람을 내쫓는 강력하고 단단한 남근에 대한, 정반대의 관념이 함축되어 있다는 사실을 알고 무척이나 놀랄 것이다. 마찬가지로 성스럽고 창조 능력이 있는 천둥에 대한 믿음은 세계의 어떤 곳에나 있고, 그 믿음에는 일종의 천둥 무기에 대한 믿음이 존재하는데, 그 무기 가운데서 가장 잘, 그리고 널리 알려진 것은 황소울음 악기(bull-roarer)*이다. 여기에서 더 나아가 마치 단순한 소리나 말, 심지어 생각으로써 창조하는 능력이 남성의 강력한 생식력의 결정적 증명인 양, 바람으로 인해 잉태한다는 관념은 대개 원시적인 심리에서 보면 특별히 위대한 능력을 지닌 표시로 이해되는 것처럼 보일 것이다. 이것은 소리조차 없이 오로지 고요한 생각만으로도 잉태될 수 있다는 생각에서 절정에 이른다. 예를 들어 중세 시대에 여러 수녀들은, 예수가 '자신들에 대해 생각했기' 때문에 자기들이 임신하게 되었다는 믿음을 지지했다.

여러 가지 관점에서 흥미로운 이들 관념이 모인 한 가지 좋은 예는 악어에 대한 이집트의 믿음에서 찾아볼 수 있다. 이들 믿음도 역시 지금 다루는 주제와 직접적인 관련이 있는데, 초기 기독교도들은 악어를 로고스 또는 성령의 상징으로 보았기 때문이다. 게다가 이 동물은 동정녀 마리아와 똑같이 귀를 통해서 자신의 짝을 잉태시킨다고 믿어졌

● 호주 원주민 악기의 일종.

다. 고대인들은 한편으로 악어에겐 외부에 드러난 생식기가 없다는 사실과 혀가 없고 소리를 내지 않는다(무기력하다는 상징적인 암시)는 사실 때문에 악어에 주목했는데, 다른 한편으로—순전히 부정적인 이러한 특징에도 불구하고 (또는 단지 그 특징 때문에)—악어는 생식 능력에 관한 한 최고 수준에 이른 것으로 간주되었고, 수많은 성 풍습은 이 믿음에 기반한 것이다. 뱀이나 다른 남근과 관련된 대상들과 함께 악어는 지혜의 상징이었으며, 그 이유에서 고대인들은 생각의 전능함이 말의 전능함보다 훨씬 더 인상적이라고 생각해 미네르바의 흉상*에서 보는 바와 같이 모든 창조 행위에서 가장 강력한 작인은 '인간의 침묵'이라는 결론을 내렸다.

아버지의 능력에 대한 과장은 본래의 현상이 아니고, 거세 욕망에 대한 처벌로서 거세당할 것을 두려워하여 그에 대한 대응으로서 개인적인 나르시시즘이 전이된 것이다. 따라서 개인 정신분석으로써 충분히 결론을 내리자면, 기체로 인한 수태의 믿음은 특별히 강렬한 거세 환상에 대한 반응을 표상하며, 이 믿음은 오로지 아버지에 대한 태도가 양면적일 때, 즉 아버지의 능력에 대한 적대적인 거부감이 위대한 힘에 대한 지지와 복종과 번갈아갈 때만 나타난다고 할 수 있겠다.

기독교 신화에는 이 두 가지 태도가 모두 나타난다. 오로지 전령을 통해서만 가능한 '장거리 작용'에 의한 임신과, 기체를 사용하는 방법은 아들이 그 앞에 완전히 복종하는 무시무시한 위력에 대한 관념을

● 침묵하는 아테나.

드러낸다. 다른 한편으로 임신시키기 위해서 사용된 수단은 특별히 생식력이 강한 것과는 거리가 있다. 성령(Dove)은 분명히 남근적인 상징이긴 하지만—제우스는 피테이아를 유혹할 때 비둘기(dove)의 모습을 했으며, 비둘기는 아스타르테, 세미라미스, 아프로디테 등 모든 위대한 사랑의 여신의 사랑과 같은 상징이었다—그래도 비둘기와 사랑의 관련성은 기본적으로 구애하는 모습의 부드럽고 귀여운 특징에 기인한다. 따라서 그것은 모든 남근적 상징 가운데 가장 여성적인 것의 하나라고 할 수 있을 것이다.

따라서 성부의 위력이 오로지 상당한 여성성과 관련되는 대가를 치러야만 현시된다는 것은 분명하다. 동일한 주제는 성자의 경우 훨씬 더 분명하게 나타난다. 성자는 상징적 거세와 죽음과 더불어서 모욕의 극한을 겪고 난 다음에야 성모를 최종적으로 소유하며 성부와 화해하는 것을 포함해 모든 대업을 성취한다. 비슷한 길이 예수의 추종자들에게도 놓여져 있으니, 구원은 관대함, 겸손함, 성부의 의지에 대한 복종을 대가로 얻어지기 때문이다. 이 과정은 필연적으로 극단적인 경우엔 실제로 자기 거세를 하는 것으로 이어지며 모든 경우에 그런 방향으로 진행되지만, 실제로는 물론 여러 가지 상징적인 행동으로 대체되어 이루어진다. 이렇게 함으로써 두 가지를 동시에 얻을 수 있다. 성모에 대한 대상애(Object-love)는 성모와의 본연적인 동일시로 퇴행하는 것으로 대체되어, 이 근친상간은 회피되며 성부 역시 만족해한다. 심리적 안정은 심중에서 성이 바뀌는 방향으로 변화함으로써 이루어진다.

이 시점에서 위에서 제기한 성령의 심리학적 의미에 대한 문제로 돌아가야겠다. 주(主)가 본래의 어머니 여신과 성부의 창조적 본질(생식기)이 합해진 것이라는 점은 이미 보았다. 이 관점에서 이른바 '용서받지 못할 죄'인 성령 모독에 대한 특이한 두려움을 이해하게 될 텐데, 그러한 모욕은 상징적으로 성모를 모독하고 성부를 거세하려는 것과 동일하기 때문이다. 그것은 모든 죄의 시작인 원죄를 반복하는 것이며, 오이디푸스적 충동을 만족시키는 것이다. 이것은 신경증 환자가 거의 항상 이 죄를 자위 행위와 동일시한다는 임상적 자료와도 완벽하게 들어맞는데, 지금 그 죄의 심리학적 의미를 알 수 있는 것은 그것이 근친상간적 소망과 무의식적으로 관련되어 있기 때문이다.

여태까지 성령의 상(像)은 환상 속의 '남근이 있는 여성'이라는, 본연적 성모의 끔찍한 이미지와 유사한 것으로 여겼을 것이다. 그러나 문제는 더욱 복잡하다. 성모가 성부의 창조적 능력과 결합할 때 모든 여성성은 사라지며, 그 상은 논란의 여지 없이 남성적인 것이 된다. 이 성의 역전이 진짜 문제인 것이다.

위의 이유들로 인해 이 성의 변화는 틀림없이 출산의 행위와 관련이 있을 것이며, 여기에서 동일한 행동과 관련된 다른 이상한 성의 변화를 상기하게 된다. 라이크(Reik)는 미개 사회의 통과 의례와 의만(擬娩)* 풍습에 대한 자신의 기발한 저서에서 이들 관습에 담긴 가장 중요한 의도는, 대단히 독특하지만 동시에 충분히 논리적인 방식으로 오이디푸스 콤플렉스―즉 부친 살해와 어머니와의 근친상간을 소망하는 것―

---

* 여성이 분만할 적에 남성도 그 옆에 누워 산고 등을 겪는 척하는 것.

에 맞서는 것이라고 했다.[8] 미개인들은 어머니에게 숙명적으로 끌리는 이유를, 자신이 어머니에게서 태어났기 때문이라고 굳게 믿는데, 이 생각은 어느 정도 현실적인 근거가 있다. 그리고 이들은 여러 가지 복잡한 절차를 거쳐 이 물리적인 사실을 폐기하고 남자 아이가 어쨌든 아버지에게서 다시 태어났다고 꾸며내는 데에 이른다. 이렇게 해서 아버지는 한편으로는 근친상간적인 소망을 지우길 바라고 다른 한편으로는 젊은이를 자신에게 좀 더 가까이 붙잡아두길 바라는데, 이 두 가지 의도는 부친 살해의 위험을 줄이게 된다. 본능의 관점에서 말하자면 이것은 근친상간적인 양성애 고착이 승화된 동성애로 대체되었음을 의미한다.

이러한 풍조가 얼마나 널리 퍼져 있는지—라이크가 표현한 대로 이들 의례는 세계 어느 곳에서나 발견된다—를 생각해 보면, 논의 중인 경우에서 남성이 여성을 대체하는 이유 역시 같은 것에 기인한다는 생각도 그렇게 무모한 것은 아닐 것이다. 따라서 나는 주장하건대, **성령이 성모를 대체한 것은 근친상간과 부친 살해의 소망을 폐기하고 그 소망을 성부에 대한 더욱 더 강한 사랑으로 대체하는 바람직한 상황이 현시된 것**으로, 이 현상은 미개인들의 통과 의례와 동일한 함의를 지닌다. 유대교에 비해 기독교에서 하나님 아버지에 대한 개인적인 사랑을 더욱 강조하는 이유는 이 때문이다. 이 결론을 뒷받침하기 위해서 기독교를 통틀어 승화된 동성애가 수행한 광범한 역할을 인용해 봄직

---

8   Reik: Probleme der Religionspsychologie, 1919, Ch. Ⅱ, Ⅲ.

하다. 자신의 이웃뿐만 아니라 적까지도 사랑해야 한다는, 보편적 형제애의 예외적인 교리는 프로이트의 지적처럼, 감정의 동성애적 연원에서만 충족될 수 있는 사회적 감정을 요구한다. 성직자들의 여성스러운 의복, 의무적인 독신 생활, 깎인 머리칼 등은 남성적 특징이 박탈됨으로써 상징적인 자기 거세를 한 것과 마찬가지임을 명백하게 보여준다.

이렇게 형성된 상(像)은 양성적인 타협을 표상한다. 이 상은 남성성의 몇 가지 요소를 포기하면서 아이를 낳을 수 있는 여성의 특권을 얻으며, 이로써 양성의 이점을 결합하게 된다. 기독교가 세계에 보여준 양성구유적인 이상이 인류에게 대단히 중요하다는 것은 드러났다. 그 안에는 기독교가 지닌 매우 강력한 개화의 영향력이 있음을 볼 수 있다. 즉 원시적인 인간을 개화하는 것은 본질적으로 오이디푸스 콤플렉스를 극복하고 그것의 많은 부분을 승화된 동성애(즉 집단적 본능)로 변화시키는 것을 의미하기 때문인데, 이 승화된 동성애 없이는 어떠한 사회적 공동체도 존재할 수 없다. 또 우리는 기독교에 진정으로 귀의하는 것을 어째서 흔히 '성령으로 다시 태어나는' 것이라고 하는지, 그리고 왜 물에 들어가는 것(탄생의 상징)이 그 재생의 의례적 표현인지를 알게 된다. 게다가 내가 이전에 지적한 이 신기한 발견을 설명하자면, 그것은 세례할 때 사용하는 물이 **성부**의 체내 액체(정액, 소변)에서 직접 끌어온 것이라고 할 수 있다.[9] 첨언하자면 종교적 귀의가 사춘기, 즉 동성애적 청소년기 또는 술에 취하는 성인기에 더없이 활발하게 이

---

9 『응용 정신분석 논문집』 제4장 164쪽 등.("The Symbolic Significance of Salt in Folklore and Superstition"—옮긴이 주)

루어지는 것은 더 이상 이상한 일이 아니다. 이 때 술에 취했다는 것은 억압된 동성애 문제에 대해 심리적으로 갈등을 겪는다는 구체적인 암시임을 기억해야 할 것이다.

이렇게 도달한 결론은 기독교와 토테미즘 간의 관계에 대해서 프로이트가 다른 방식으로 도달한 결론과 잘 들어맞는다. 기독교는 주로 원시적인 토테미즘 체계에 대한 숨겨진 퇴행과 동시에 이 체계의 정제된 형태를 구성한다. 비록 기독교에서 적대적인 요소는 억압의 단계를 훨씬 더 거치지만, 기독교는 아버지에 대한 양면적 태도가 날카롭다는 점에서 토테미즘과 닮았다. 또, 기독교는 라이크가 밝혀냈듯이 원시적인 통과의례와도 맥을 같이하지만, 기독교는 생식력의 중요성이 여성에게서 남성에게로 전환되는 것이 사춘기에서 태어날 때로, 즉 거꾸로 표현되기 때문에, 그 수준을 넘어서 발전한 면모를 보여준다. 세례의 통과의례가 이후에 진행되는 것과 똑같이 말이다. 사춘기에 상징적인 부성적 재생에 의해 모성적인 출생이 파기되는 대신, 탄생 자체는 이런 방식을 거쳐 신화적으로 다루어진다. 본래의 어머니 여신의 운명과 그 여신이 성령으로 변한 것을 다루면서, 상당히 명백한 내용을 한 가지 간과했다. 비록 기독교의 삼위 자체에서 성령은 본연의 성모를 대체하는 상일 뿐이지만, 그럼에도 불구하고 기독교 신학에는 여성상인 동정녀 마리아가 있으니, 마리아 역시 중요한 역할을 한다. 따라서 본래의 여신은—신화학적인 용어를 쓰자면—둘로 '분해'되었는데, 그 가운데 하나는 성령이 되고 다른 하나는 성모가 된다. 이 분석을 마무리짓기 위해서 성모의 상에 대해 약간 다루어야겠다.

순전히 심리학적인 관점에서 보자면 성부나 성모, 즉 신이나 여신이라는 말로써 우리는 유아기적 관점에서 바라본 아버지나 어머니를 일컫는다. 다시 말해 권력과 완벽함의 모든 요소를 두루 갖춘, 존경이나 두려움의 대상을 지칭한다. 따라서 이 문제의 분해는 본연의 어머니 이미지에 대해 지니는 성스러운, 즉 유아적인 요소들이 성령의 관념으로 전이되었다는 것과 순수하게 인간적인, 즉 성인의 요소들은 단지 평범한 여성의 형태 안에 들어 있다는 것을 보여준다. 위에서 살펴본, 앞의 사례에서 일어난 성의 변화와는 별개로, 그 정신 과정은 청소년기에 흔히 일어나는 분리와 유사한데, 이 시기에 청소년은 자기 자신의 감정이 양분되는 것을 따라서 여성들을 두 부류로 나눈다. 하나는 인간적이며 쉽게 다가갈 수 있는 부류, 하나는 접근할 수 없도록 금지되어 있는 존경스러운 부류로서, 그 극단적인 경우는 각각 창녀와 '귀부인'을 들 수 있다. 헤아릴 수 없을 정도로 많은 개인 정신분석 사례 덕분에 우리는 이 분리가, 남자 아이가 어머니에게서 본래 느꼈던 좋은 감정 속에서 일어나는 분열의 투사에 불과하다는 것을 알게 되었다. 성적인 목적에서 이탈한 감정들은 여러 가지 존경의 대상으로 옮겨가는 반면, 노골적으로 성적인 감정들은 특정한 부류의 여성, 창녀, 하녀 등과 관련해서만 나타날 수 있게 된다. 따라서 '귀부인'과 창녀는 모두 어머니 상의 파생물이다. 그러므로 기독교에서 본래의 여신이 두 가지 상으로 분리되는 것은 똑같이 근친상간적 충동이 억압된 것을 드러낸다고 추론할 수 있겠다.

이렇게 고찰하고 기독교 신화에 나타난 여성과 다른 삼위일체 개념상의 여성을 비교하는 것은 동정녀 마리아의 역할을 이해하는 데 도움이 된다. 이러한 목적에서 프레이저가 그렇게도 열심히 연구하였고, 일찍이 기독교와 열렬히 경쟁하였으며, 기독교의 주요한 요소들의 원천이었던 세 신을 뽑았다. 세 구세주 신인 아도니스, 아티스, 오시리스를 말하는 것이다. 이들 신 모두는 대개 거세될 뿐만 아니라 죽음을 맞이하고, 아들을 사랑했으며, 대부분 여성에 의해 주기적으로 죽음이 애도되었으며, 그 부활이 인류의 번영이나 구원을 나타낸다. 그런데 이들 중 앞의 둘은 마지막 신과 흥미로운 대조를 이룬다. 여신 아스타르테와 키벨레는 각각 아도니스와 아티스라는 젊은 구세주의 힘을 훨씬 능가한다. 반면 오시리스는 최소한 이시스만큼은 특출나고 강한 신이다. 프레이저는 이렇게 썼다. "전설에서는 일반적으로 아도니스와 아티스를 평범한 시골 청년으로, 여신의 강렬한 사랑 때문에 처음의 수수한 세상에서 짧고 우울하지만 우월한 세상으로 옮겨가 살게 된 목동이나 사냥꾼 정도에 불과한 것으로 묘사하는 데 반해, 오시리스는 대부분의 전승에서 위대하고 관대한 신으로 나타난다."[10] 그러나 나중에 그는 "이것은… 처음에 이시스가 아스타르테와 키벨레가 계속 그러했던 것처럼, 그 쌍 가운데서 더 강한 신이었다는 것을 암시하는 듯하다."[11]라고 썼다. 따라서 아스타르테, 이시스, 마리아의 순서로 본연의 성모가 지닌 위대함이 서서히 감소하는 것을 보게 된다. 비록 마리아는 이상적인 속성을 갖추고는 있지만, 성스럽거나 접근 불가능할 정도

---

10 Frazer: Adonis, Attis, Osiris, 1914, pp. 158, 159.
11 같은 책, p. 202.

로 장려한 특질은 상실하였으며, 단지 선한 여성이 되었을 뿐이다. 본연의 성모가 이렇게 축소된 것과 성스러움에 대한 유아적 관념을 박탈당한 것은 위에서 지적한, 기독교 신화에서 성모를 희생하여 성부를 높이려는 목적과 잘 부합하는 듯하다. 이미 언급하였듯이 이것의 함의는 아버지와의 관계를 더 가까이함으로써 근친상간의 소망에 맞서기 위함이다.

기독교사를 고찰해 보면 이 목적은 부분적으로만 결실을 맺었으며, 오이디푸스 콤플렉스를 해결하기 위해 제시된 해결책이 언제나 적용될 수 있는 것도 아니었고, 예로부터 내려온 부자 간의 갈등을 해결하기 위해 더 많은 노력이 계속 필요했다는 것을 알게 된다. 성모의 성령으로의 전환은 여신 숭배 관습이 항상 존재했던 공동체에서도 그랬을 것이듯이, 결코 불화 없이 진행되지 않았다. 몇몇 교파에서는 이시스, 헤라, 아스타르테, 아프로디테 등을 계승하는 것이 명백한 마리아의 신성성을 유지하고자 애를 썼으며, 성부, 마리아, 구세주로 구성된 본래의 삼위일체를 지키려던 멜카이트 교단의 노력은 니케아 공의회에서 좌절되었을 뿐이다. 천 년 동안 상황은 서서히 진행되었으니, 이것은 아마도 그 동안 모든 종류의 이교 신화를 동화하는, 놀라울 정도의 융화 과정 때문이었을 것인데, 이 융화 과정은 이전의 어머니 여신에 관련된 것이 대부분이었다. 그러나 이후로는 동정녀 마리아를 수직적 구조에서 좀 더 높은 지위에 두고 싶어 하는 목소리가 더 많이 생겨났다. 이러한 의도는 천주교에서는 수용되어 지금까지 유지되고 있다고 할 수 있을 것인데, 이것은 마리아 자신이 순결하게 잉태하였다고 마지막으로 선포한 지 고작 반 세기가 겨우 지났을 뿐이기 때문이다. 숭배할 성모에 대한 인간의 요구는 너무나도 강했기 때문에, 성모는 다시 돌아와야만 했다. 따라서 기독교는, 다른 여러 가지 면에서도 그렇듯이, 이런 점에서 남성적 관념을 지향하는 히브리적 경향성과 어머니 여신을 중요한 것으로 인정하는 전통적인 경향성 간의 절충을 낳는다.

훗날 천주교에 의해 본래 모습이 흐려지긴 했지만, 특별히 기독교적인 이 해결 방식은 따라서 히브리적인 성격을 그대로 물려받았다고 할 것이다. 개신교 종교 개혁은 종교에서 여성 숭배의 흔적을 남김없이 지워버림으로써 본래의 해결 방식을 강화하고 이 방식이 그 필연적인 귀결에 이르도록 한 시도였음이 틀림없다. 극단적인 개신교 지역에서 '붉은 여자(Red Woman)'*라는 표현이 사용되는 끔찍한 모습을 본 사람들만이 이 충동의 위력을 십분 이해할 수 있을 것이다. 게다가 이 과정이 잘 수행된 상태일수록, 종교에서 동성애적인 태도를 채택할 필요성이 적어진다는 점은 흥미롭다. 자기 거세적인 모든 경향은 여성 숭배가 크게 발달한 곳에서 더욱 뚜렷한 반면, 극단적인 개신교 목사들은 결혼할 뿐만 아니라 특별한 복장이나 여성적인 역할을 암시하는 모든 것들을 폐기한다. 누군가는 오이디푸스 콤플렉스의 천주교적 해결책이 남성적인 태도를 여성적으로 바꾸는 것인 반면, 개신교적 해결책은 성모를 여성으로 대체하는 것이라고 할지도 모르겠다.

---

* Scarlet Woman. 일부 극단적인 개신교도들이 로마 천주교 교파를 비난할 때 사용한 표현이다. 이 악의적인 표현은 『요한계시록』 제17장에서 "가증한 것들의 어미"인 "음녀"가 "자주 빛과 붉은 빛 옷을 입"었다고 한 것에서 나왔다.

2

성탄절의 의미[1]
The Significance of Christmas

왜 우리가 성탄절을 쇠는가 하는 것은 대답하기 어려운 물음이며, 그
것을 당연한 일로 여기기 때문에 보통은 그런 질문을 하지 않는다. 그
러나 잠깐만 생각해 보아도 그 질문을 할 만한 가치가 매우 크다는 것
을 알게 된다. 우선, 우리는 왜 성탄절이 비기독교인에게 매력적으로
느껴지는 유일한 기독교 축일인지 궁금해진다. 회의론자나 무신론자
라면 중요한 기독교 기념일에 흥미를 잃기 쉽다. 공현축일이나 성령
강림절, 그리스도 강림절, 종려주일 같은 날이 무엇을 기념하는 것인
지도 잊기 마련이다. 부활절 휴일은 감동적인 함의를 상실하고 단순히
봄철 휴가가 된다. 그렇지만 성탄절은 일반적으로 그 의미를 여느 때

1　"우리는 왜 성탄절을 쇠는가?"라는 물음에 대한 답변을 요청하길래 1931년 10월에
　써서 한 미국 잡지에 기고한 글을 보강했다. 그런데 나는 잡지 이름을 잊어버렸는
　데, 아마도 이 잡지가 내 글을 게재하지 않았기 때문일 것이다!

처럼 계속 지닌다. 이것은 기독교인들과 접촉하는 다른 종교인들의 경우도 마찬가지이다. 나는 두어 해 전 12월에 미국으로 건너갈 때 승객 가운데 거의 절반이 '성탄절을 집에서 보내기 위해' 서두르는 유대계 미국인들이라는 것을 알았다. 틀림없이 똑같은 광경이 다른 어떤 해에라도 연출되었을 것이다. 따라서 그리스도가 탄생한 날짜, 심지어 탄생했다는 사실보다도 훨씬 더 매력적인 무언가가 성탄절 관념에 내재한 것이 틀림없다.

우리의 탐구는 좀 더 뒤로 가서 시작하고, 도대체 왜 인류가 특정한 날짜에 축제를 여는가 하는 물음을 먼저 던져야 할 것 같다. 성탄절과 다른 축제들 사이의 천문학적인 관련성에 처음으로 주목한 것은 1730년의 아이작 뉴턴 경이었다. 수년 전에 빼어난 인류학자인 펄롱 장군(General Furlong)은 자신의 유명한 책 『삶의 강(Rivers of Life)』에서 전세계 곳곳의 축제일을 수집하고 축제가 가장 자주 일어나는 시기를 그래프화하는 수고를 하였다. 그래프를 보면 지구가 태양 주변을 도는 네 가지 기본 방위 가운데 특정 지점에서 가장 많은 축제가 열린다는 사실이 분명히 나타난다. 가장 선호되는 때는 6월과 12월의 끝을 향해 가는 하지와 동지로, 태양이 차고 기우는 때로서, 낮의 길이가 짧아지고 길어진다. 다음으로 선호되는 시기는 3월과 9월의 끝을 향해 가는 춘분과 추분이다. 인간이 언제나, 때로는 심지어 의식적으로 자신의 포부와 감정을 만물의 원천인 태양과 관련된 근본적인 변화와 연관지었다는 사실은 틀림없다. 태양이 우주에서 생명을 주는 힘과 생명을 파괴하는 힘을 동시에 상징하는 가장 가시적이고 두드러진 상징이며,

태양의 관념이 세계의 종교 속에 얼마나 광범하게 스며들었는지는 잘 알려져 있다.

나아가 세계의 무수한 종교적 행사를 크게 두 부류, 즉 행복한 행사와 불행한 행사, 또는—좀 더 정확히 말하자면—활기찬 행사와 경건한 행사로 나눌 수 있다. 축하와 환희의 행사가 있는데, 이 행사는 순전한 즐거움을 위한 잔치이며, 때때로 바쿠스적인 주신제가 되기도 한다. 성탄절은 분명히 이 부류에 속한다. 반면에 우주 내에서 자신의 위치를 진지하게 돌아보거나 삶의 목적을 탐구해서 자신에 대해 엄격하게 성찰하기 위하여, 인간이 자신의 혼을 탐색할 필요성을 주기적으로 표시하는 행사도 있다. 전자는 편한 마음을, 후자는 불편한 마음을 암시한다.

성탄절이라는 특별한 행사로 돌아가보자. 그것이 무엇을 나타내는지를 확정하기 전에 역사적인 배경에 대해 살펴보자. 물론 글자 그대로 보면 성탄절은 그리스도의 탄생일을 의미한다. 하지만 우리는 그에 해당하는 시점이 한 해의 어느 때인지도 사실상 알지 못하며, 그 일이 일어난 연도 자체도 확실하지 않기 때문에 그것을 축하할 특정한 날을 고른 데에는 어떤 별개의 이유가 있을 것이다. 신약 성경에서 그리스도의 탄생은 유대인의 신년의 시작, 즉 추분쯤 일어났다고 암시되어 있음에도 불구하고, 기독교 초기에는 춘분이 가장 적합한 때라고 주장하는 교파가 많이 있었다. 그러나 대부분의 기독교인들은 처음에는 주(主)의 육체적인 탄생 문제가 너무나도 세속적이거나 심지어 신성모독적인 것이라고 여겨서 그 문제를 생각하지도 않았다. 예를 들어 서기

245년에 오리게네스는 "마치 그가 파라오인 것처럼" 그리스도의 탄생일을 경축하는 것을 생각만 하여도 죄가 된다고 하였다. 성령이 그리스도에 임한 날에만 사람들은 관심을 가졌다. 그 때가 그의 진정한 신적 탄생일이라는 것이다. 그들은 이 때 그가 세례를 받았다고 여겼으며, 이를 기념하기 위해 지금 공현축일이라고 부르는 1월 6일을 선택하였다. 왜 그 날을 택했는지는 알 수 없지만, 그 날은 고대 세계에서 여러 축제가 벌어진 날의 하나였다. 아마도 천문학적인 측면에서 그 날은 낮 시간이 길어지기 시작하는 첫 번째 날이기 때문이었을 것이다. 공현축일과 세례식은 수세기 동안 긴밀하게 관련되어 있었다. 4세기 때까지 동방 세계에서는 인간적인 탄생이건 신적인 탄생이건 간에 1월 6일이 그리스도의 탄생을 축하하는 날로서 보편적으로 수용되었으며, 가장 오래된 기독교 국가(아르메니아)에서는 여전히 이 날을 고수한다.

그러나 그리스도의 본질에 관한 신학적 논쟁에서는 그의 신성성이 태어날 때부터 있었다고 결정했기 때문에 그 점이 주목 대상이 되었다. 몇몇 이른 시기의 위조 문서를 걸러내고 나서 우리는 그리스도의 육체적인 탄생과 관련하여 성탄절을 기록한 최초의 믿을 만한 시기는 서기 354년이라고 할 수 있게 되었다. 이 문제는 서기 329년에 소(小) 디오니시우스(Dionysius)의 이름으로 잘 알려진 한 공의회에서 해결된 듯하다. 서기 400년 한 제국의 칙령에서는 (공현축일과 부활절과 마찬가지로) 그 날 모든 극장을 닫을 것을 지시하였고, 5세기 동안 12월 25일은 동방과 서방 모두에서 그리스도 탄생 축일의 적절한 때로서 확고히 정해졌다.

　도대체 왜 그 축일이 생겼으며, 왜 그 특정한 날짜가 그 목적으로 선택되었는가 하는 것은 흥미로우면서 복잡한 문제이다. 당시 한 시리아인(기독교인)이 쓴 글에는 다음과 같이 그 동기가 공공연히 설명되어 있기 때문에 인용해 보겠다. "성직자들이 기념일을 1월 6일에서 12월 25일로 옮긴 이유는 이렇다. 똑같은 12월 25일에 태양의 탄생을 축하하는 것은 이교도의 풍습이었는데, 그들은 이 날 축제의 표시로 불을 붙였다. 기독교인들 역시 이 의식과 행사에 참여하였다. 따라서 교회 박사들이 이 축제를 기독교인들이 좋아한다는 것을 알았을 때, 그들은 협의하여 진정한 탄생일을 그 날로 하기로 결정하였다." 이러한 정치적 이유는 물론 교회에서 부정되었고, 성 아우구스티누스와 레오 대교황은 여전히 기독교인들이 성탄절을 태양의 재생과 연관짓는 모습을 비난해야겠다는 것을 알았다. 바로 이러한 의미에서 무수한 이교에서 이 날짜를 선택했다는 사실은 여전히 남는다. 12월 25일은 페르시아, 페니키아, 이집트, 심지어 튜턴의 태양신 등의 탄생일이었다. 그리고 이 결정은 기독교가 일찍이 이교도와 싸울 적에 일반적인 융화책에 따라 내린 것이었다. 몇 가지 예를 들자면 다음의 사실들은 우연이 아니다. 춘분일에 있는 부활절은 (로마에서 매우 인기가 많은) 프리기아 신인 아티스의 유사한 축일과 일치한다. 또 8월의 성모 승천일은 디아나 여신의 축제를 대체했고, 4월의 성 게오르기우스 축제는 (로마인들이 나중에 로마 여신의 축제와 합한) 여신 팔레스의 고대 축제를 대신했다. 6월의 성 세례자 요한의 축제는 하지 무렵 아도니스의 물 축제를 계승하며,

11월의 위령의 날은 그때(켈트인들의 새해가 시작되는 때) 벌어지는 켈트인의 사자(死者)의 축제를 잇는다.

그러나 문제는 이 시리아인이 생각한 것보다 훨씬 더 복잡했고, 기독교가 로마에서의 처음 3, 4세기를 보내는 내내 진행돼 온 사활이 걸린 싸움을 이해해야만 설명될 수 있다. 정통 로마 종교의 믿음이 약해지기 시작했을 때, 그 뒤를 잇기 위해서 경쟁하는 수많은 동방 종교들이 바글바글했다. 이들 종교의 일반적인 특징은 주기적으로든 한 번에 완전하게든 죽어서 그로써 자신을 믿는 자들에게 (전능자의 처벌을 피하는) 영원한 구원을 보장하는, 젊은 구세주 신의 주제가 있다는 점이었다. 그런 신들로는 아티스, 오시리스, 아도니스, 미트라가 있었고 예수도 그렇다. 마지막에 언급한 둘을 제외하고 이들 모두에게는 강력하며, 죽어가는 신의 부활을 보증하는 어머니 여신에 대한 믿음이 중요한 역할을 했다. 보편적으로 수용되기 위해서 애쓰는 과정에서 앞서나갔던 것은 바로 이 둘이었는데, 우연히도 이 두 이야기에서만 젊은 신이 단 한 차례만 죽으며 이후에 천상을 다스리게 된다. 특히 군대의 종교였던 미트라교가 기독교의 가장 위험한 경쟁자였다는 것에는 의심의 여지가 거의 없고, 두 믿음 간의 갈등 문제는 한동안 미결된 채였다. 그 둘은 믿음, 의식, 도덕적 가르침에서 많이 닮았다.[2] 동정녀, 세례, 성찬식, 순결 등등. 그러나 미트라교는 한 가지 심각한 약점이 있

---

2 키플링은 자신의 「안티오키아에 있었던 교회(The Church that was at Antioch)」(「한계와 부활(Limits and Renewals)」)에서 두 종교 사이의 도덕적 규범이 같다는 것을 뚜렷하게 보여준다.

없는데, 기독교인들은 이 약점을 붙잡음으로써 자신들의 궁극적인 성공을 이루어냈다. 미트라교의 태도와 믿음은 대단히 남성적이었다. 그 의례에서 젊은 신은 성난 아버지의 도전을 받아들이고, 그를 죽이며, 그 대신 통치하는 반면, 기독교에서 젊은 신은 좀 더 여성적인 방식으로 아버지의 뜻에 복종하며 자신을 희생함으로써 아버지의 화를 누그러뜨린다. 미트라교는 이 방식으로 계속해서 갈등을 두 남자만의 것으로 만들었다. 그 신학에는 여성적인 요소도 없었고, 여신도 없었으며, 여성은 숭배에서 배제되었다. 기독교는 이 부분에서 기회를 잡아 그 자신과 미트라교에는 없으면서 다른 종교에는 있는 요소들을 끌어들였다. 이시스, 키벨레, 레아, 아스타르테 등은 새 생명을 얻었다. 사소하지만 아들을 낳는 수단으로서 필요했던 마리아는 지위가 급격히 높아졌고 주(主)의 어머니에서 4세기에는 천상의 여왕이라는 칭호를 얻어 높여졌다. 당시에 영웅과 신의 탄생에 보통 따라나오던 믿음인 처녀 수태는 오래 전에 인정되었다. 이후로 세가 커지는 여성 숭배는 마리아의 중재와 구원의 능력뿐 아니라, 특히 모성적인 역할에도 더 많은 주의를 요구했다. 이시스와 호루스를 닮은 어머니와 유아는 지금도 로마의 천주교에서는 그러하듯이, 기독교에서 더욱 주요한 역할을 하기 시작하여 그 날짜와 적절한 축제를 포함한 탄생에 관한 사소한 점까지 아주 중요한 문제가 되었다. 만약 기독교에서 그 모든 함의와 함께 성탄절 축제를 만들지 않았더라면 기독교가 이렇게 살아 남았을지 누군가는 궁금하게 여길지도 모르겠다!

이 기로에서 로마의 천주교는 실제 날짜 선택에 관해 오랫동안 의심쩍게 생각하지는 않았을 것이다. 율리우스력으로 12월 25일은 동지이며 낮의 길이가 길어지기 시작하고 태양의 힘이 커지기 시작하는, 태양이 태어나는 날이다. 동방 국가에서 이 강탄(降誕)의 이교도 축제 참가자들은 본전(本殿)이나 동굴 속으로 물러가서, 한밤에 "동정녀가 아이를 낳았다! 빛이 밝아온다!"라고 크게 소리쳤다. 이집트인들은 태양의 생일인 동지에 유아의 그림으로써 태양이 새로 태어난 것을 표현하여, 그것을 숭배자들에게 보여주었다. 이렇게 그 날 아들을 낳은 동정녀는 물론 동방의 위대한 어머니 여신이었으며, 이 여신은 서로 다른 나라에서 여러 형상과 이름을 지녔다. 태양을 이기고 나서 미트라는 '다스리는 태양(Solus Invictus)'이라는 칭호와 더불어 스스로 태양신이 되었으며, 그의 축제인 미트라카나는 적절하게도 12월 25일에 열렸다. 따라서 만약 기독교가 그러한 무시무시한 경쟁자와 맞서야 했다면 그들은 그 특별한 날에 태어난 것은 **자신들의** 신이었으며 물론 거룩한 동정녀에게서 태어났다고 주장해야 했다.

예전에 태양이 지녔던 엄청난 중요성을 보고, 태양의 열과 빛이 없으면 생명이 유지될 수 없다는 것이 분명하기 때문에 인간은 태양을 실망시킬까 봐 노심초사했을 것이라고 생각할 수도 있겠다. 일식 중에 보이는 불안감이나, 태양이 자신을 삼키는 괴물과 싸우는 동안 태양을 도우려는 인간의 노력들(북소리 등)로 미루어 보아, 때때로는 정말로 그랬을 것이라고 본다. 하지만 나는 그것은 정말로 다른 경우이고, 태양은 그 반대로 훨씬 더 보호의 근원이었을 거라고 생각한다. 특히 동방에서는, 하늘에서 일어나는 현상이 놀라울 정도로 정확하게 관측되었으며, 별과 행성의 움직임도 대단히 상세히 알려졌다는 것을 기억할 것이다. 천문학은 사실 최초의 과학이었다. 그 사람들은, 12월 25일 전에는 태양의 세력이 약해진다는 사실만큼이나 분명하게, 그 날이 지나면 다시 강해진다는 사실과 밤이 지나면 틀림없이 낮이 온다는 사실을 아주 잘 알고 있었다. 따라서 불확실한 인간의 사건은 확신을 얻기 위한 수단으로서 태양의 활동에 기대게 된다. 우리는 여전히 지극히 확실하다는 표현으로 "그건 내일 태양이 뜬다는 사실만큼이나 분명하다."라고 한다. 따라서 태양은 신처럼 우주의 외부적 절대자에 속하며, 태양과 관련을 맺을 수 있거나, 더 좋게는 동일시까지 될 수 있다면 인간의 불확실성은 밀접한 정도만큼 사라지게 될 것이다.

비교 인류학은, 인간이 태양의 명백한 힘의 변화를 자신의 행동의 가장 역동적인 면과 언제나 동일시하는 경향이 있다는 것을 보여주었다. 강해지는, 봄의 젊은 태양은 자신만만한 환희의 시간을 가져오는데, 이 시간은 하지 전날(독일의 요하니스나흐트(Johannisnacht))의 엄청난 승리에서 절정에 이른다. 그리고 나면 횃불은 위로 치솟으면서 인간적이고 신적인 힘에 대한 명문을 선포한다. 혁명의 아버지들은 자신들의 독립을 선포하고, 그로써 한 해 중 그 순간 전(全)국가에 인간의 환희를 타오르는 불 속에 영원히 둘 기회를 주었으니, 이 얼마나 현명한가! 반면에 그와 관련해서 태양의 약해져 가는 힘은 인간이 언제나 없애려고 애쓰는 감정인 자신의 약해지는 힘, 무능력, 많은 나이, 죽음과 이에 따르는 끔찍한 일에 대한 깊은 두려움을 일으킨다. 따라서 태양의 재생은, 자신이 신과 동일시될 때면, 영원한 희망에 관해서 얻을 수 있는 가장 커다랗고 지극히 중요한 확신이 되어왔다. 얼마나 강하건 간에, 신이 재생하기 위해 주기적으로(가장 흔하게는 해마다) 죽는다는 사실은 많은 종교의 주요한 주제이다. 이 재생이 비드(Bede)에 따르면 앵글로색슨 이교도들이 '어머니 밤'이라고 부르는 날, 즉 성탄절 전야이면서 그들 방식의 새해가 시작되는 날에 일어난다는 사실은 적절하다. 태양과 신은 죽겠지만, 그들은 분명 영원히 다시 태어날 것이기 때문에 만사가 다 좋다.

재생 관념의 가장 자연스러운 표현은 새로 태어난 아기와 관련을 짓는 것인데, 기독교인에게 그것은 성탄절이 의미하는 모든 것의 중심 상징인 아기 예수의 탄생이다. 특히 로마의 천주교에서는 한 해 중에 성모와 아기를 그때보다 더욱 기리는 날이 없다고 한다. 그리고 그들은 다른 신학적인 선입견을 모두 배제하고 관심의 주요한 대상이 된다. 천주교 국가에서 성탄절은 그와 특별히 다른 것이 아니다. 그에 따라오는 북부 성탄절의 좀 더 세속적인 일들과 축제는 다른 날로 연기된다.

그러나 성탄절이 깊게 들어가보면 이교도 축제라는 느낌은 긴 세월 동안 존속했다는 이상한 사실 때문에 분명해진다. 서방의 교회는 성탄절이 기독교에 흡수되도록 했으며, 동방 교회는 오랫동안 자신들이 이교도적 혁신이라고 간주한 것에 맞서 항의했다. 이 '이교'라는 단어 뒤에는 어머니 여신 숭배 사상이 숨어 있는데, 그 매력이 가부장적이고 일신교적인 히브리인들을 유혹하더니 나중에는 기독교 자체를 매료하였다. 여신 숭배가 아마도 개신교인들이 히브리 선지자들을 따라 근본적으로 맞서는 대상일 것이다. 우리의 청교도들은 이 문제를 대단히 중요하게 여겨서, 1644년에는 국회 제정법으로 성탄절을 이교도 축제로 간주하여 찰스 2세가 다시 인가할 때까지 금지하였다. 그 날까지, 특히 많은 스코틀랜드의 개신교 교파는 성탄절을 순수한 믿음과 상당히 이질적인 것이라고 생각해 매우 미심쩍게 바라보았다. 종교 개혁이래 이 의혹의 태도는 성탄절을 흔히 로마 천주교 교회의 '이교도적 관습'이라고 일컫는 것과 연관지어 왔다. 한 가지 재미있는 예가 기록으로 전해지는데, 한 광신적인 의회 의원은 미사(Mass)와의 어떠한 관련성도 없애기 위해서 그 단어 자체를 '크리스타이드(Christ-tide)로 바꾸자고 했다고 한다.● 그러나 그는 자신의 이름을 토머스 매시 매시(Thomas Massey Massey)에서 토타이드 타이디 타이디(Thotide Tidey Tidey)로 바꾸라는 충고를 대답으로 들었다!

희생하는 신의 개념으로 돌아가보자. 아마도 이에 앞서 왕이 나이가 들거나 프레이저가 자신의 책 『황금가지』에서 설명했듯이 심지어 해가 바뀌면, 때때로 왕을 희생하던 관습이 있었을 것이다. 그것이 공동체에 이익을 가져다줄 거라는 인민의 믿음을 공유하는 과정에서 왕이 얼마나 따랐건 간에, 이에 대해 그가 어느 정도 거부감을 가지는 것은 필연적이었다. 따라서 대안을 찾아야 했다는 것은 전혀 놀라운 일이 아니다. 두 가지 대안이 발견되었다. 하나는 왕을 하늘에 있는 아도니스나 진짜 태양 신과 같은 신의 모습으로 바꾸는 것이었다. 태양이 매

● 성탄절을 의미하는 크리스마스(Christmas)의 끝에 미사(Mass)와 유사해 보이는 마스(mas, 절(節))라는 부분이 있으니, 그것을 피하여 절(節)을 의미하는 다른 단어인 타이드(tide)를 쓰자는 것.

해 거의 죽음에 이를 정도로 몰락하다가 광명과 힘을 되찾아 재기한다는 사실은 이에 관련된 사람들 모두를 만족시키는 해결책이었고, 왕의 시해(즉 아버지 살해)로서는 상대적으로 그 죄가 덜했다. 아마도 좀 더 분명한 다른 해결책은 대체물, 즉 가짜 왕을 필요로 했으리라. 여기에서 신화에 나오는 희생양의 광범한 주제를 건드리게 된다. 예를 들어 표면적으로는 하계에서 혼돈의 괴물들과 주기적으로 투쟁하는 신 마르두크에게 가 그를 돕기 위해, 바빌로니아의 왕은 원래 자신이 통치하는 해의 끝에 가면 죽어야 했지만, 나중에는 한 명의 범죄자가 며칠 동안 '가짜 왕'으로 세워져 왕 대신 처형된다. 이 의식에 내포된, 권위(궁극적으로는 아버지)에 대한 주기적인 저항은 일반적인 환희의 권리와 로마의 농신제(12월 15일에서 1월 1일까지)와 그 이전의 페르시아의 사카에아와 바빌로니아의 자그무크 축제의 큰 특징인 노예와 주인 간의 이상한 뒤바뀜에서 분명해진다. 가짜 왕 관념의 자취는 역사 속에 계속 존속해 왔다. 기원 후의 이른 몇 세기에 발칸에 주둔하던 로마 군인에게는 잔치의 왕으로서 농신제를 주관할 사람을 제비뽑기로 선발하는 관습이 있었다. 축하를 받고 한바탕 비위 맞춤을 받고 나면, 그는 제단에 올라가 자살함으로써 역할을 완수해야 했다. 성 다시오(Dasius)는 이것이 이교도 풍습이라는 이유로 역할 맡기를 거부함으로써 명성을 얻(고 순교되)었다. 중앙 유럽의 각지에서 어느 가면 무도회 흥행단은 여전히 성탄절 캐럴 합창을 부르는 '바보' 또는 '야만인'이 이끄는데, 예전에 비해서는 덜 치명적인 결과를 낳는다. 중세 시대에 '바보 축제'는 '악정(惡政)의 군주', '부조리의 수도원장', '콩의 왕' 등 여러 가지

칭호를 받은 사람에 의해 주관되었으며, 이들은 모든 제성첨례 전야 때부터 성탄절 때까지 다스린다. 그의 지위는 스코틀랜드에서 1555년 의회 제정법에 의해 폐기되었다. 미사를 모방한 어떤 가짜 예배가 회당에서 열린 적이 있는데, 이 때 예복은 안과 밖이 뒤집어졌으며 악보는 위아래가 뒤집혔다. 이런 뒤집기는 악마의 미사(Satanic Black Mass)를 강하게 연상케 하는데, 그런 미사와 마찬가지로 신성한 권력에 대한 격렬한 반발을 의미한다. 그 흔적으로 오늘날 유일하게 남은 것은, 명랑한 성탄절의 환락의 일부로서 겨우살이 아래에서 만난 사람이라면 누구든지 키스할 수 있다는 것뿐이다.

아마도 희생되는 신 또는 왕의 상징으로 마지막까지 남은 것은 성탄절 연회 때 멧돼지 머리를 올리는 관습일 것인데, 이로써 그 의식은 토테미즘적인 잔치가 된다. 왜냐하면 북쪽의 신 프레이와 동방 사람들에게 신성한 멧돼지는 무의식적인 족장의 상징 가운데 하나이기 때문이다. 아버지 살해 의례에서 미트라는 때로 황소를 죽이고, 또 때로는 멧돼지를 죽인다. 그리고 그는 고결한 인물로 대우되는데, 그가 연회장에 들어서기 전에 수많은 나팔을 부는 등의 의식들이 있다. 발칸 지역과 스칸디나비아에서는 성탄절에 여전히 돼지 모양의 케이크나 빵을 파는데, 이것은 살인적인 아버지 시해의 충동이 사람들의 전통에 얼마나 오랫동안 남아 있는지를 인류학자들에게 상기시켜 준다.

성탄절 축제의 다른 여러 요소들도 방금 이야기한 의미와 잘 맞아떨어진다. 어떤 것들은 로마 시대 때로 거슬러 올라가지만, 기독교가 북쪽으로 전파되면서 더 많은 것이 덧붙여졌고, 그러면서 기존에 있던 풍습과 의례들을 흡수하였다. 그 가운데 몇몇은 방금 언급했다. 다른 것으로는 젊은이 하나가 쓰러뜨렸다가 태양을 다시 불붙이는 의식으로서 태워버리는 율 통나무(Yule log), 자연에 아직 생명이 남아 있음을 보여주기 위한 서양호랑가시나무와 상록수 가지, 17세기 와서야 생겨났지만 나무 숭배(서양산사나무 등) 시절부터 내려온 오랜 전통을 지닌 성탄절 나무, 옛날의 등화제를 대신하는 성탄절 촛불 등이 있다. 모든 생명은 분명히 새로워질 것이고, 소멸을 두려워할 필요는 없어진다.

어떻게, 그리고 언제 성탄절이 지금—적어도 북부 국가들에서는—이토록 아이들이 좋아하는 축일이 되었는지는 정확히 알기 어렵다. 아기의 탄생이 그 주요한 특질이라는 점은 사실이며, 이와 관련해서 선물을 받는다는 것—이것이 아이들에게 성탄절이 지니는 의미인데—이 무의식적으로는 항상 아기의 탄생—아주 탁월한 근원적인 선물—과 관련되어 있다는 사실은 흥미롭다. 아주 이상하게도, 천주교 국가에서 이 풍습은 프랑스에서 새해 첫 날(jour de l'an)에 주는 선물(étrennes)과 같이 보통 1월 1일로 미루어진다. 선물을 주는 사람인 파더 크리스마스(Father Christmas)*—분명히 시간 할아버지(Father Time)** 그 자신—는 지난 세기에, 선물을 주는 취미로 유명한 아이들의 성인인, 미라의 대주교였던 성 니콜라스와 혼합되었다. 그리고 산타 클로스—네덜란드 식민주의자들의 성 니콜라스를 미국식으로 변형한 것—는 지금 모든 영어권 국가에서 수용되는 이름이 되었다. 독일에서 그는, 머슴 루프

---

* 산타 클로스를 말한다.
** 낫과 시계를 든 노인. 시간의 신.

레흐트(Knecht Rupprecht)처럼, 나무에 매달려 옆구리가 창에 찔린 채 9일 간 자신을 희생한 신 오딘과 동일시되었다. 또 성 니콜라스는 테가 넓은 모자를 썼으며 백마를 몰았다. 네덜란드에서는 성 니콜라스의 날인 12월 6일에 백마를 위해 건초를 밖에 내놓아야 한다. 이 날 오딘의 동료인 페르흐타(Perchta) 역시 가사(家事)가 제대로 관리되었는지 보러 온다고 한다.

역사적으로 표현하자면 성탄절 축제는 이렇듯 수많은 종류의 이교도적 풍습과 신앙이 혼합된 것이지만, 기독교는 거기에 영적인 함의를 새로이 불어넣었다. 심리학적으로 그것은 행복한 재결합으로서 모든 가족적 불화를 해결하는 이상을 표상하는데, 성탄절의 영속적인 매력은 이 때문이다. 모든 종교의 궁극적인 의미가 보편적인 측면에서, 아이와 부모의 복잡한 관계를 근원으로 삼고 있는 사랑과 증오를 해결하려는 시도라는 것을 떠올린다면 이 두 관점이 같게 보일 것이다.

3

정신분석학과 기독교[1]
Psycho-Analysis and The Christian Religion

과학과 종교에 관한 일련의 방송[2]으로 인해 일어난 관심 덕분에 여러분에게 이 주제에 관하여 이야기하도록 초대된 것 같다는 생각이 든다. 발언자들의 목록을 살펴보는데 한 가지 점에 꽤나 큰 인상을 받았다. 그 가운데 심리학자가 없다는 사실이다. 아마 여러분이 나를 초대한 것도 이와 같은 사실을 발견했기 때문일 것이다. 신학자는 인류학자, 생물학자, 심지어 물리학자와도 토론하지만, 종교적인 믿음과 감정이 결국 그것 자체로 심리적인 현상이라는 간단한 사실을 이야기하는 사람은 없다. 종교적 믿음과 감정을 낳는 것이 세속의 힘이든 초자연의 힘이든 간에, 어느 경우에서든 그 힘들은 심리 현상을 연구하는 일에 익숙한 사람들, 즉 심리학자들에게 연구되기가 쉽다. 더욱이 그

---

1 1930년 11월 22일, 옥스퍼드 대학교 로터스 클럽(Lotus Club)에서 낭독되었다.

2 *The Listener*, October-December, 1930.

주제만을 전적으로 다루는 여러 가지 간행물이나 윌리엄 제임스 (William James), 스타벅(Starbuck), 로이바(Leuba) 등의 저자들이 쓴 다양한 책을 접할 수 있는 사람이라면 알 수 있겠지만, 그러한 많은 연구들은 이미 수행된 바 있고, 여러 흥미로운 결과를 산출했다. 이러한 연구 가운데 최초의 것은 순전히 기술적인 수준에 머물렀으며, 관찰된 사실을 해석하는 흉내는 내지 않았다. 그럼에도 갑작스러운 개종과 같이 친숙한 현상들이 나이, 성별, 환경, 그 사람의 이전 심리 상태 등과 명확히 관계되어 있다는 점이 밝혀졌을 때, 더 이상 초자연적인 요인들만이 이에 연관되어 있다고 주장할 수는 없게 되었다. 그러나 이렇듯 대단히 겸손하게 출발한 종교 심리학은 지난 40년 동안 거대한 진보를 하였고, 지금은 가장 근본적인 신학적 문제 가운데 몇 가지에 과학적인 해답을 제시하려고 하고 있다.

나는 여기에서 오로지 이 광대한 주제, 즉 정신분석학이 종교, 좀 더 특별하게는 기독교의 의미에 관한 우리의 이해에 기여한 점에 대해서만 이야기하려고 한다. 그 기여의 첫째는 1908년 프로이트가 종교적인 제의와 강박 신경증 환자의 의식(儀式) 사이의 심리학적 유사성을 발견했을 때 이루어졌는데, 그는 당시 후자의 무의식적인 연원을 막 밝혀낸 차였다. 그 차이점이 크다는 것은 물론 명백한데, 전자의 사회적인 특성은 후자의 개인적 독자성과 대조적이며, 전자에 내포된 높은 가치는 후자의 무익하고 무가치함과 대조된다. 둘 다 세심하게 수행되며, 둘 모두 하지 않을 경우 심적인 고통의 불안이 따른다. 둘 모두 성적이거나 공격적인, 근본적 충동의 자제에 달려 있다. 둘 모두 두려운 재난을 피할 준비가 되어 있다. 종교적인 제의의 경우 재난이란, 이 세계에서 내려지든 좀 더 분명하게 다음 세계에서 내려지든 간에, 신의 처벌임이 틀림없다. 제대로 제의가 시행되면 신은 영원한 처벌이나 저주를 거두어들일 뿐만 아니라 축복하고 사랑을 해줄 수 있다. 여기에서 강박증적인 의식과 차이점을 보이는데, 거기서는 이 두 가지 장점 가운데 오로지 앞의 것만을 희망할 수 있기 때문이다. 그의 심리 상태는 아버지에 대한 억압된 증오와 그에 따르는 보복성 처벌에 대한 공포에 기반하며, 그의 의식은 달래고 회복시키는 것만을 상징할 뿐이다. 사랑은 그에게 닿지 않는다.

이렇게 종교적인 신자와 강박 신경증 환자를 비교하면 즉시 두 가지 중요한 물음이 떠오른다. 약간 주술적인 수단으로 물리쳐야 할 두려운 재난이란 실로 무엇인가? 그리고 그러한 속죄나 화합을 요구하는 아버지 또는 신과의 불화의 근원은 무엇인가? 강박 신경증 환자의 특징적인 처지는 현재 상황으로는 결코 설명되지 못한다. 그 사람은 사실 자신의 아버지와 아주 좋은 관계이거나 아예 아버지가 없을 수도 있지만, 겉보기에는 이해할 수 없는 현상들이 분석될 때 그 신경증은 내가 방금 언급한 의미—자기 아버지, 또는 차라리 아버지에 대한 자신의 관념에 관한 감정들의 갈등—를 지니게 된다. 수수께끼의 열쇠는 이 말들 속에 들어 있다. 무의식과 유년기. 환자는 자신이 유년기에 경험한 감정에서 결코 해방되지 못한 것이었다. 이 감정은 우리 모두가 다양한 강도로 경험했으며, 의식에서 아주 멀리 떨어진 심리의 무의식적인 체계에 속하는 것이다.

의식적인 심리는 천 개가 넘는 관심 대상과 행동에 영향을 미치는데, 유아의 경우 몇 가지 목전의 관심사가 아니면 이 심리가 거의 영향을 행사하지 않는다. 자라면서 어느 정도 훈육되기 전까지 유아의 감정은 격하고 통제할 수 없을 정도로 강렬해서, 광기가 폭발하는 순간이 아니고서야 나중에는 그런 수준의 감정을 찾아보기 어려울 정도이다. 그 감정은 본질적으로 부모 또는 부모 입장에 있는 사람과 관련되어 있으며, 반동적인 성격의 것이다. 아기는 한편으로는 태어나서 소망이 실현되지 못한 경험이 없어서 자신이 전능하다고 느끼는데, 곧이어 부모 앞에서는 좌절감을 겪고 무력해지는 무수한 경험을 겪어야만 한다. 자신의 소망을 충족하고 그럼으로써 힘을 지녔다는 기분을 회복하여 이 상황에 맞설 수 있도록 의지할 수 있는 유일한 방법은 전능한 것처럼 보이는 부모에게 호소하는 것이다. 전능함은 따라서 사라지고 부모에 대한 사랑과 경외의 태도가 자라난다. 그러나 이것은 의존이라는 거대한 불편함을 수반한다. 아이의 소망과 부모의 다정한 반응이 들어맞는 한 모든 것은 좋지만, 부모의 반응이 다정하지 않고 아이가 무력해질 상황이 다시 초래될 무시무시한 가능성은 남아 있으며, 이 경우에는 아무런 방도도 없는 것이다. 이 위험은, 때때로 반드시 일어나게 되어 있듯이 아이의 요구에 대한 부모의 반응이 즉각적이거나 긍정적이지 않을 때 솟아나는 아이의 원한, 분노, 적대의 감정과 관련되어 있다. 그 나이의 적대감은 여전히 절대적이다. 즉 적대감은 혐오하는 대상의 즉각적인 파괴와 동일하며, 이것은 곧 유아가 몹시 의존하고 있는 사람의 사라짐을 의미한다. 나중에 '사라짐'이라는 말은 부모 쪽에서 '도와주지 않음'이라거나 '불승인'이라는 표현으로 완화되지만, 그것은 자체로도 충분히 나쁜 것이다. 내가 방금 건드린 주제는 사실 훨씬 더 복잡하지만—나는 예를 들어 성적 흥분이나 성 질투심이 수행하는 중요한 역할은 아직 언급하지 않았다—나는 유아와 부모의 관계를 진지하게 숙고하지 않는 한 어떠한 종교 심리학도 가능하지 않다고 주장하려고 한다.

신이 흔히 하나님 아버지라고 불린다는 간단한 사실을 우리는 무시할 수 없다. 지상에 있는 신의 공식적 대리자인 교황(Pope), 사제(Padre), 신부(Father)* 등 역시 같은 호칭으로 불린다는 사실이나, 그 때문에 우리 모두가 '주의 자녀'라고 불린다는 사실도 무시할 수 없다. 따라서 우리 각각에게 베푸는 신의 사랑과 자비, 관심은 단지 우리 모두가 자신의 부모에게서 열망했던 것이며—적어도 처음에는—대부분 경험한 것일 뿐이다. 부모의 한계와 불완전함이 선명하게 보이기 시작할 때, 도움 없이는 삶을 유지할 수 없고 여전히 외부의 조력에 의존해야 하는 사람들이, 지상의 모든 괴로움을 초월했으며 누구도 결코 실망시키지 않을, 모든 능력을 다 갖추고 무엇이든 사랑하는 분을 찾게 된다는 것에는 의심의 여지가 없다. 결코 실망시키지 않는다는 것은 말하자면 충실한 사랑과 복종을 하는 이와 신의 관계가 만족스러운 동안은 그럴 것이란 뜻이다.

이 단서는 매우 중요하며 사실상 종교를 이해하기 위한 모든 열쇠를

---

* 본래는 모두 아버지라는 뜻.

지니고 있다. 왜 지상에 있건 하늘에 있건 간에, 아버지와의 관계는 만족스럽지 못하는가? 많은 인류의 이야기는 이 물음에 대한 답 안에 있다. 세대 간의 갈등, 신구(新舊) 간의 싸움, 하위자와 상위자 간, 신민과 통치자 간, 인생의 실패자와 성공자 간의 투쟁 말이다. 안타깝게도 사랑과 친근감만이 우리의 삶을 지배하는 것은 분명 아닌 것 같다. 심중 깊은 곳에서는, 대체로 우리가 인식해도 좋다고 자신에게 허락하는 것보다 그 적대감이 더 악독한, 반항적이고 공격적인 성향도 있는 것이다. 그 성향은 그것 자체로 자신에게나 타인에게나 무의식적으로 위험하다고 느껴지며, 우리는 그 움직임을 확인하기를 희망하는 마음에서 '부끄러워하는 양심' 이라는 것을 발전시켰다. 이것은 우리가 가장 사랑하고 가장 의존하는 사람—우선 우리의 부모—앞에서 경험될 때, 그리고 당연한 이유에서 특히 그러하다. 부끄러워하는 양심은 도덕적인 수치심이라고 표현할 수도 있는데, 해당되지 않는 사람이 거의 없을 온갖 열등감으로 이어진다. 여기에 신학적으로는 신의 의지에 대한 불복종으로 정의되는 '죄' 의 근원을 보게 된다.

자신과 신 사이의 불화를 완화하는 것에 실패하면 끔찍한 결과가 초래될 것이라고 자연히 믿게 된다. 여기에서 유아의 무의식의 사디즘적 환상은 자유롭게 활동할 수 있다. 지옥의 공포와 영원한 고문에는 한계가 없다. 당연한 이유에서 신의 분노는 이승보다는 사후세계에 나타나기 쉽다고 생각되기 때문에, 죽음의 공포 또는 햄릿이 좀 더 정확하게 "죽음 후의 무언가에 대한 두려움"이라고 표현한 것은 언제나 인류에게 더없이 중요한 문제였다. 방송 토론회에서 인류학자 말리노프스

키 교수는 종교의 본질을, 죽음 이후의 생존 문제와 우주 내에서 신의 목적을 확인하려는 욕망에 대한 열중이라고 다소 주지주의적으로 표현했다. 두 가지 모두 본질적으로는 하나이기 때문에 이것은 화급한 문제이다. 사람이 신의 목적에 대해 진실로 알고 싶어 하는 것은 **자기 자신**에 대한 신의 의도, 즉 다음 세계에서 잘 대우받을 수 있는 길을 알아내는 방법이다. 생물학자인 헉슬리 교수는 경외의 태도가 종교의 본질임을 발견하면서 좀 더 의미심장한 말을 했다. 이 태도로 인해 한편으로는 신의 사랑과 더불어 신의 의지를 알고 싶은 욕망과 이 탐구에 수반되는 신비감이 생겨나며, 다른 한편으로는 공포감과 더불어 미지의 힘에 대한 의존감과 그 힘과 어느 정도의 조화를 이루려는 노력이 생겨난다. 캐넌 스트리터(Canon Streeter)는 종교와 과학 간의 차이를 이야기할 때 전자는 도덕적인 가치와 그에 대한 신의 생각—신의 의도를 다소 다른 말로 표현한 것이다—을 확인하고 싶은 욕망과 관련되어 있다고 했다. 비교종교 연구를 보면 이 탐구의 결과가 아주 다양하다는 것을 알 수 있기 때문에, 그는 인간 자신이 도덕적인 관념을 세우는 데 상당 부분 영향력을 행사하는 것이 아닌가 하고 짐작하는데, 이 때문에 우리는 인간 이상의 근원이라는 심리학적 문제로 돌아가게 된다. 심리학은 결국 과학의 한 분야인 것이다.

종교와 강박 신경증 사이의 비교는 처음에는 이상할 정도로 억지스럽게 보였을 것이지만, 이로써 좀 더 의미심장해졌다. 두 가지 모두 아버지에 대한 적대감으로 인해 도덕적인 잘못을 했다는 느낌에서 생겨나는데, 앞의 아버지는 지상의 아버지, 뒤의 아버지는 천상의 아버지를 의미한다. 그리고 두 가지 모두 아버지와 잘 지내고 싶어 하는 다급한 필요성과 긴밀하게 관련되어 있다. 강박 신경증 환자의 목표가 둘 가운데서 더 낮다. 그의 복잡하고 의식(儀式)적인 관계 회복은 그 의도 한 가지만을 지닐 뿐이다. 마치 요하네스 아그리콜라(Johannes Agricola)가

> … 만일 나에 대한
> 신의 사랑과 같은 사랑을 얻지 못한다면
> 적어도 그의 분노라도 묶어두기를.●

하고 바라면서 기도했듯이 말이다. 히스테리와 같은 다른 신경증은 훨씬 더 적극적인 목표를 지니고 있으니, 용서뿐 아니라 사랑까지 구하는데, 이것은 물론 종교적인 노력의 궁극적인 목표와 같다.

마음에 거리낌이 없기 때문이건, 모종의 방법으로 자신의 내적 본성과 화합했기 때문이건, 구원의 필요를 많이 느끼지 못하는 사람들이 있다. 그런 사람들은 의아해하면서 "우리가 무엇에서 구원받아야 합니까?"라고 물으며, 그들이 다음 세상에서 고문, 절단, 저주의 모습으로 나타날 신의 벌을 받을 위험에 처해 있다고 이야기를 해주면 그들은 더욱 혼란스러워한다. 대체 그런 피비린내 나는 처우를 받아 마땅한 죄란 무엇이란 말인가? 이미 말했듯이 고문과 저주는 유아의 강렬하고

● 로버트 브라우닝(Robert Browning)의 「묵상하는 요하네스 아그리콜라(Johannes Agricola in Meditation)」의 구절.

억제되지 못한 사디즘적 환상에서 나오며, 아버지에 대한 자신의 적대적인 소망과 동일한 본질을 지니는데, 앞서 말한 처벌은 이 소망에 대한 (투사된) 보복인 것이다. 이 모든 것은 왜 이리도 야만적인가? 아버지(또는 성에 따라 어머니)에 반하는 본연의 죄는 인격의 가장 내면적인 영역, 즉 성 충동에 기인하기 때문이다. 자신의 경쟁자를 거세하거나 죽이고, 그렇게 해서 어머니를 소유하고 그 몸에 제한 없이 접근하고 싶어 하는 남자 아이의 질투스러운 소망은, 〔신화적으로 대지모(大地母) 여신인 데메테르의 아들에서 나온,〕이 두 가지 죄스러운 행동을 저지르고 나서 너무나도 비통해한 불행한 영웅의 이름을 따서 오이디푸스 콤플렉스라고 명명되었다. 물론 권위나 도덕 법칙에 대한 반항이나 신에게 바쳐진 성소(제단 등)에 대한 신성 모독 등, 소망들을 표현하는 방법은 무수하다. 그러나 죄의식의 심원한 오이디푸스적 기원을 계속해서 염두에 둔다면, 인간이 두려운 결과를 회피하기 위한, 즉 '구원받기' 위한 여러 가지 방법을 이해하는 데 더욱 유리한 위치에 서게 될 것이다.

개인의 죽음을 글자 그대로 소멸과 육체의 분해라고 이해하는 데에 심리는 상당히 제한된 능력을 지닐 뿐이다. 심리의 심층에서 의식의 생각은, 예를 들어 자는 동안이나 죽은 상태처럼 폐기되며, 존재의 전의식 시기, 즉 태어나기 전의 삶으로 돌아가는 것과 마찬가지가 되며, 여기에서 나오면 깨어나 있는 삶이 다시 일어서는 것이다. 이러한 자궁 환상은 순수한 것이든 떳떳하지 못한 것이든 간에 어머니의 성기에 대한 생각에 따라 기분 좋을 수도 있고 소름끼칠 수도 있다. 이 환상은 대개 우주적인 규모에서 다음 세상의 상(像)에 투사되며, 우리가 죽음의 수면에서 깨어날 때 우리에게 그에 따라 천국이나 지옥의 모습을 보여준다.

인간은 대체로 말하자면 구원을 이루고 그로써 자기 사후의 삶이 고통스러운 것이 아니라 축복된 것이라고 확신할 수 있는 방법이 오로지 두 가지만 있다고 생각해 온 것 같다. 그것은 어머니의 사랑과 아버지의 사랑이다. 전자가 의심할 여지 없이 더 매력적이지만, 후자는 좀 더 효과적인 것으로 보인다. 무엇을 선택할지는 아마도 해당 사회의 유형이 가벼운지 진중한지, 그리고 전반적인 특징이 가모장적인지 가부장적인지의 여부에 따라 다를 것이다. 유럽과 아시아의 경계인 근동에서는, 대모(大母)가 주요한 역할을 하는 수많은 종교가 발전했으며, 나중에 로마에서 이 종교는 한동안 초기 기독교와 대단히 심하게 경쟁하였다. 이들 종교에 나오는 대표적인 이야기는 죽어가는 신의 이야기로, 그 신은 악한 힘의 희생자가 되었으나 육신은 언제나 발견되어 대모에 의해 소생된다. 흔히 자기 거세한 키벨레의 사제들은, 이 때문에 그 셋째날 키벨레의 아들인 아티스가 어머니의 보살핌과 중재로 소생하게 되는 재생 축제를 열곤 했다. 이 축제는 신봉자들에게 그들도 동일한 운명을 지닐 것이라는 확신을 주었으며, 격앙된 사제들의 피는 로마시대에 기독교인들이 좋아한 양의 피보다 훨씬 더 효력이 있다고 간주되었다. 이집트의 이시스는 세라피스-오시리스의 몸을 주기적으로 재생시켜 주는 유사한 덕을 베풀었다. 이시스교(敎)의 여러 가지 특질은 기독교의 의식을 생각나게 한다. 성수가 있었으며, (이 경우는 상징적으로만 거세된 것인) 체발(剃髮)한 사제들이 있었고, 여신 자신은 '다정의 어머니'와 '슬픔의 어머니'[마터 돌로로사(Mater Dolorosa)!]*라고 알려졌다. 신봉자들은 자신들을 다시 일어난 오시리스와 동일시함으로써 행복한 영생의 삶을 확신하였다.

반대 극단에는 여신과의 어떤 교감도 부정하고 신과의 직접적인 관계를 맺으려고 한, 가부장적이고 일신교적인 유대인들이 있었다. 주(主)와의 '계약'을 맺고 계율에 복종함으로써, 유대인들은 따뜻한 사랑은 아니더라도 적어도 신의 자비로운 태도를 바랐다. 천주교가 구원의 이 두 가지 방식—성모의 중재가 여기에서는 대단히 중요한 역할을 한다—간의 타협을 보여주는 것처럼 보이는 한편, 개신교는 좀 더 가부장적인 해결로 돌아갔다.

그러나 방금 언급한 두 가지 사이에 제3의 가능성이 있는데, 그 경우에는 죽어가는 신이 단순히 강력하고 자애로운 어머니 여신 덕에 소생하는 수동적인 주체가 아니라, 구원의 과정에서 중요하고 역동적인 역할을 스스로 담당한다. 여러 동양 종교에서는 이러한 관념이 희미하게 나타났으나, 로마에 수용되기 위해 대단히 접전을 벌인 미트라교와 기독교에서는 주요한 특징이었다. 군인의 종교라는 특징을 잘 나타내는 전자의 경우, 젊은 태양 신은 아버지와 단호하게 대립하며 자기 운명의 주인이 된다. 생애 초기에 그는 태양과 싸웠으며 그에게 충성을 강요했다. 미트라교의 주요 의례에서 그는—여기에서는 페르시아의 신 아후라마즈다를 표상하는—전형적인 아버지의 상징인 황소와 대

● 마터 돌로로사는 라틴어로 '슬픔의 어머니'라는 의미이다. 그림 등에서 '십자가 아래에서 슬퍼하는 성모 마리아'라는 의미로 흔히 쓰인다.

면하여, 그것을 죽인다. 마치 이 살부(殺父) 행위에 대해 약간의 유감을 표명하는 것처럼, 그가 칼을 휘둘러 결정타를 날릴 때 자신의 눈길을 돌려 살해 행위를 마지못해 하는 것처럼 표현한다는 점은 중요하다. 일을 마치고 나면 그는 승천하여 하늘을 다스려, 자신의 의로운 힘을 믿는 자들을 구원하였다. 미트라교에도 성체성사가 있었다. 그러나 여성이 미트라교 의식에서 배제되었다는 사실은 이 종교가 좀 더 자상하고 매력적인 기독교와 경쟁해야 했을 때 치명적이었던 것 같다.

또 다른 신의 아들인 예수에게서는 거의 정반대 해결책을 찾아볼 수 있다. 아버지를 부정하는 것과 거리가 멀게도, 그는 자신이 아버지의 의지에 복종하는 것을 최대한 강조했다. 예수가 자신의 모습을 모범으로 보여준 바와 같이 이것이 충분히 성심껏 된다면 아버지와 화해하는 경지, 또는 심지어 하나가 되는 경지(At-One-Ment)•에도 도달할 수 있다. 이뿐 아니라 그의 개인적인 사랑과 관심을 얻을 수도 있다. 다른 동양 종교와 마찬가지로, 이 바람직한 목표는 태양신의 사례를 따르고, 그를 '믿음으로써' 가능한 한 자신을 그와 동일시함으로써 도달될 수 있다. 그리스도를 믿는 모든 동료 신자들인 형제 자매와 자신을 동일시하는 것 역시 필요했다. 이 동일시는 본래의 가족 상황의 친밀한 조화를 다시 이루고, 그 관계 내에 잠재된 모든 질투심과 경쟁심과 적대감을 지워버린다.

여기까지의 사실은 친숙하게 느껴지겠지만, 기독교는 그 이전의 여

• '어톤먼트(atonement)'는 속죄를 의미하는데, 여기서는 그것이 신과 하나가 되는(At-One-Ment) 행위와 같다는 측면을 강조했다.

러 가지 다른 유(類)의 요소가 많이 혼합되어 상당히 내용이 풍부하고 복잡한 종교이다. 기독교의 번영은 이 특징에 힘입은 바가 클 것이다. 소수이기는 하지만 몇몇 기독교인들은 앞에서 묘사한 구원의 동양적인 형태를 좋아한다. 전능한 아버지에 대한 구세주의 복종의 태도를 수용하고 윤리적 행위의 신명(神命)을 지키는 전례를 따른다면 구원받을 것이다. 그러나 대부분의 기독교인들은 구원으로의 길이 이보다 힘들다고 생각한다. 우선, 신의 대표자인 성직자들은 재생을 상징하는 의례를 한다. 인간은 "그리스도 안에서 새롭게 태어나야" 한다. 어머니 구원의 이 전통에서 탄생의 상징에 수반되는 가장 전형적인 요소인 성수는 물론 더없이 중요하다. 그것이 기독교에만 있는 유일한 전통이라고 보기는 어렵다. 예를 들어 예수의 부드러움과 자상함은 가장 두드러진 특징인데, 찬송가에 의하면 이들 특징은 아이에 대한 어머니의 헌신과 자상함을 넘어선다.

그럼에도 불구하고 인류 본연의 죄가 남의 도움을 받지 않은 인간(비록 갱생한 존재라고 할지라도)의 힘으로 극복할 수 없을 만큼 악독한 것은 아닌 것인가 하는 커다란 의문은 생기는데, 일반적으로는 신의 도움이 필요하다고 생각한다. 천주교에서는 위에서 내려오는 이 은총이 신앙인 자신의 노력을 도와줄 것이라고 가르친다. 비록 칼뱅주의자들은 은총이 그러한 노력과는 독립적이며, 개인이 태어나기 오래 전에 그의 최후의 상태는 미리 정해져서 신의 은총이 기도로써 전능자의 자비를 바라는 것으로는 부분적으로만 얻어질 수 있지만, 성찬식으로써 더 효과적으로 얻어질 수 있다고 했지만 말이다. 이것은 틀림없이 본래는, 여전히 천주교 교파에서 실제로 그렇게 이야기하듯이, 구세주의 살과 피를 먹는 것, 즉 구세주와 상상 속에서 가장 가까이 동일시될 수 있는 체내화를 의미했을 것이다. 광란의 디오니소스제(祭)에서 숭배자들은 실제로 이 신을 상징하는 수소나 염소의 살을 생으로 찢고 게걸스럽게 먹곤 했다. 이렇게 함으로써 인간 안의 신적인 요소를 보충하는 것인데, 이 인간이란 디오니소스의 아버지인 제우스가 아들 신을 죽이고 그 사지를 삶아 먹어 신적 요소를 얻은 티탄으로부터 처음 만든 것이다.[3] 여기에서 택한 동일시 방법은 부모를 삼킴으로써 힘을 획득하는 유아기의 환상, 즉 정신분석 연구에서 가장 친숙한 환상에 상응한다. 그것은 분명, 자신의 부모가 노동을 하기에는 너무 나이가 들면 그를 죽이고 먹는, 계승의 원시적 형태인 야만의 풍습으로 거슬러 올라갈 만큼 긴 역사를 지닐 것이다. 의심할 여지 없이, 이 경건한 풍습은 원시적 인간의 식인 행동 속에 여전히 나타나는 사악한 원천을 지니는데, 이 원천은 비록 완전하다고는 할 수 없지만 지금은 대부분 억압되어 있다.

그러나 예수는 다른 방식으로 구세주 역할을 했다. 예수를 믿는 자들은 주에 대한 그 아들의 복종하는 태도를 따르는 것뿐 아니라 주와의 신비적인 결합을 통해서도 자신들의 죄에 대한 신의 징벌을 완화한다. 예수는 인류의 죄를 자신이 짊어지는 놀라운 행위도 했으며, 인류 대신 희생함으로써 자신의 아버지인 주와 화합하였고, 그렇게 하여 그

---

3   역사적으로 미사의 이전 형태에 대해 알고 싶으면 다음 저서를 보라. Preserved Smith : A Short History of Christian Theophagy, 1922.

죄들을 갚았기 때문이다. 이 행동은 그렇게 하지 않으면 저주를 받게 될 사람들에게서 자연히 깊은 감사와 숭배를 자아내었다. 여기에서 이로써 자신들의 도덕적 책임에서 벗어난 사람들의 윤리를 탐구해 볼 수는 없지만, 희생양 신의 계획 자체는 오래된 것이라는 사실과, 잘못을 남에게 돌리는 일은 별로 바람직하지 못하며 훨씬 흔히 일어나기 때문에, 다른 이들의 책임을 거두어가는 것이 아동기에조차 칭찬할 만한 행동이라는 사실 두 가지를 상기해 보는 것은 흥미로울 것이다.

대부분의 동양 종교에서 신격은 모든 갈등(종교는 그것을 완화하거나 고치기 위해서 생겨난다)이 자라는 가족 상황을 적절하게 재현하는 삼위(三位)—성부, 성모, 성자—로 구성된다. 수세기 동안 유대인들은 자신들의 두드러지고 가부장적인 일신교적 성향으로 어머니 숭배를 없애려고 노력했으며 여러 성공을 거두었는데, 기독교에서 어머니 숭배가 불분명한 역할을 수행할 뿐인 것은 의심할 여지 없이 유대교적 요소 때문이다. 그러므로 삼위일체 관념이 주장되더라도, 그 세 번째 구성원은 세계의 태초에 수면에 떠오른 영(靈)에서 생겨나왔을 개연성이 있으며 원래는 잉태한 어머니였을 것임이 분명한데도, 모호하고 불명확한 성격을 지닌다. 영과 동정녀 마리아의 관계 내에서 그는 아버지의 수태 기능을 담당하면서도, 성령의 은총이 신자들에게 가져다주는 안정과 애정은 분명히 모성적인 측면을 지닌다.

유럽에서 주류의 위치를 점유한 이래로 기독교에는 여성적인 요소가 수행할 역할에 관해 두 가지 상반되는 흐름이 있어왔다. 한편으로 북유럽에서는 여성적인 요소를 경시하고, 전반적으로 가부장적인 히브리 전통으로 돌아갔다. 심지어 동정녀 마리아를 언급하는 것이 거의 저주처럼 여겨진 개신교 집단도 있었고, 일반적으로는 마리아를 예수를 현세로 안내하기 위해 약간은 유감스럽게 필요했던, 순전히 수동적인 인물로 간주하는 것이었다. 어머니를 모욕하는 것은 아버지와의 갈등 뒤에 숨은 근친상간 소망, 즉 아버지에게 지은 진짜 죄를 부정하는 가장 효과적인 방식의 하나이다. 다른 한편으로 남부 국가, 그리고 특히 천주교 교파에서는 동정녀 마리아의 지위가 급격히 상승하였고, 본래의 삼위일체 개념이 다시 정립되었다고 보기는 어려웠다. 마리아의 다정함에서 느껴진 헌신과, 구원을 얻기 위해 중재할 수 있는 그 능력은 본연의 어머니 여신의 속성에 미치지 못함이 없다. 그러나 예수를 잉태했을 때의 처녀성은 아들의 오이디푸스 콤플렉스에서 끌어낸 것으로서 어머니의 순결함에 대한 찬사의 표현은 아니다. 자신의 어머니가 처녀라는 일반적인 유아기의 환상은 아버지가 자신의 탄생에 어떤 역할이라도 했다는 사실의 거부—아버지와 독립적으로 되고 싶은 소망—와 부모 간의 성행위에 대한 생각에서 느껴지는 질투스러운 혐오감을 의미한다. 예수가 태어난 때에 그러한 환상들은 성인의 삶에서도 일반적으로 수용될 수 있었다. 대부분의 신, 영웅, 위인은 처녀 수태의 특권을 부여받는다. 심지어 지난 세기에도 천주교에서는 동정녀 마리아 자신 역시 처녀 생식으로 태어났다고 선언함으로써 자신의 순결함과 남성의 행동과의 거리를 강조할 수 있었다.

여기에서는 오로지 기독교의 믿음에 대해서만 이야기했지, 기독교가 역사에서 수행한 중요한 역할은 논하지 않았다. 또 기독교가 주입

한 윤리적이고 정신적인 훌륭한 이상을 고찰할 수도 없었다. 그 믿음 자체에 관해 말하자면, 무의식적인 심리 생활의 정신분석학적 연구로 인해 주로 무의식적이고, 자기 부모의 성생활과 그로 인해 생겨나는 갈등에 관련된 유아기 환상이 믿음과 상당히 밀접한 상응을 이룬다는 것이 밝혀졌다. 보편적인 측면에서 이 일반적 갈등을 다루려는 정교한 노력인 기독교 이야기는 초자연적인 개입에 의존할 필요 없이 인간에 관련된 토대에서 충분히 설명될 수 있다. 그럼에도 불구하고 초자연적 개입 역시 일어났는가 하는 것은 의견의 문제로 남겠지만, 기독교 이야기 자체는 그 증거가 될 수 없다.

4

종교 심리학[1]
The Psychology of Religion

약 사반 세기 정도 전에 이 분야의 연구자들—코(Coe), 데이븐포트 (Davenport), 플로노이(Flournoy), 프레이저, 회프딩(Höffding), 킹(King), 스타벅, 그리고 그 누구보다도 로이바의 이름을 대기만 해도 충분할 것이다—이 해낸 훌륭한 연구에도 불구하고, 종교적 현상이 과학의 영역 안에 들어올 수 있다는 그들의 주장은 아직 일반적으로, 또는 심지어 널리 인정받지 못해왔다. 여기에서 반(反)진화론이 궁지에 몰리게 되었다는 것은 대단히 이해하기 쉽다. 기적적이고 특별한 창조에 대한 믿음은 인간의 몸에 관한 한은 모든 근대적 사유자들에게 버림받았으며, 인간 심리의 많은 부분에 관해서도 서서히 폐기되고 있는데, 인간

---

1 1926년 9월 7일, 그로닝겐 국제 심리학 대회(International Congress of Psychology)에서 낭독되었다. 다음 잡지에 실렸다. *British Journal of Medical Psychology*, Vol. VI.

의 종교적 활동의 문제가 제기될 때는 사람들이 이 믿음을 세게 붙잡아 놓치지 않는다. 이 믿음이 취하는 가장 조악한 형태는 인간의 '종교적 기능'을 지니는 영혼 자체가 그런 기능을 맡으라고 신에 의해 심어졌기 때문에 종교 활동의 기원을 탐색하는 것은 불경하며 헛된 일이라고 보는 것이다. 이 관점은 자연스럽게 종교적 활동이 인간에게 고유한 것이며, 두려움, 존경, 외경심과 같이 다른 동물들 안에서 찾아볼 수 있는 어떠한 모습과도 관련이 없다는 생각과 함께 한다. 이 토론회의 존재 자체에서 암시되는 대안적인 견해는, 종교적 현상이 다른 모든 인간의 현상과 마찬가지로 좀 더 단순하고 궁극적으로는 비종교적인 형태의 심리 생활에서 발전되어 온 것이라는 발생론적인 의견이라 하겠다. 이 입장을 지지하며 종교의 심리학적 연구를 옹호하기 위해 제기된 주장, 특히 코와 로이바가 전개한 주장들은 나에게는 너무나도 설득력 있었기 때문에 여기에서 그에 대해 길게 설명하느라 시간을 낭비하지는 않겠다. 발생론적인 입장을 고수하는 사람들조차 종교의 진화는 다른 진화 활동과 마찬가지로 이해하기 어려운 과정의 하나일 뿐이며, 창조주가 감탄과 자기 위대함의 숭배를 이끌어내기 위해 행한 일이라고 철학적으로 주장하는 것이 여전히 가능하다는 당연한 사실만 언급하면 될 것이다. 창조주의 존재나 비존재의 여부는 직접적인 조사 대상이 될 수 없으며, 언제나 오로지 내면적인 정신 과정의 작용에 의해서 결정되겠지만, 그 본질을 설명하기 위해 현재 많은 실마리가 풀리고 있다.

　종교의 의미에 가능한 한 가까이 접근하려고 하면, 처음부터 그 용어에 속하는 것이 무엇인지에 대한 대단히 불완전한 합의에 맞닥뜨리게 된다. 따라서 종교에 관한 모든 심리학적 이론이 핵심적이라고 주장되는 이러저러한 특질을 포괄하지 못한다고 비판받을 소지가 있다. 이러한 종류의 어떤 비판들은 단순히 당파적이며, 문제의 이론이 불완전하다는, 연구자 자신도 대부분의 경우 수용할 사실 외에는 어떤 것도 드러내지 못한다. 정확하게 종교를 정의하려는 것은 성욕을 정의하는 것과 마찬가지로, 우리 지식의 현재 상태에서 착수하기에는 주제넘은 짓이며, 어쨌든 그 단어가 의미하는 바가 무엇인지에 대한 상당히 일반적인 견해는 알고 있다는 사실에 만족해야 하겠다. 포괄적인 이론이라면 최소한 다음 제시하는 문제의 측면들을 고려해야 한다는 데 관해서는 넓은 합의가 이루어진다. ❶ 초자연적인 것과의 관계, 즉 다른 세계의 존재. 이것은 '보이지 않는 영적인 질서와 우리가 맺는 실제 관계에 대한 의식'이라고 표현되어 왔다. 영적인 질서는 힘과 신성함의 속성을 지닌다. 영적 질서에 대한 태도는 다양한데, 의존감, 두려움, 사랑, 경외심이 가장 특징적이다. 처음 언급한 태도가 가장 지속적이다. 항상 나타나는 것은 아니나, 달래기도 일반적이다. ❷ 감정적이고 지적인 방식으로 죽음에 대한 여러 가지 문제를 극복하려는 노력. ❸ 가치, 특히 가장 높고 가장 영속적인 가치의 추구와 유지. ❹ 윤리와 도덕의 이상과 끊임없이 관계함. 비록 특히 문명인들 사이에서 종교가 없어도 이상이 있는 경우는 많으나, 종교가 이러한 이상들과 유리되는 경우는 거의 없다. ❺ 종교와 삶의 어려움(외부적인 것이든, 좀 더 특징적으로 종교적이거나 도덕적인 죄와 같이 내적인 것이든 간에)에 대처할 때 느끼는 무력감 사이의 관계.

이들 특질 각각은 종교의 핵심을 구성하는 요소로서 여러 차례 선별되어 왔다. 따라서 몇 가지만 언급해 보겠다. 스타티우스(Statius)는 "두려움이 맨 처음 신을 만들어냈다.(primus in orbe Deos fecit timor.)"라는 명구를 남겼다. 허버트 스펜서는 종교의 기원을 추적하다가 종교가 죽은 조상들을 달랠 필요성에서 나왔다고 했고, 세계를 이해 가능하도록 변용하는 가설이라고 보기도 했다. 뒤르켐은 신성성을 강조했고, 포이어바흐는 종교를 "행복해지려는 본능"으로 환원했다. 프레이저는 종교를 "인간보다 우월한 힘과의 화해와 협력"이라 정의했고, 회프딩은 종교를 가치의 보존이라고 보았다. 로이바는 종교에 대한 단원(單元)적인 설명을 찾으려는 이 끊임없는 시도가, 종교 심리학을 제대로 일으키는 데 주요한 장애물이 된다고 보았고, 종교의 다양한 모습과 측면은 틀림없이 다른, 그리고 아마도 이종(異種)의 근원에서 나왔을 것이라는 중요한 결론을 내렸다. 비록 그 주장에서 개별적인 현상에 대한 참을성 있는 분석으로써 일반화를 하려는 모든 노력의 발단이 될 지혜를 얻을 수는 있지만, 개인적으로 나는 이 결론을 불필요한 자포자기라고 생각한다.

종교적인 현상을 근원적인 감정과 본능의 표현으로 해석하려는 시도는 아직 훨씬 진전된 성공을 거두지는 못했는데, 이것은 아마도 본능적인 생활에 대해 심리학 자체가 너무나도 불안정하게 세워졌기 때문일 것이다. 많은 저자들은 두려움이 주요한 역할을 한다고 지적했지만, 현재 그 증거는 오로지 특정 부류의 종교 현상에만 나타나고, 다른 부류에서는 겉보기에는 전혀 보이지 않는다. 어빙 킹(Irving King) 등은 종교의 문화적이고 사회적인 근원을 강조했고, 종교와 집단 본능 사이의 관계에 대한 트로터(Trotter)의 암시 역시 언급해야겠다. 이른바 자기 옹호와 자기 복종의 본능이라는 것이 몇 가지 현상에서 역할을 맡는 것은 분명하다. 종교와 성욕 간의 관계는 뜨거운 논란의 대상이었으나, 극단적인 입장을 취하는 경향 때문에 토론의 가치는 크게 떨어졌다. 예를 들어 윌리엄 제임스가 그런 관련성은 존재하지 않는다고 적극적으로 부정한 반면, 로이바는 이 문제에 대해 자신의 표준 교과서에서 전혀 언급하지 않는다. 그러나 이 관계에 대한 증거는 무시하기에는 너무나도 분명하며, 실제로는 일반적으로 알려진 것보다 훨씬 더 광범하다. 그러나 종교의 성욕 기원설로 생각되는 것을 주창하는 대부분의 사람들은 자신들의 관점을 너무 단순하게 표현했기 때문에 설득력을 얻지 못한다.

이 대회 이전에 1909년 제네바에서 열린 제6차 모임에서 있었던 종교 심리학 토론은 당시 우리 지식의 최고점과 아마도 심리학이 학술적으로 이를 수 있는 가장 먼 지점을 보여주었다. 그러나 이후로 우리 지식에서 혁명이 일어났으니, 종교의 문제를 고찰하는 데에 주의를 요하는 혁명이었다. 주로 프로이트와 그 학파의 글 덕택에 무의식적인 정신 활동의 지대한 중요성을 점점 인지하게 된 것을 말하는 것이다. 프로이트 학파에서 취하고 있으며, 어마어마한 양의 증거가 뒷받침하는 관점에 따르면, 사람들이 이전에는 의식을 전체라고 여겼지만, 인간 정신 활동의 근본적이고 본질적인 부분은 사실 의식과 달리 무의식적이며, 전체 가운데 조심스럽게 선택된 부분만을 구성한다. 이전에 인간 의식의 기본적 요소라고 간주되었던 것이, 인지할 수 없는(무의식적인) 정신 과정의 복잡한 사슬에서 나온, 대단히 다듬어진 산물이라는 것을 우리는 이제 안다. 종교적 현상에는 그것이 인격의 아주 깊은 층에서 솟아났다는 온갖 암시가 나타나기 때문에, 이 심층, 본질, 힘, 상호 작용 속의 과정에 대한 인내심 있는 설명이 종교의 수수께끼를 푸는 데 도움이 된다고 해도 놀라운 일은 아닐 것이다. 프로이트 자신과 라이크, 로하임(Róheim), 피스터(Pfister), 뢰벤슈타인(Löwenstein), 킹켈(Kinkel), 레비(Levy), 듀크스(Dukes)와 나를 포함한 몇몇 추종자들은 종교의 다양한 측면에 관해 상세히 연구한 글을 여럿 출간한 바 있다. 그러나 오늘날까지 종교 심리학에 대한 이들 연구의 성과 전반을 포괄적으로 제시한 적은 여태 없었고, 그러한 과제를 내가 여기에서 사용할 수 있는 짧은 시간 동안 수행할 수 있는 것도 아니다. 그럼에도 불구하고 그러한 발표가 진행될 때 따를 주요한 원칙에 관해 몇 가지 언급을 해야 하겠다.

정신분석은 타고난 본능의 더욱 모호하고 먼 영역에 의지하기 전에 논리적으로 연구되어야 할 영역에 대한 관심을 환기하였다. 이 영역이란 유아기의 심리를 이야기하는 것인데, 이것은 후일 삶에서는 무의식적인 심리로 존속하며 그 삶의 핵심을 이루게 된다. 유아기 심리의 내용과 기능 방식 모두 어른의 의식적인 심리와 많이 다르며, 대부분은 강력한 힘이 작용한 결과로서 후일 묻히게, 즉 '억압' 되고 의식이 접근하지 못하게 된다. 단지 '유치' 하다고만 느껴지는, 유아기의 정신 과정의 중요성을 경시하는 잠재적 경향은 더없이 강해서, 그 정신 과정을 의미 있는 어른의 정신 과정과 비교하려는 어떤 시도도 본능적인 불신에 마주하게 된다. 이에 대해 간단한 예를 들어보자. 헤아릴 수 없을 정도로 여러 차례 경험한 초자연적인 힘에 대한 막연한 두려움과 신의 무시무시한 진노와 관련해서도 경험할 수 있는 두려움을, 자신의 아버지 때문에 느끼는 어린 아이의 두려움과 관련짓는다고 가정할 때, 무의식의 정신분석으로 아버지에 대한 아이의 공포가 얼마나 강렬할 수 있는지를 개인적으로 경험해 보지 못한 사람이라면 결코 이 의미를 제대로 이해할 수 없을 것이다.

지난 사반 세기에 개인들의 종교적 삶에 관한 정신분석학적인 연구 덕택에 무수한 자료가 축적되었으며, 게다가 위에서 언급했듯이 종교적 믿음과 여타 현상의 여러 측면에 대해서도 정신분석학적인 연구를 포함해 수많은 저술이 출간되었다. 이 모든 연구에서 도출되는 두드러진 결론은 **종교적인 삶은, 아이와 부모의 관계에서 솟아나는 두려움과 동경이라는 감정을 거대한 수준으로 극화(劇化)하여 표상한다**는 것이다. 이 말이 무의식적인 심리에 대한 현대의 연구에 대해 아는 바가 없는 사람에게는 큰 의미가 없을 테지만, 아는 사람이라면 매우 의미심장하게 느낄 것이다.

위에 열거한 종교 문제의 다섯 가지 측면에 대해 이제 같은 순서로 평하려고 한다.

❶ 영적인 질서, 특히 초자연적인 존재와의 관계. 이 존재들과 관련된 힘과 금기의 속성과 여러 가지 감정적인 태도, 특히 의존성, 두려

움, 사랑, 경외는 모두 부모에 대한 아이의 태도에서 직접 나온 것이다. 자기 자신의 중요성에 대한 본래의 태도에서 느껴지는 것과 같은 절대적인 것의 감정은, 그 감정이 현실과의 접촉으로 인해 약화될 때면 부분적으로는 모든 종교에 내포된 인간중심적 우주관으로서 존속하고, 또 부분적으로는 처음에는 부모로, 그리고 이것도 실패하면 신성한 존재로 치환된다. 지상의 아버지는 천상의 아버지로 교체된다. 성장 과정에서 필연적으로 일어나는 부모와의 갈등의 본질은 유아기의 성욕(또는 어린이의 사랑이라고 하는 편이 더 마음에 들 수도 있겠다)의 규제—또는 간섭—에 있는데, 그 갈등은 그 순간에조차 무의식적인 부분이 더 많다. 이 갈등은 부모에 대한 억압된 죽음의 소망으로 이어져 보복의 두려움을 야기하는데, 여기에서 죽은 선조들의 영이나 다른 영적인 존재를 달래려는 친숙한 종교적 충동이 생겨난다. 그에 수반되는 사랑은 용서, 화해, 도움, 구원의 욕망을 낳는다.

❷ 죽음에 관한 모든 감정적인 문제는 낯선 사자(死者)들에 대한 철학적 사색에서 나오는 것이 아니라 사랑하는 사람들에 대한 양면적 태도에서 나온다. 죽음의 근심은 언제나 임상적으로 봤을 때 사랑하는 대상들에 대한 억압된 죽음의 소망이 표출된 것임이 드러난다. 나아가 죽음과 거세(또는 그에 상응하는, 사랑하는 대상의 사라짐)의 주제가 극히 밀접하게 연관되어 있으며, 누군가가 계속 살아 있다는 점에 대한 걱정은 언제나 그 처벌인 성적 불구에 대한 공포를 드러낸다는 점도 밝혀졌다.

❸ 아이의 본연적인 자기애와 자존감은 일생 동안의 어떤 경험보다 더욱 절대에 가까워지는데, 이것은 자아가 도덕 교육의 결과로서 도달

하길 바라는 이상이며 보통 초자아(super-ego)라고 불리는 심리의 특정 영역으로 옮겨진다. 인생에서 고상한 '의미'를 띠는 높은 가치에 대한 통찰은 모든 고등 종교에서 대단히 중요한 역할을 하며, 이 노력의 전형적인 현시이기도 하다. 이것은 물론 신과 화합하고 그에게서 인정받고 싶어 하는 욕망과 관련이 있다.

❹ 종교가 항상 도덕과 관련된다는 점은 이 특질의 또 다른 측면이다.

❺ 자네(Janet)가 "불완전한 감정(sentiment d'incomplétude)"이라고, 프로이트가 "열등감 콤플렉스(inferiority complex)"라고 부른, 삶을 이겨내는 데에서의 무력감은 신체적·도덕적·지적으로 인생의 어떤 측면에서든 느낄 수 있다. 그러나 그 현상의 정신분석은 한 가지 일원적인 근원을 밝혀내는데, 그것은 어린이가 자신의 모든 충동을 어른의 도덕 규범에 맞추려고 애쓰는 중에 일어나는 종교적이거나 도덕적인 죄의식이다. 따라서 어떤 영역에서든 모든 무능력함의 표현이, 종교적인 수단으로 그 근원을 다스림으로써 완화될 수 있다는 점은 심리학적으로 이해하기 쉽다. 주(主) 아버지와 화합하는 것은 친아버지에게서 조력을 얻는 것과 동일한 것이다. 죄의 자각이 종교에서 얼마나 중요한 역할을 하는지는 잘 알려져 있다. 회오(悔悟)와 그로써 생기는 구원의 필요성이 없다면, 기독교 등은 의미를 거의 다 상실하게 될 것이다.

끝으로 나는 앞에서 말한 주장들의 극히 단순한 모습이 그 본질을 대변한다고 받아들이지 않았으면 하고 바란다. 몇 마디 말로 지극히 복잡하고 참신한 형태의 학설을 소개하려고 했기 때문에 간결하게 표현된 것은 피할 수 없는 결과였던 것이다.

5

신 콤플렉스[1]
자신이 신이라는 믿음과 그 결과 나타나는 특징
The God Complex

정신분석학자라면 누구나 무의식적인 환상 가운데 자신을 신과 동일시하는 환상을 지닌 환자를 접한 경험이 틀림없이 있을 것이다. 순전히 심리학적인 관점에서 봤을 때, 신과 아버지의 개념이 얼마나 밀접하게 연관되어 있는지 알지 못한다면 그러한 과대망상적 환상을 거의 이해하지 못할 것이다. 이 둘은 너무나도 밀접하기 때문에, 신의 생각은 아버지의 생각이 과장되고, 이상화되고, 투사된 것으로 간주될 수 있을 것이다. 자신을 사랑하는 대상과 동일시하는 행위는 모든 애정에서 어느 정도 나타나며, 아버지에 대한 남자 아이의 태도를 일반적으로 구성하기도 한다. 모든 남자 아이는 자신의 아버지를 모방하며, 자기 자신이 바로 그 아버지인 척하며, 다양한 수준으로 아버지를 본받

---

1 다음 책에 출판되었다. *Internationale Zeitschrift für Psychoanalyse*, 1913, Bd. I, S. 313.

는다. 따라서 더욱 완벽한, 하늘에 계신 아버지와 관련하여 유사한 태도가 발달할 것이라는 점은 더없이 자명하다. 그리고 실제로 이것은 어떤 의미에서 사람은 가능한 한 신적인 귀감과 같이 되고자(즉 그것을 모방하고자) 노력해야 한다는 종교적 가르침과 모든 인간이 신의 모사이며 자신 안에 거룩한 영혼이 있다는 믿음에 직접적으로 나타난다. 순종적 모방에서 동일시로의 이행은 흔히 빠르게 일어나며, 무의식적으로 두 표현은 사실상 동의어이다. 외국에 있는 대사나 해외 지역의 총독이 국왕이나 국가를 대표하는 기능을 위임받았다가 그보다 강한 권력을 얻을 기회를 잡아 월권한 일은 역사적으로 여러 차례 있었다. 예를 들어 로마 제국은 이 위험에 끊임없이 노출되어 있었다. 그보다 덜 명확하기는 하지만 종교에서도 동일한 과정을 어렴풋이 볼 수 있다. 대개의 사람들에게 부처, 무함마드, 베드로, 모세는 단순한 신의 대리자 이상의 의미를 지닌다. 영향력이 덜한 예언가들과 설교자들조차 너무나도 권위적으로 신의 이름으로 말하기 때문에 배우는 동안 만큼은 그가 신의 대리자라는 생각이 들지 않는다. 이들의 의식적인 태도는 일반적으로, 자기 인격을 신과 동일시하는 무의식적 환상의 산물이다.

이 환상은 전혀 드문 것이 아니며, 아마도 모든 남성에게 때때로 나타날 것이다. 그것은 당연히 여성보다는 남성에게 훨씬 더 흔히 나타나는데, 여성의 경우에는 성모가 되는 생각이 그에 상응하는 듯하다. 그러나 보통의 경우보다 그러한 생각이 훨씬 더 강한 종류의 사람들도 있어서, 이 생각은 그들의 무의식의 지속적이고 필수적인 부분을 구성한다. 그러한 사람들이 미치게 되면 그들은 자신이 정말로 신이라는 생각을 공공연하게 드러내는데, 이런 예는 어떤 정신병원에서도 찾을 수 있다. 정상적인 상태, 다시 말해 실재에 대한 감정과 의식상의 일반적인 금제가 작동한다면 그 환상은 이러한 검열을 지나고 나서야 표현될 수 있으므로 오로지 수정되고, 약화되고, 간접적인 형태로만 드러난다. 여기에서 다룰 내용은 이렇게 외부에 현시된 것들이고, 그것들로부터 무의식 속의 '신 콤플렉스(God-complex)'라는 존재를 어떻게 추론할 수 있는지 밝히는 것이다. 여느 두드러진 콤플렉스와 마찬가지로 이 무의식적인 콤플렉스는 의식적인 태도와 반응에 미치는 영향력의 흔적을 영구히 남긴다. 이것이 상당히 강력하게 드러나는 수많은 개인들을 분석한 결과 이렇게 해서 생겨난 특징[2]은 매우 전형적인 모습을 구성하는데, 그 모습은 진단하기 위한 목적으로 적용되어도 좋을 정도이다. 이들 특징이 일반적인 아버지 콤플렉스(father-complex)의 특징과 닮았으며, 사실상 아버지 콤플렉스의 과장된 것에 불과하다는 점은 이해하기 쉬울 것이다. 그 특징들은 사실상 더욱 넓은 범주 안에서 한 부분을 구성하지만, 그 범주의 나머지에 비해 특출나게 구별된다.

나의 관찰에 근거해 내린 귀납적인 일반화가 대부분 신의 것이라고

2　조지 메레디스(George Meredith)가 『이기주의자(Egoist)』에서 이 책의 주요 인물에게 특별히 인간적인 특징을 부여했을 때, 그의 친구들은 그가 세상에 자신들의 숨겨진 나약함을 공공연히 드러내었다고 하여 개인적으로 그를 비난했는데, 친구들은 이 소설가의 묘사에서 자기 자신의 마음을 비추는 거울을 발견하였던 것이다. 이 글에서 지적한 특질은 너무나도 널리 알려져 있어서, 정신분석학적인 지식의 창고에 무언가 기여하려는 모든 사람과 마찬가지로 나 자신도 그와 유사한 비난 받을 수 있는 위험에 처하게 되었다.

생각되는 특질들에 대해 연역적으로 사고했을 때 기대되는 일반화와 완전히 일치하는 것은 아니다. 예를 들어 이런 중요한 차이점이 있다. "달리 누가 이 세상을 창조했겠는가?"라는 물음이나 '제1 원인'의 필연성에 대한 좀 더 추상적인 추론으로 얻어지는 신의 존재에 대한 확신에서 보이듯이, 조물주로서 신의 모습이 일반적인 심리에서는 아마도 가장 인상적일 텐데, 신 콤플렉스에 속하는 환상 속에서 드러나는 것 가운데 가장 현저하다거나 가장 대표적이라고 하기는 어렵다. 그 환상들 가운데서 가장 결정적이고 특징적인 것은 넓은 의미에서의 강한 능력(전능)에 관련된 듯하며, 이 콤플렉스가 외부로 현시되는 것의 대부분은 이 단어로 가장 잘 표현될 것이다. 나의 경험적인 자료에 따르면 이 콤플렉스의 주요한 근원은 엄청난 나르시시즘에서 발견될 수 있으며, 나는 이것을 지금 다루는 인격상의 가장 전형적인 특징이라고 간주한다. 곧 기술할 모든 성격상의 특질은 나르시시즘에서 직접적으로 나온 것이거나 아니면 그것과 지극히 가깝게 관련되어 있을 것이다.

과도한 나르시시즘은 육체적으로나 정신적으로나 자신이 지닌 힘, 지식, 수준에 대한 과도한 존경과 자신감으로 반드시 이어진다. 개인의 삶에서 가장 원초적인 두 가지라고 할 수 있는, 자기 성애와 노출증이라는 성심리적 경향은 이 나르시시즘과 관련되어 있는데,[3] 이들이 성격상의 특질을 형성하는 데 대단히 중요한 역할을 한다는 것을 보게 될 것이다. 이 가운데 노출증은 그와 짝을 이루는 호기심과 앎의 본능

---

3 Stekel: 'Zur Psychologie des Exhibitionismus,' Zentralblatt für Psychoanalyze, Jahrg. I, S. 494.

과 항상 관련되며, 이것 역시 일종의 결과를 산출한다. 따라서 나르시시즘적인 충동, 자기 성애적인 충동, 노출증적인 충동, 호기심 충동의 밀접한 상호 관련 덕분에, 성격의 특질을 각각 그 원인에 맞게 따로따로 엄격히 분리하는 것이 완전히 불가능하다는 것을 이해할 수 있다. 많은 특징은 이들 네 가지 가운데 어느 하나만 가지고서도 똑같이 잘 설명이 가능하면서도, 동시에 모든 것에 관계되어 있기 때문이다. 따라서 이들 충동을 분리하지 않고 전체로서 설명하는 것이 편리할 것이다.

자세한 점을 살펴보기 전에 또 다른 일반적인 진술을 할 수 있겠는데, 이들 본능이 문제의 행동양식에 현시되는 특별히 부정적인 방식에 대한 주의를 환기하기 위해서이다. 예를 들어 과도한 겸손은 강한 자만심보다 훨씬 더 자주 보게 된다. 그 이유는 본연적인 경향성의 강한 힘이 일련의 강력한 반동형성(reaction-formation)을 낳기 때문인데, 심리에서는 더욱 피상적인 채 사회적인 감정과 더욱 조화를 이루면서 자신을 좀 더 직접적으로 표현하는 것이 이 반동형성이다. 이렇게 야기된 반응이 얼마나 강렬한지를 인식함으로써만 저변에 깔린 충동의 추론이 가능하다.

나르시시즘적인 노출증, 즉 자기 자신 또는 자신의 일부를 드러내고 싶어 하는 소망이 이 노출증의 저항할 수 없는 힘에 대한 믿음과 결합된 것을 이야기하면서 일련의 주제에 대한 논의를 시작하겠다. 금기시된 왕[4]이나 신화상의 태양과 사자 상징의 것이라고 여겨지는 것과 동

---

4 Freud: *Imago*, 1912, Bd. I, S. 306-15.

일한 이 힘은, 선하거나 악한 힘이자, 창조이자 파괴를 위한 힘이라서 대부분은 양면적이다. 이제 살펴볼 사례들에서는 해로운 요소가 더 많이 나타나는데, 이것은 이 환상과 신에 대한 (현대적인) 관념 사이의 또 다른 흥미로운 차이점이다.

콤플렉스 전체를 통틀어 보이는 모든 특징과 마찬가지로, 이 첫 번째 현시들은 대부분 반동의 산물이다. 따라서 뚜렷한 자만심이나 허영심은, 때때로 너무 강조되어 진짜로 **스스로 삼가는 모습**이 될 정도로 과도한 겸손함만큼 자주 보이지는 않는다. 이런 사람은 자신의 가장 강한 신념을 가능한 한 최대로 망설이는 방식으로 표현하고, 대화와 글쓰기에서 '나' 라는 표현을 피하고, 세상사에서 중요하거나 활발한 어떠한 역할도 맡지 않으려고 한다. 이런 모습을 과장했기 때문에 이것이 본래의 성격이 아니라 본래 성격의 반동이며, 뽐내는 것이라는 바가 드러나며, 이것은 이 특징의 더욱 극단적인 형태를 살펴보면 더욱 분명해진다. 이 극단적 특징은 내가 모든 것 중에서 가장 두드러진 특징이라고 생각하는 것, 즉 **무관심**한 성향을 구성한다. 이런 사람은 다른 필멸의 인간들과 똑같지 않고, 무언가 동떨어져 있으며, 그와 다른 사람들 사이에는 어느 정도 거리가 유지되어야 하는 것이다. 그는 자기 자신을 가능한 한 **접근 불가능하게** 하며, 자신의 인격을 **수수께끼의 안개**로 둘러싼다. 먼저, 그는 피할 수 있다면 다른 사람들 가까이에는 살지 않을 것이다. 이런 성격을 지닌 어떤 사람이 나에게 자랑스레 말하기를, 자기는 동네(어느 대도시)의 맨 끝쪽에 산다면서 자기 집이 일반 사람들과 너무 가깝기 때문에 더 먼 곳으로 이사 가려고 한다고 하였다. 이러한 사람들은 자연히 시골에서의 삶을 선호하며, 직장 때문에 시골의 삶이 여의치 않으면, 저녁이나 주말마다 쉬러 갈 집을 도시 밖에 장만하려고 한다. 그들은 매일 직장에 가지만 결코 자신의 집 주소를 동료들에게 알려주지 않으며, 어떤 사회적인 목적 때문이든 간에 필요할 때면 클럽이나 식당을 이용한다. 그리고 친구들을 집에 거의 초대하는 일 없이 집에서 홀로 고상하게 살아간다. 그들은 대개 은둔적인 삶을 무척 강조하는데, 이것은 자기 성애에 대한 직접적인 표현(자위)이자 억압된 노출증에 대한 반동이다. 따라서 문제의 경향에는 두 가지 요소가 들어 있으니, 남에게 보이기 싫다는 소망과 거리를 두고 접근되지 않고 싶다는 소망이 그것이다. 때때로 앞의 소망이 강조되기도 하고 뒤의 소망이 강조되기도 한다. 이 두 가지 소망은 언젠가 한 환자가 나에게 털어놓은 다음의 환상에서 잘 표현된다. 그는 자기 나라의 바다 근처, 어느 먼 산에 성(城)을 소유하는 것을 간절히 바랐다. 이 성을 향해 운전해 가면서 그는 자신의 자동차에서 끔찍한 경적소리를 내서 고갯길을 타고 울려 퍼졌으며(아버지의 방귀인 여호와와 제우스의 천둥), 소리를 듣자 하인들과 파수꾼들은 그를 위해 성 안의 모든 것을 준비해 놓고 자신들의 지하실로 사라졌다. 그들은 어떤 상황에서도 그를 볼 수 없었다. 실제 삶에서 그러한 사람은 업무와 관련된 상황에서조차 자신이 드러나는 것을 막기 위해 온갖 종류의 장애물을 쌓아놓는다. 약속은 사전에 잡혀야 하거나, 비서들이 면담을 해야 하며, 때가 되면 그들은 늦거나 '너무 바빠서' 오지도 못한다. 접근할 수 없는 이 특징이 귀족, 왕, 교황(!), 그리고 심지어 유명한 사업가들[5]에게 얼마나 강하게 나타나는지는 잘 알려져 있다. 소통의 문제와 다른 사람들이 이 거리감을 지워버릴 수 있게 하는 발달된 수단에 관한 한 첨예한 관심은 다른 원인도 있지만 어쨌든 거리감에 대한 소망의 산물이다. 그들은 한결같이 여행을 할 때 일등석을 이용하거나 자동차를 사용함으로써 많은 사람들과 거리를 유지하면서, (사람들이 자신을 보지 않고도 연락할 수 있게 하는) 전화라고 하는 최고의 통신 방식을 고집하는 등의 행동을 보인다. 이 특질은 그러한 사람들이 장거리, 특히 자국을 벗어나는 여행을 기꺼워하지 않는다는 사실과 퍽 대조적이다. 그들은 항상 집에서 가장 편안하다고 느끼며, 바깥 세상에 나가는 것을 싫어하고 바깥 세상이 자신에게 와야 한다고 주장한다.

접근 불가능성 갈망의 의미는 제정신이 아닌 사람에게서 보이듯이 극단적으로 과장된 상태를 생각하면 즉시 알 수 있다. 편집증 말기였던 바바리아의 루이스 왕(King Lewis of Bavaria)은 이것의 전형적인 사례를 보였던 것 같다. 그는 루이 14세를 모방했으며〔"그 이름의 의무"—슈테켈(Stekel)〕, 자기 자신을 공식적으로 태양 왕(Le Roi Soleil)과 동일시하기까지 했다고 한다. 게다가 이 시기에 그는 자신과 사람들 사이에 막을 두지 않으면 접견하는 것을 거부했다고 하며, 그가 밖으로 나갈 때면 호위병들은 사람들이 제때에 맞추어 숨고 왕의 장엄한 행차에서 몸을 감출

---

5 H. G. 웰스는 자신의 소설 『토노번게이(Tono-Bungay)』에서 성공한 어느 금융업자와 접견하는 것이 얼마나 어려운지를 재미나게 묘사하였다. 지원자들은 각 방마다 한 명씩 있는 비서에 의해 선별되어 차례로 다음 방으로 이동하는데, 지극히 소수의 사람들만이 복되게도 이 지성소(至聖所)까지 와서 그 위대한 사람과 대면할 수 있게 된다.

수 있도록 사람들에게 왕이 다가온다고 예고해야 했다고 한다. 이러한 행동은 존재에서 뿜어져 나오는 빛이 파괴의 힘으로 충만하다는 믿음을 암시할 뿐이며, 왕의 고독함은 아마도 억압된 죽음의 소망을 은폐했을 것이다. 여기에서 옛 이집트, 페르시아, 헬라스에서 태양신으로서의 아버지를 투사한 것이 재현되는 장면을 볼 수 있는데, 이 태양신은 초기 기독교에서도 중요한 역할을 했다. 흥미롭지만 드물지 않은 '독수리 (aiglon)' 환상의 중요성뿐 아니라, 편집증에서 투사의 중요성은 프로이트가 자신의 슈레버(Schreber) 분석에서 지적한 바 있다.[6] 광기의 상태에서 환자는 방금 언급한 사례에서처럼 자신의 아버지와 자신 모두를 태양과 동일시하거나, 10년 동안 많은 시간을 태양을 반항적으로 쳐다보는 데 써버린 어느 망상분열증 환자의 경우처럼 자신의 아버지만을 태양과 동일시할 수도 있다. 좀 더 정상적인 사람의 경우 이런 환상은 무의식 속에 남아서 떨어져 지내고 싶은 소망과 같이 순화된 형태로만 의식에 나타날 수 있다. 따라서 이 욕망은 주로 간접적인 방향으로, 지극히 나르시시즘적이고 노출증적인 경향을 표현하기 위한 듯이 보이며, 자신의 주변에는 다른 사람들에게 가해질 무시무시한 힘이 충만해 있으며 자기 존재의 미광 때문에 다른 사람이 어지러워지거나 심지어 눈멀 수도 있다는 믿음에 기반한다. 이처럼 끔찍한 결과에 대한 경계로서 그는 가능할 때마다 멀찌감치 물러서는 것이다. 이러한 태도를 결정짓는 데에 역시 한 가지 역할을 하는 억압된 경향성은 다른 사람들을 눈멀게

---

6 Freud: 'Nachtrag,' *Jahrbuch der Psychoanalyse*, Bd. III, S. 588.

하는 것을 두려워하는 생각으로 밝혀진다. 이것은 물론 그가 다른 사람들을 거세할 수도 있다는 두려움, 즉 억압된 소망을 상징하며, 뒤에 가면 이 소망과 그에 수반하는 거세되는 것에 대한 두려움 두 가지 모두가 논의 중인 콤플렉스 부류의 주요한 특징이라는 것을 보게 될 것이다.

위에서 접근 불가능성과 연관해 언급한 **수수께끼**라는 특징은 접근 불가능성과 심리적으로 관련되어 있을 것이다. 따라서 멀리 떨어져 있으려는 경향성은 육체적인 측면에서는 접근될 수 없는 소망으로, 심리적인 측면에서는 신비적으로 남으려는 소망으로 나타난다. 그 사람은 자기 자신을 꿰뚫어볼 수 없는 수수께끼의 안개와 은둔 생활로 감싸려고 한다. 보통 사람이라면 숨겨놓아야 할 이유를 발견하지 못할, 자신에 관한 가장 하찮은 정보에도 대단한 중요성을 부여하며, 어느 정도 압박감을 받아야만 타인에게 알려주게 된다. 그러한 사람은 자신의 사적인 일에 대해 이야기하는 것은 말할 것도 없이 자신의 나이가 알려지는 것이나, 낯선 사람에게 자신의 이름 또는 직업이 드러나는 것을 대단히 싫어한다. 내가 아는 사람 중에 미국 서부의 한 마을에 8년째 살면서 그가 기혼인지 미혼인지를 알 수 있는 친구가 하나도 없는 한 남자가 있다. 미국의 사적인 생활이 알려지는 정도에 대해 좀 아는 사람이라면 이게 얼마나 대단한 일인지 알 것이다. 글쓰기상의 몇 가지 자잘한 특징도 동일한 경향성의 산물이다. 이런 유(類)의 사람은 특히 편지를 마지못해 쓴다.[7] 그는 그러한 자기 인격의 표현을 전

---

7 여기에서 언급한 이유 이외에도 이 금제에 여러 가지 원인이 존재한다는 점을 말할 필요는 거의 없을 것이다.

달하기 싫어하며, 다른 사람의 편지에 답장하지 않는 것이 받은 편지의 중요성에 대한 자신의 생각을 전달하는 손쉬운 방식이라고 생각한다.[8] 뒤에 가서 이야기하게 될 정확한 언어 표현에 대한 지대한 관심에도 불구하고, 그는 자신의 생각을 명료하고 직접적으로 드러내는 법이 거의 없다. 때로 너무나도 과장되고 모호해서 읽는 사람이 의미를 이해하기가 정말로 불가능해지는, 길고 복잡하고 암시적인 형태의 어법은 상당히 특징적이다. 글의 주제가 (글쓰는 사람에게) 더 중요할수록 그는 자신의 귀중한 비밀을 전달하는 데 더욱 많은 어려움을 겪는다. 가장 중요한 대목은 대개의 경우 아예 쓰지도 않지만, 대신 다음 기회에 밝히겠다는 약속을 반복함으로써 끊임없이 암시될 뿐이다. 실제의 필체가 대부분 깔끔하고 명료하다는 점은 이 사실과 상당히 대조적이다. 이러한 종류의 몇몇 사람의 경우 이 점은 정반대라 글씨를 알아보기가 힘들지만, 두 종류의 사람 모두 명료하든 모호하든 과할 정도로 자기 필체의 특징을 자랑스러워한다. 어떤 경우에든 그는 스스로의 필체가 자신에게 특별하고 독특하며 유일한 것이라고 주장한다.(필적이 되었든, 개인적인 외모, 능력, 행동에 관한 것이 되었든 다른 누군가와 닮았다는 말만큼 그에게 상처를 주는 것도 없다.) 그가 자신을 두를 때 사용하는 수수께끼의 장막과 모호성은 자연히 그와 관련된 모든 것을

---

8 나폴레옹은 이렇게 남을 깔보는 태도를 상당히 재치 있게 설명했다. 그는, 특히 바쁜 때에는, 받은 지 3개월이 지나기 전까지 절대로 편지에 답장하지 않는다는 규칙을 세웠다고 한다. 이 때문에 한 차례 비난을 당하자, 그는 이 때 대부분의 편지가 스스로에게 답장을 했다는 것을 깨달았기 때문에 많은 골칫거리를 덜었다고 했다.

감추려고 한다.

따라서 그는 결코 자발적으로 자신의 가족에 대해 이야기하지 않으며, 가족에 대한 질문을 받을 때면 답하기를 꺼리며, 자기와 관계된 일이라면 어떤 것에든 마찬가지로 반응한다. 이 모든 은둔적 삶이 나르시시즘적인 자기 존중뿐만 아니라 일반적인 자기 성애,[9] 그리고 특히 자위와 관계가 있다는 것은 매우 잘 알려져 있기 때문에 특별히 강조할 필요는 없을 것 같다. 본래의 나르시시즘적인 경향은 독특한 방식으로 드러나서, 정신분석을 할 때나 가까운 친구와 비밀스러운 대화를 할 적처럼 과묵함을 깰 때면, 그 사람은 자기 자신에 대해 지극히 세세히 이야기하면서 더없는 기쁨을 누리며, 자신의 심리적 특징에 대해 논하고 분석하는 일에 결코 지치는 법이 없다. 그는 훌륭한 설교자이며 저녁식사가 끝난 뒤의 탁상 연설자가 되기 쉬운데, 이 때 노출증에 대한 그의 다른 반동과 대조적으로 그는 이것을 좋아하는 태도를 드러낸다.

거리를 두는 경향이 순전히 심리적인 측면에서는 대단히 직접적으로 나타난다. 이런 사람들은 넓은 의미에서 반사회적이면서 동시에 비사교적이다. 정치적 또는 과학적인 것이든 사업에 관한 것이든 간에, 그들은 다른 사람들과 함께 하는 활동에 적응하는 데 어려움을 겪

---

9 이것이 지금 다루는 콤플렉스 집단에서 특출하다는 사실 덕에 정직함과 진실함의 문제에 관해 개인적으로 낮은 수준의 신용을 유지한 채, 진리의 본질에 관한 철학적인 논의(실용주의 등)에서 문제의 유형이 호기심의 두 가지 특질을 자주 나타내는 이유가 설명된다.

는다. 그들은 일반적인 기준으로 판단했을 때는 불량 시민이 된다.[10] 공공의 일에 얼마나 관심이 있건 간에 그들은 그 일에 참여하지 않으며, 자신들의 고상함에 못미치는, 투표와 같이 대중적인 기능은 절대로 하지 않는다. 그들의 영향력은 좀 더 활동적인 찬양자들을 자극함으로써 상당히 간접적으로만 행사된다. 그들의 이상은 '왕권 뒤에 있는 사람'이 되어서, 군중들에게는 보이지 않은 채로 위에 앉아 일들을 지시하는 것이다. 사회적인 것이든 과학적인 것이든, 일반적인 운동에서 따르는 것, 참여하는 것, 심지어 이끄는 것마저도 그들의 비위에는 맞지 않으며, 그들은 숭고한 격리 정책을 유지하기 위해 모든 노력을 기울인다. 그들은 이렇게 해서 니체가 그랬던 것처럼 진정한 고상함을 이룩하지만, 더 많은 경우 그들은 단지 천박한 자기 중심주의를 보여줄 따름이다.

예상되듯이, 방금 언급한 특징에서 암시된 것과 같이 강한 노출증적 성향은 대단히 발달한 상보적 본능과 짝을 이룰 수밖에 없다. 비록 이 행동 유형에서는 특징적인 징후가 덜 나타나긴 하지만, 이 본능은 보고 싶어 하는 호기심에서 오는 쾌락〔관음증(scoptolagnia)'〕을 말한다. 그것은 직접적인 근원을 지니는 경우가 더 많으며 반동 형성도 아니라는 점에서 전의 것들과는 다르다. 일반적으로 은폐되며 때때로 드러날 뿐이긴 하지만, 사소한 인물 비평이나 험담 등에 대한 상당히 여성스

---

10 일상적인 의미에서 불량한 시민 자격을 보이면서도 사회적 개선에 날카롭고 이론적인 관심을 보인다는 점은 대단히 특징적인데, 이에 대해서는 뒤에 가서 논할 것이다.

러운 호기심이 보통 나타난다. 보다 높은 수준의 승화는 더 자주 나타나며, 이것은 일반적으로 **심리학에 대한 관심**의 형태를 취한다. 문제의 그 사람이 다른 사람의 심리를 꿰뚫어볼 수 있는 직관을 타고나서 인간 본성을 잘 판단한다면, 그는 직업이 무엇이 되었든 자기 직장 생활에서 그것을 이용할 것이다. 그에게 그런 재능이 없다면 그는 전문적인 심리학자나 정신병의사가 되거나, 최소한 그 분야에 이론적인 관심을 상당히 가지게 되기 쉽다. 타고난 결점을 보상받으려는 이 욕망은 의심할 여지 없이, 전문적인 심리학자들이 그렇게도 자주 인간 심리를 상당히 무시하는 모습을 보이는 악명 높은 상황을 설명하는 데 도움을 준다. 이 욕망은 또 자신들이 직관에 의존할 필요가 없도록 해 줄, 심리를 연구하는 '객관적'인 방법을 고안함으로써 자신의 결점을 보완하려는 끊임없는 시도를 설명해 주며, 의도적으로 직관을 단련해야 하는 정신분석과 같은 방법들에 대한 그들의 적개심도 설명해 준다. 심리과학을 질식하여 죽도록 위협하는 그래프와 통계의 홍수는 이런 사람들의 요구를 증명한다. 우리의 예시적인 인물로 돌아가자. 그는 타인의 심리를 알 수 있는 '지름길'을 보장하는 방법이라면 무엇이든 특별한 관심을 보이며, 언제나 자동적인 결과를 산출해 줄 수 있기를 바라면서, 비네-시몬 검사(Binet-Simon scale), 정신전류적 현상, 단어연상 반응, 필적 관상법과 같은 방법을 기계적이고 축자적으로 적용하기 쉽다. 그 방법이 특이할수록 그는 더 많이 매료되고, 선택받은 자만 지닐 수 있는 열쇠를 소유한 것만 같은 감정에 빠지게 된다. 이 이유에서 그는 모든 방면의 비술과 신비주의는 물론이고 여러 가지 형태의 독심술, 손금 읽기, 점, 심지어 점성술에까지 지대한 관심을 보이기 쉽다. 이 주제는 한편으로 종교와도 관련이 있으며, 다른 한편으로 전지(全知)함의 다양한 현시 문제와 관련이 있는데, 두 가지 모두 곧 다룰 것이다.

나르시시즘적 노출증의 몇 가지 덜 직접적인 산물들은 **전능함의 환상**이라는 이름 아래에 분류될 수 있을 것이다. 이들 환상은 힘을 보여줄 수 있는 모든 영역에 뻗어나갈 수 있기 때문에, 자세하게 논하기란 불가능하다. 그것들은 특히 범상치 않은 것에 적용되곤 하기 때문에, 소수의 사람이 이 힘을 지니고 있다고 주장된다. 실제로나 상상으로나 권력의 관념과 가장 긴밀히 연결된 것이 돈이니, 돈과 연관된 것이 아마도 가장 흔할 것이다. 그 사람은 자기 자신이 억만장자라고 상상하며, 자신이 쓸 수 있는 힘을 지니면 그걸로 무엇을 할지 상상하면서 즐거워한다. 이 환상은 보통 실제 삶에서는 돈을 경멸하는 척하는 태도와 연관되고, 때때로 정말 후하고 부담 없이 돈을 사용하는 것과 관련되어 있기도 하다. 실제로 소유한 양은 그가 상상 속에서 소유하는 양에 비하면 너무 미미하기 때문에 귀중하게 간직하기에는 지나치게 사소한 것이다.

그러나 이와 관련된 가장 특징적인 하위 집단은 **전지함**과 관련된 것들이다. 이것은 전능함의 한 형태라고 단순하게 간주될 수도 있는데, 무엇이든 할 수 있는 이라면 무엇이든 알 수도 있기 때문이다. 예지의 경우에는 한 곳에서 다른 곳으로 넘어가는 길이 뚜렷이 보인다. 전지함이 전능함으로 넘어가는 과정은 예언의 경우에서 명확하게 보인다.

무언가가 언제 일어날지 미리 안다는 것은 그것 자체로 일종의 통제요, 실제로 어떤 사건을 일으키는 것의 약화된 형태일 뿐이며, 신적인 존재와 예언자 사이의 변화는 역사적으로는 대개 상당히 점진적인 것이다(!).

논의 중인 유형의 가장 골치 아픈 특질은 **새로운 지식의 수용에 대한 거부감의 태도**이다. 이것은 전지하다는 생각에서 필연적으로 따라오는데, 무엇이든 이미 알고 있는 사람이라면 자연히 어떠한 새로운 것도 배울 수 없기 때문이다. 그는 자신이 무언가 잘못 알고 있다는 사실은 더욱 받아들이지 못한다. 여기에서 정신분석 운동이 이미 실제적인 자료를 많이 가지고 있는, 일반적인 인간의 경향성 하나를 보게 되지만, 이러한 인격에서는 그 경향성이 너무나도 두드러져서 그에 대해 몇 마디 지적해야겠다. 첫째로, 이러한 유형의 성격을 가진 사람들은, 새로운 생각을 이해하는 자신의 능력에 대해 다른 사람들보다 훨씬 더 많이 이야기하며, 때때로 새로운 것에 대한 관념적인 찬탄을 아끼지 않는다. 그러나 자신들에게서 나오지 않는 새로운 생각과 마주치는 시험에 놓이게 되면 단호히 그 생각에 저항한다. 좀 더 과장된 모습일 뿐이지 뻔한 결과가 이어진다. 이런 일이 실제로 일어날 때 저항하는 마음이 나타나는 가장 재미난 것은 수용의 방식이다. 그 방식에는 두 가지 종류가 있다. 첫 번째는 새로운 생각을 수정하고, 그것을 자기 자신의 말로 바꾸어 표현하며, 그것이 완전히 자기 자신의 것이라고 말하는 것이다. 그들은 스스로가 하는 묘사와 새로운 생각을 발견한 사람이 행한 묘사 사이의 차이점이 지대한 중요성을 지닌다고 주장한다.

그들이 엄청난 수정을 가했을 경우 그 수정은 언제나 본래의 생각을 약화하는 성질의 것이며, 이런 경우 그것을 만들어낸 사람은 보통 새로운 결론을 고수하게 된다. 때로 새로운 생각에 대한 저항은 단순히 명명이나 심지어 철자법상의(!) 변화로 이루어진다. 그리고 나중에 그 사람의 반응을 보면 그가 한 번도 진지하게 새로운 생각을 받아들인 적이 없다는 게 나타나기 때문에, 그것에 대한 그의 오랜 반감은 머지 않아 다시 명백해질 것이다. 두 번째 방식은 첫 번째 것과 밀접하게 관련되어 있으며 많은 경우 그것과 결합된다. 새로운 생각과 오래된 생각 사이의 관계만 강조함으로써 새로운 생각의 가치를 떨어뜨리고, 그로써 그 안에 담긴 본질적으로 새로운 내용을 그 배경으로 보내버리며, 자신은 언제나 새로운 생각에 대해 잘 알고 있었다고 주장하는 것이다.[11]

이 사람의 **시간에 대한 태도**는 각별히 중요하다. 시간과 시간 경과의 관념은 노년기, 죽음, 능력, 야망, 희망, 요컨대 삶 자체의 본질과 같이 근본적인 문제들과 상당히 밀접하게 관련되어 있기 때문에 전능함과 전지함을 주장하는 사람이라면 시간은 더없이 중요할 것이다. 덜 중요한 다른 모든 것과 마찬가지로 시간 역시 그의 통제 아래 놓여 있어야 하며, 이 믿음은 수많은 사소한 특질과 반응 속에 나타나게 된다.

---

11 이 행동의 훌륭한 예를 최근에 볼 수 있었다. 나는 신경증에 대한 프로이트의 이론에 관하여 한 편의 글을 쓴 적이 있었는데, 기본적으로는 물론 유아기의 갈등, 억압된 성도착 등의 중요성에 대해 다루었다. 한 프랑스 간행물에서는 그 내용을 상당히 왜곡하여 요약하더니, "자네(Janet)의 연구 이래로 이 모든 생각은 오랫동안 프랑스에 있어왔다."라고 확언을 하면서 끝을 맺었다.

자신의 시간은 당연히 정확해야 하기 때문에 그의 시계는 언제나 맞으며, 그 반대의 주장은 단순히 거부의 대상이 아니라 분노의 대상이 된다. 이 자신감은 그에 반대되는 더없이 강력한 증거에도 불구하고 때때로 유지된다. **그의** 시간은 게다가 타인의 시간과 비교했을 때 과도할 정도로 소중하다. 그렇기 때문에 그는 보통 약속 시간에 맞추지 못하지만, 다른 사람들이 자신을 기다리게 만드는 것을 가장 견디지 못한다. 일반적으로 시간은 그의 소유이기 때문에 시간을 마음대로 처리하는 것은 그의 권한이지 남의 권한이 아니다. 시간을 엄수하는 것이 '군주의 예절(la politesse des rois)'이라는 정의를 수용하는 부류의 사람들이나, 지극히 정확하게 시간을 지킴으로써 시간에 대한 자신의 완벽한 통제 능력을 보여주기 좋아하는 사람들(칸트가 매일 4시 정각에 산책을 했다는 것이 떠오를 것이다.)은 예외이다.

지나간 시간에 대한 태도는 주로 그들의 개인적인 기억과 관계된다. 그들은 이것을 마치 자신들의 시계처럼 오류가 없는 것으로 간주하고, 끝까지 시간의 정확성을 단호하게 지켜낼 것이다. 이를 뒷받침하기 위해 그들은 주의하여 인용, 날짜 등 쉽게 확인 가능한 것들에 관한 한 엄정함을 기르려고 한다. 몇몇 경우 그들은 자신의 뛰어난 기억력에 대해 자랑스러워한다. 그러나 그들은 더욱 일반적으로는 기억력을 당연한 것으로 간주하며 자신의 어떤 성공이 기억력 덕분이라고 여겨질 때는 짜증을 낸다.

예언할 수 있는 능력은 **미래의 시간**에 대한 지배력을 입증하며, 이 시간은 그들의 관심사 중에서 거대한 부분을 차지한다. 지인, 기업, 국가, 심지어 모든 인류의 미래에 대해 사색하는 것은 상당히 개인적인 관심사이다. 그들은 모든 종류의 예언을 자유롭게 분출하는데, 대부분의 경우는 불길한 종류의 것이다. 이 일련의 성격상의 특질 가운데 가장 특징적인 것은 자신이 특히 비나 천둥 등 **날씨를 예견할 수 있다**는 능력에 대한 굳은 믿음이다. 예측하기 어려운 날씨의 변화는 언제나 인류의 환상 속에서 주요 역할을 맡아왔다. 이것은 자신의 행복의 명백한 중요성 때문만은 아니고, 날씨의 극단적인 가변성이 선악을 막론하고 초자연적인 존재의 활동과 직접적으로 연결된 것처럼 보였기 때문이다. 주(主)가 자신들의 요청에 따라 경치를 더 멋지게 해준다든지, 온도라도 바꾸어줄 거라고 기대하는 것이 불합리하다고 생각하는 기독교 신도들조차 날씨가 바뀌었으면 하고 열렬히 기도하며, 마녀들이 죽었으면 하고 바란 가장 중요한 이유는 그들 때문에 궂은 날씨가 되었다고 믿기 때문이다. 날씨는 현대 과학의 혜안과 통제 능력을 가장 드러내놓고 부정하는 자연의 일부로서, 이러한 측면에서 인간 심리 자체와 경쟁하고 있다고 하겠다. 누군가는 우주에서 발견될 수 있는 자발성과 자유의지의 주요한 증거는 이 두 가지 영역에서 나타나기 때문에, 두 가지 모두 똑같이 결정론적인 자연 법칙과 질서에 대한 뚜렷한 예외로서, 그리고 외부적인 작용의 현시로서 여길 수 있다고 말할 수도 있겠다. 이 모든 것에 덧붙여 여러 가지 요소가 언제나 상당한 상징적 함의를 지녀왔다는 것을 보여주기는 쉬운데, 특히 비, 바람, 천둥은 거대한 성적·배설 행위와 관련된 표상으로 여겨졌다. 천둥번개는 이 세 가지 모두로 구성되어 있기 때문에 이와 관련해 각별히 중요하다.

이러한 고찰에 비추어볼 때, 논의 중인 유형이 날씨라는 주제에 엄청난 관심을 지니고 있으며, 자신이 그와 관련된 예언의 특별한 능력을 지녔다고 하는 것은 놀랍지 않다. 어떤 사람이 자신은 다른 누구에게도 설명될 수 없는 징조와 방법에 의존해서 변함없이 천둥번개를 예언할 수 있다고 주장하며, 다른 방식을 사용하는 사람들은 모두 '거짓된 예언자'라고 간주하는 것은 실제로 신 콤플렉스의 특징적인 모습이다.

그런 사람들은 **언어**라는 주제에도 큰 관심을 보이는데, 이것은 아까 마지막으로 언급한 것과 상징적인 관련성을 지닌다. 그들은 글쓰기 방식에 관해 권위자인 척하고 많은 경우 실제로도 그러하며, 모국어의 '대가'임을 자처한다. 그들의 글쓰기 방식은 보통 훌륭하고 정확하지만 현학적이지는 않으면서, 복잡하고 모호한 경향이 있다. 명료하게 쓰는 장점은 갖추지 못했으며, 자기가 해야 할 말을 분명히 표현하는 것을 어려워한다. 또, 자국어에 대해서는 철저히 아는 것이 외국어를 혐오하는 것으로 이어져 외국어를 배우려고 하지 않는다. 국어만을 사용하며, 국어만이 주목할 만한 가치가 있다고 생각한다. 그들은 말하는 것, 특히 독백을 좋아하며, 보통 설교와 연설과 회화에 능하다.

나르시시즘과 훨씬 더 직접적인 관계를 지니는 두 가지 성격상의 특질은 충고와 재판을 대하는 태도에 관한 것이다. 따라오는 부담감이 지나치게 크기 때문에 그들은 **충고**하는 것을 상당히 내키지 않아한다. 그들이 하는 모든 충고는 너무 소중하고 중요해서 그것을 따르지 않았다간 틀림없이 비참하게 될 것이다. 자신의 친구들을 그러한 위험에 처하게 하느니 그들은 차라리 충고하는 것을 참는데, 이것은 명백히 이타적인 행동의 또 다른 예이다. 다른 사람들이 그들에게 하는 충고는 무가치한 것으로서 경멸적으로 무시당한다는 사실은 거론할 필요도 없을 것이다.

판단에 대한 그들의 태도 역시 독특하다. 이것은 극도의 관용과 극도의 불관용의 교대로 구성되어 있으므로 이중적이라고 할 수 있다. 둘 가운데 무엇이 나타나는가의 문제는 판단 대상인 침해 행위가 그들 자신의 의지에 따른 것인지, 아니면 다른 사람들이 한 행위에 불과한지에 달린 듯하다. 앞의 경우에는 위반자에 대한 처벌이 결코 지나치게 심하지 않을 것이다. 나는 그러한 사람들이 마치 아이들마냥, 지각한 상품 배달원 등 약속을 어긴 여러 사람들을 어떻게 처벌할 것인지를 설명하는 것을 들은 바 있다. 반면, 두 번째 경우에 그들은 항상 더없는 관대함과 넓은 관용을 보여준다. 그들은 이런 식으로 극형의 폐지, 범죄자들에 대한 더욱 인간적이고 이해심 있는 대우 등을 주창한다.

종교는 보통 그러한 사람들이 신학적·역사적인 측면과 심리학적인 측면 모두에서 가장 관심을 지니는 주제 중 하나이다. 이것은 때때로 신비주의에 대한 관심으로 변질되기도 한다. 대체로 그들은 무신론자인데, 다른 어떤 신의 존재도 견딜 수 없어하기 때문이다.

이제부터는 일반적으로 자주 나타나기 때문에 뚜렷하지만 상대적으로는 덜 두드러진 몇 가지 특질을 살펴볼 것이다. 이 특징들은 거의 항상 이 유형의 주요한 특징이기 때문에 여기서만 다룬다. 그 가운데 하나는 과도하게 커진 **사랑받고 싶은 욕망**이다. 이것은 직접적으로는 거의 보이지 않고, 기껏해야 사랑이 아닌 칭찬과 존경에 대한 욕구로 표현될 뿐이다. 이는 대체로 정반대의 것, 즉 타인에 대한 표면적인 무관심과 타인의 의견에 신경쓰지 않는 태도로 대체된다. 이 억압된 욕구는, 비록 말로는 부정할지라도, 다중이 권하는 행동에 이론적인 관심을 보인다거나 대중 여론의 중요성을 굳게 믿는다거나, 행동할 때 관습을 유순하게 따른다거나 하는 방식으로 자주 드러난다.

다른 모든 인간과 마찬가지로, 그들은 직접적인 연속성을 통해서건 영원한 재생을 통해서건 무의식적으로 자신의 **불멸성**을 확신한다. 그들은 따라서 시작도 아니며 끝도 아니다. 자신의 **창조하는 능력**에 대한 믿음은 위에서 언급했듯이, 아무튼 다른 것들과 비교해 봤을 때는 예상보다 덜 중요하지만, 그럼에도 대개의 경우에는 꽤나 뚜렷하다. 자기 창조와 재생의 환상에 대한 믿음은 사실상 끊임없이 나타나는 특징이다. 그 믿음은 나아가, 물론 이 사람이 만들어낸, 지대하게 개선되었거나 완전히 이상적인 세계의 모습, 또는 심지어 만물이 "심중의 바람에 좀 더 가깝게 새로 만들어진"* 새로운 행성의 탄생과 같은 환상 속에서 드러나게 된다.[12] 사회 개혁의 원대한 계획 역시 여기에 속한다.

---

* 오마르 하이얌의 「루바이야트」에 나오는 글귀에서 따온 것으로, 이 글귀는 나중에 점진적인 사회주의 사상 단체인 페이비언 협회의 슬로건이 되었다. 본래의 시는 이러하다.

> 사랑하는 이여, 그대와 내가 운명과 함께
> 사물 일체의 이 유감스러운 꼴을 손에 쥘 수 있다면,
> 그 세계를 산산조각 내어
> 심중의 바람에 좀더 가깝게 새로 만들 것을!

[12] 영국 독자라면 여기에서 단번에 이러한 환상을 탁월하게 묘사하는 H. G. 웰스의 수많은 작품을 연상했을 것이다. 그러나 그는 여기에서 논하는 유형의 다른 특징을, 적어도 두드러지게 제시하지는 않는 것 같다.

일반적으로 그러한 사람들에게는 낭만적인 이상주의 기질이 있지만, 대부분의 경우 물질주의나 현실주의에 의해서 가려지게 된다.

거세의 관념 역시 이 유형에서 상당히 중요한 역할을 하는데, 그것은 아버지(권위)에 대한 거세 욕망과 젊은 세대에게 거세[동해보복(同害報復, talion)]당할지 모른다는 두려움, 두 가지 형태로 나타난다. 후자가 대개 둘 가운데 더 뚜렷하며 후자 때문에 자연스럽게 젊은 경쟁자에 대한 두려움과 질투심이 생기는데, 이것은 몇몇 경우에 두드러지게 강렬하다. 강력한 거세 콤플렉스가 항상 존재한다는 점 외에 이 유형에서 이 공포가 표출된 여러 가지 모습에 대해 특기할 만한 것이 없기 때문에, 그리고 특히 여러 가지 모습에 대해 상당히 잘 알려져 있기 때문에, 이에 관해 언급하는 것은 그만 두도록 하겠다. 젊은 경쟁자들이 두각을 나타내는 것을 보고 이 사람들이 분개하는 것은 다른 성격상의 특질, 즉 **보호받고 싶은 욕망**과 기묘한 대조를 이룬다. 그들은 남을 도와주는 것을 좋아하며, 수호자나 보호자 역할 등을 맡기를 좋아한다. 그러나 이 모든 것은 보호받을 사람이 자신의 무력한 처지를 인정하며 강자인 그들에게 약자로서 호소한다는 엄격한 조건 아래에서만 일어난다. 그들은 이러한 호소에 저항하지 못한다.

독자는 아마도 내가 이렇게 여러 가지 특질을 분류하면서 겪었을 어려움을 알아챘을 것이기 때문에, 내가 그 특질들을 좀 더 간결한 방식으로 다시 언급하는 것을 용인해 줄 것이다. 그러면 문제의 유형은 거리두기, 접근 불가능성, 신비함에 대한 욕망으로 특징지을 수 있고, 많은 경우 겸허함과 겸손함 역시 그 특징이다. 그들은 남의 눈을 피해 숨어서 자기 집에 있을 때 가장 행복해하며, 어느 정도의 거리를 두고 물러서는 것을 좋아한다. 자신과 자신의 의견을 신비의 안개로 감싸고, 외부의 일에는 간접적인 영향력을 행사할 뿐이며, 결코 여럿의 일에 협력하는 법이 없으며, 일반적으로 비사교적이다. 심리학, 특히 취사선택적이며 직관의 필요성을 부인하는, 이른바 객관적인 방법에 대한 관심이 지대하다. 권력에 대한 환상은 일반적이며, 특히 거대한 부를 소유하고 싶어 하는 생각이 강하다. 스스로가 전지하다고 생각하며, 새로운 지식은 무엇이든 거부하는 경향이 있다. 시간과 날씨, 특히 천둥번개의 예측에 대한 태도는 매우 특징적이다. 언어와 종교라는 주제는 그들의 호기심을 상당히 끌며, 충고를 하고 판단(처벌 등)을 하는 것과 관련해서는 양면적인 태도를 보인다. 이해받고 싶은 욕망과 약자를 보호하고 싶은 소망, 자신의 불멸성에 대한 믿음, 사회 개혁 등 창조적인 계획의 선호, 그리고 무엇보다도 강렬한 거세 콤플렉스는 지속적이지만 약간은 덜 특징적인 속성이다.

모든 신들은 결코 같은 속성을 지니지 않기—비록 그들 모두에게 공통된 요소가 많이 있긴 하지만—때문에 신의 유형은 그 사람이 자신과 동일시하는 신에 따라 다양할 수 있다는 점은 잊어서는 안 될 중요한 사실이다. 그 이형(異形) 가운데 단연 가장 중요한 것은 신의 아들, 즉 유럽에서 그리스도의 관념과 관련된 것이었다. 이것은 문제의 유형에 독특한 특징을 부여하는데, 그것은 곧 이야기하겠다. 그 세 가지 특징은 아버지에 대한 반항과 구원의 환상과 마조히즘으로, 다른 말로 하자면 영웅인 아들이 고통받는 구세주인 오이디푸스적 상황이라고 하겠다. 이 유형에서는 어머니가 대단히 중요한 역할을 한다. 어머니의 영향력은 프로이트가 매춘부 구원의 유형을 묘사하면서 설명한 특별한 속성에 자주 나타난다.[13] 이 구원의 환상들은 따라서 지극히 흔하게 나타나는데, 환상에서 '사악한 아버지'에게서 구원되는 것은 특정한 사람(예를 들어 셸리의 첫 번째 아내)*에서 인류 전체(민주 개혁 등)에 이르기까지 다양하다. 구원은 흔히 엄청난 자기 희생을 대가로 이루어지는데, 이 희생에서 마조히즘적인 경향은 완전히 충족되게 된다. 그 성향은 또한 지극한 겸손과 이타애의 특질 속에서, 특히나 본래는 현저하게 씩씩하고 공격적인 아시시(Assisi)의 성 프란체스코(Francesco)와 같은 사람에게서 두드러지게 나타난다. 압제하는 아버지의 중요성은 구해야 할 어머니의 중요성에 버금간다. 따라서 어떠한 종류의 권위의 불관용이건 상존하게 되며, 그 권위를 지녔거나, 단지 나이가 많거나 걸출하기만 하면 어떤 사람이건 이 콤플렉스의 견지에서 볼 때 그의 상은 사악한 아버지의 **이마고**로 인위적으로 변형된다. 이 그리스도적인 유형에는 예외 없이 반유대주의적 경향이 나타나는데, 두 종교는 서로 대립하며 나이든 히브리 여호와는 젊은 그리스도로 교체된다. 가능하다면 거세 콤플렉스는 위에서 묘사한 주요 유형보다 이 변이형에서 훨씬 더 강렬하다.

---

13 Freud: 'Beiträge zur Psychologie des Liebeslebens,' I, *Jahrbuch der Psychoanalyse*, Bd. II, S. 389.
● 셸리는 아버지와 크게 불화한 뒤에 처음 결혼했는데, 아내를 매우 이상적으로 생각했다.

일반적인 신 콤플렉스의 영향을 거쳐서 자라난 성격이 두 가지 극단적인 부류의 한 편에 속하는 경향이 있다는 것은 흥미롭다. 한편 그 콤플렉스가 고상하고 높은 수준의 요인에 의해 인도되고 통제된다면, 그 콤플렉스는 실로 심원하고 숭고한 신과 같은 모습의 사람을 형성할 수도 있다. 니체와 셸리는 아마도 그 좋은 예일 것이다. 다른 한편으로는—불행하게도 특히 분석 중인 환자들에게서 더 많이 보게 되는—과도한 자만심과 보통 사람들과 함께 사는 것에 적응하기 어려워하는 모습 때문에 사교성을 기르는 데 크게 도움이 되지 못하고 상당히 불만족스러운 성격도 볼 수 있다. 이것은 이 콤플렉스의 무의식적인 바탕인 엄청난 나르시시즘과 노출증과 관련이 있을 수 있다. 마지막에 언급한 행동 성향은 모든 성적인 요소 가운데 사회적 성향과 가장 밀접하게 관련된 것으로, 자신의 동료에 대한 개인의 태도를 어느 정도 결정지으며, 그 결과물의 가치에서도 비슷한 양면성을 찾아볼 수 있다. 이 성향은 한편으로는 자신감과 자존심을 높여주고 다른 사람들에게서 좋은 평가를 받고 싶다는 강력한 동기를 부여함으로써 삶에서 성공적으로 전진할 수 있는 데 크게 기여하는 추진력을 가져다줄 수 있지만, 다른 한편으로는 과장되거나 방향이 잘못되었을 경우 잘못된 판단 능력 때문에 사회적으로 적응하는 데 어려움이 생길 수도 있다.

끝으로 명백하기는 하지만 오해의 소지를 피하기 위하여 몇 가지 사항을 더 언급해야겠다. 우선, 다른 임상적 묘사와 마찬가지로 위에서 개략적으로 살펴본 내용은 혼합된 것이다. 장티푸스에 대한 교과서 서술과 마찬가지로 각각의 세부 사항은 서로 다른 연구에서 뽑아 인위적으로 혼합한 것이다. 나는 위에서 언급한 속성을 모두 갖춘 사람은 아직 한 번도 본 적이 없으며, 그러한 사람은 존재하지 않을 수도 있다. 어쨌든 어떤 경우에서건 위의 특징 가운데 일부가 다른 것들보다 더 뚜렷할 수도 있다. 그리고 이 서술이 상당히 시험적인 것임을 나아가 강조하고 싶은데, 그도 그럴 것이 이 문제와 관련이 있는 십여 가지 분석에 대한 오직 한 사람의 연구에 근거했기 때문에,[14] 상세하게 행동 유형을 묘사하기에는 자료가 불충분한 것이다. 나는 신 콤플렉스와 같은 것은 존재하며, 위에서 언급한 속성 중 몇몇은 그에 속할 것으로 확신하지만, 또한 그에 대한 이 서술에 몇몇 방면을 더하고 빼서 수정할 필요가 있다는 것 역시 확신한다. 이 글은 이렇듯, 주로 흥미로운 일련의 성격상 특질을 더욱 연구할 것을 권고하기 위한 목적으로 발표하는 것이다.

---

14 이 글이 쓰인 이래 10년 동안 더욱 많은 사례 연구는 여기에서 대략 묘사한 틀을 입증하였을 뿐이라, 이 글에는 수정할 것이 없었다.

햄릿과 오이디푸스

초판 1쇄 인쇄 2009년 7월 20일
초판 1쇄 발행 2009년 7월 25일

지은이 | 어니스트 존스
옮긴이 | 최정훈

편집인 | 최현문
발행인 | 이연희
표지·본문디자인 | 정현옥
발행처 | 황금사자
출판신고 | 2008년 10월 8일 제300-2008-98호
주소 | 서울시 종로구 홍지동 104-21 세검정아트오피스텔 205호
문의전화 | 070-7530-8222
팩스 | 02-391-8221

한국어판 출판권 ⓒ 황금사자 2009
ISBN 978-89-962226-1-3 03100
값 12,000원